中国银行业协会
CHINA BANKING ASSOCIATION

2018年度中国银行业发展报告

监管强化推动改革转型

中国银行业协会行业发展研究委员会◎编

中国金融出版社

责任编辑：董　飞
责任校对：孙　蕊
责任印制：程　颖

图书在版编目（CIP）数据

中国银行业发展报告（2018）（Zhongguo Yinhangye Fazhan Baogao. 2018）
——监管强化推动改革转型/中国银行业协会行业发展研究委员会编．—北京：
中国金融出版社，2018.9
ISBN 978 – 7 – 5049 – 9672 – 5

Ⅰ.①中…　Ⅱ.①中…　Ⅲ.①银行业—经济发展—研究报告—中国—2018
Ⅳ.①F832

中国版本图书馆 CIP 数据核字（2018）第 165489 号

出版
发行　　**中国金融出版社**

社址　北京市丰台区益泽路 2 号
市场开发部　（010）63266347，63805472，63439533（传真）
网上书店　http：//www.chinafph.com
　　　　　　（010）63286832，63365686（传真）
读者服务部　（010）66070833，62568380
邮编　100071
经销　新华书店
印刷　北京市松源印刷有限公司
尺寸　210 毫米×285 毫米
印张　17.25
字数　331 千
版次　2018 年 9 月第 1 版
印次　2018 年 9 月第 1 次印刷
定价　78.00 元
ISBN 978 – 7 – 5049 – 9672 – 5
如出现印装错误本社负责调换　联系电话（010）63263947

《中国银行业发展报告（2018）》

编 委 会

《中国银行业发展报告（2018）》

编 写 组

课题牵头单位及牵头人：

  交通银行 连 平 周昆平

课 题 统 稿：

  交通银行 武 雯 鄂永健 陈 冀

         许文兵 夏 丹 李 娟

         黄艳斐 赵亚蕊 王迪昀

课题参与机构及执笔人：

  交 通 银 行：刘 健 黄艳斐 武 雯

  国 家 开 发 银 行：冯进路

  中 国 农 业 银 行：姜增明 冀玥竹 纪啸天 刘忠渤

           马至夏

  中 国 银 行：王家强 邵 科 原晓惠

  中 国 建 设 银 行：刘兴赛

  中国邮政储蓄银行：杨恩艳 韩军伟

  中 国 民 生 银 行：王一峰 应习文 麻艳 任亮

  中 国 光 大 银 行：郑文力

  浦 发 银 行：宋艳伟

  华 夏 银 行：杨 驰 魏 政

  兴 业 银 行：黄继平 郭梅亮 苗玉振

  恒 丰 银 行：吴 琦 王丽娟

  浙 商 银 行：杨 跃 庄瑾亮 闵 亮

北　　京　　银　　行：邓志国　庞　博

南　　京　　银　　行：沈昱池

包　　商　　银　　行：陈玉京　余柏杨

江　　西　　银　　行：张　畅

青　　岛　　银　　行：纪　盛

西　　安　　银　　行：赵南岳

浙江省农村信用社联合社：戚文举

北　京　农　商　银　行：孙　峰　徐向薇

汇　　丰　　银　　行：马晓萍

东　　亚　　银　　行：李耀宗

中　国　华　融　资　产：陈　斌　王运通

中　国　东　方　资　产：刘亚楠　陈松威　王育森

兴　　业　　研　　究：汤维祺　郭益忻　王　旭

课　题　协　调：王　芳

中国银行业协会行业发展研究委员会简介

　　中国银行业协会行业发展研究委员会（以下简称研究委员会）成立于 2010 年 5 月 25 日，是中国银行业协会领导下的研究性专业组织，依照《中国银行业协会章程》和《中国银行业协会行业发展研究委员会工作规则》开展工作。研究委员会的宗旨是建立有效的银行业研究合作机制，联合行业研究资源，共享行业研究成果，把握行业发展动态，以便最大限度地为中国银行业的改革发展服务。研究委员会的工作原则是自愿、协商、合作、共享。2017 年 12 月，研究委员会顺利换届。第三届委员会成员单位包括 57 家银行业金融机构，其中，交通银行当选委员会主任单位，国家开发银行、中国工商银行、中国农业银行、中国银行、中国建设银行、招商银行、中国民生银行、上海浦东发展银行、兴业银行、恒丰银行、浙商银行、中国邮政储蓄银行、北京银行、重庆银行、北京农商银行等当选为副主任单位，中国进出口银行、中国农业发展银行、中信银行、中国光大银行、华夏银行 、广发银行、渤海银行、汇丰银行（中国）、中国华融资产、中国东方资产 、包商银行、南京银行、苏州银行、徽商银行、浙江省农村信用社联合社等当选为常委单位。

导语

2017 年，全球经济继续呈现复苏态势，国际金融市场运行总体平稳。发达经济体同步复苏，新兴市场保持较快增长。中国经济稳中向好势头更加明显，经济结构不断优化，质量效益明显提高。在党中央、国务院的正确领导和金融管理部门的有效监管和引领下，银行业金融机构围绕服务实体经济主线，坚持回归本源并专注主业，积极推进改革创新，进一步扩大对外开放，切实加强全面风险管控，行业经营总体稳健，发展态势稳中向好。

行业运行总体稳健，发展态势稳中向好。截至 2017 年底，银行业金融机构总资产 252 万亿元，总负债 233 万亿元，同比分别增长 8.7% 和 8.4%。商业银行累计实现净利润 175 亿元，同比增长 6%，增速较 2016 年上升 2.5 个百分点。商业银行净息差稳步回升，由一季度的 2.03% 稳步提升至四季度的 2.1%。资产质量企稳并出现边际改善，拨备覆盖率稳中有升。根据英国《银行家》发布的 2017 年全球银行 1000 强排名，中国银行业 2017 年再攀高峰，共有 126 家银行上榜，在数量上仅次于美国，其中前五名中占据三席，17 家中资银行跻身前 100 名，56 家中资行排名在第 101～499 名之间，53 家中资银行排名在 500 名以后。

主动对接国家战略，不断满足重点领域的金融需求。银行业金融机构围绕国家战略，通过银团贷款、产业基金等方式为"一带一路"、京津冀协同发展、长江经济带等重大战略和重大工程、重点项目，提供长期、稳定、可持续的金融服务。根据西部开发、东北振兴、中部崛起、东部率先的区域发展总体战略，精准支持对宏观经济和区域经济具有重要带动作用的重点项目和工程。截至 2017 年末，银行业金融机构基础设施行业贷款增长 15.7%，主要银行战略性新兴产业贷款增长 10.1%，制造业贷款增速由负转正。

持续推进普惠金融服务，落实生态文明建设，加快银行业绿色发展转型。银行业金融机构持续加大对"三农"、小微企业、绿色金融等领域的金融产品和服务供给。截至 2017 年末，银行业金融机构用于小微企业贷款和涉农贷款余额均达到 31 万亿元，同比分别增长 15.1% 和 9.6%；保障性安居工程贷款同比增长 42.3%，高于各项贷款平均增速 29.9 个百分点。截至 2017 年末，我国各类绿色融资总余额近 9 万亿元，其中，绿色信贷占比超过 95%；银行机构发行的绿色金融债也在绿色债券市场占据了主导地位，为

1

绿色发展和转型注入活力。在政策大力推动下，我国绿色金融体制机制日趋完善，市场规模快速增长，绿色金融支持绿色经济的力度不断加强。银行机构在绿色金融领域的诸多创新产品与业务，也为绿色金融市场的多元化和创新发展注入了活力。

深入推进改革转型，努力实现高质量发展。银行业金融机构积极探索中国特色现代银行制度，把党的领导融入公司治理全过程。按照回归本源，专注主业的原则，确立科学的发展理念和战略方向，防止资金脱实向虚。2017年，商业银行同业资产和负债自2010年来首次收缩，同业理财比年初净减少3.4万亿元。银行业金融机构进一步深化体制机制改革，以转型创新推动发展方式及经营模式转变；综合化、国际化、特色化、轻型化、智能化稳步发展；零售业务智能化，对公业务投行化、交易化，金融市场业务从自营业务向代客业务转型，理财业务回归资管本源并走向独立运营。

进一步扩大对外开放，不断增强国际化程度和核心竞争力。银行业金融机构积极优化海外机构布局，以开放促改革，激发市场活力，形成全面开放新格局。截至2017年末，共有10家中资银行在26个"一带一路"沿线国家设立了68家一级机构，较上年末增加6家，中资银行共参与"一带一路"建设相关项目2600多个，累计发放贷款超过2000亿美元。银行业在国际经济治理体系中的话语权日渐提升，目前已有5家金融机构成为全球系统重要性金融机构。外资机构数量稳步增长，资产规模快速提升，产品和服务体系不断丰富。截至2017年末，共有来自21个"一带一路"国家的55家银行在华设立了机构。外资银行在华营业性机构总数达1013家，总资产为3.24万亿元人民币，较2001年中国加入世界贸易组织时增长10倍多。

切实打好防范化解金融风险攻坚战，确保安全稳健运营。银行业金融机构认真贯彻落实国家宏观调控政策，持续优化信贷结构，加强重点领域风险防控，及时化解各类风险隐患，风险抵御能力进一步增强。截至2017年末，商业银行（法人口径）不良贷款余额17057亿元，较2016年末增加1935亿元；不良贷款率1.74%，与2016年末持平；资本充足率为13.65%，较2016年末上升0.37个百分点。进一步完善市场和流动性风险管理体系，提高精细化定价水平，持续加强对宏观经济金融形势和利率走势的研判，市场与流动性水平整体稳健。高度重视依法合规经营，树立依法经营、合规经营、安全经营创造效益的理念，进一步强化内控合规管理，为高质量发展奠定基石。

银行业金融机构的稳健运行与金融管理部门的有效监管、正确引导和有力支持密不可分，同时也是自身积极努力的结果。2018年，全球经济总体有望保持稳定复苏态势，但国际贸易争端及地缘政治风险明显上升。中国经济韧性增强，新旧动能继续转换，新动能加快成长，总体仍将稳定增长，并稳步迈向高质量发展。2018年是全面贯彻党的十九大精神、决胜全面建成小康社会的开局之年，也是改革开放40周年。银行业金融机构将继续深入贯彻落实宏观调控政策，主动对接国家战略部署，积极支持重点工程、重大项目建设。坚持稳中求进总基调，不断推进改革创新，努力提高金融服务质效。持续提升薄弱领域金融服务水平，加强对"三农"、小微企业、绿色信贷和普惠金融等经济社会重点领域的金融服务，力促经济结构调整和产业结构转型升级。同时，继续全力防控各类风险，严守风险底线，不断完善全面风险管理体系，扎实推进重点领域风险防控，确保安全稳健运行。

为全面、深入反映中国银行业改革发展的主要成绩和运行特点，并展望未来发展趋势，在中国银行业协会行业发展研究委员会的组织协调下，由交通银行牵头、27 家金融机构共同参与，撰写了《中国银行业发展报告（2018）》。报告共分为七篇，分别为总体运行篇、资产业务篇、负债业务篇、中间业务篇、风险管理篇、改革转型篇和专题研究篇，多维度、多层次地对中国银行业进行了较为全面、系统和深入的介绍、分析和展望。

本报告编纂人员均来自银行业金融机构，有较为丰富的从业经验和较为扎实的研究基础。在报告撰写过程中，召开了多次讨论会，对报告的定位、框架、结构、风格、体例、观点等进行了反复研讨和不断完善。中国银行业协会组织专家对报告进行了评审，力求报告内容客观全面、数据准确可靠、质量水平较高。本报告既可以作为社会各界了解中国银行业改革发展和经营管理的专业阅读材料，也适合银行业从业人员和研究人员等相关人士作为研究参考。

Introduction

In 2017, the global economy continued to show a recovery trend and the international financial market was generally stable. The developed economies recovered simultaneously and the emerging markets maintained rapid growth. Trend of China's economic stability has been more positive, and its economic structure has been continuously optimized, resulting in a significant increase in quality and efficiency. With the correct leadership of the Party Central Committee and the State Council and the effective supervision and guidance of the financial supervision departments, banking financial institutions have focused on serving the mainstay of the real economy, persisting in returning to their origins and focusing on the main business, actively pushing forward reforms and innovations, further expanding opening to the outside world, and earnestly strengthening comprehensive risk management and control. The operation of the industry as a whole is stable, and the development is stable with an improving trend.

The overall operation of financial industry is stable, and the development trend is stable with an improving trend. As of the end of 2017, the total assets of banking financial institutions were 252 trillion yuan, and the total liabilities were 233 trillion yuan, an increase of 8. 7% and 8. 4% year – on – year respectively. The commercial banks realized a total net profit of 17. 5 billion yuan, a year – on – year increase of 6%, and the growth rate was 2. 5 percentage points higher than that of 2016. The net interest margin of commercial banks rose steadily from 2. 03% in the first quarter to 2. 1% in the fourth quarter. The asset quality has stabilized and marginal improvements have been made, with provision coverage steadily increased. According to the ranking of global banks in 2017 published by The Banker of Britain, China's banking industry scaled new height in 2017, with 126 banks listed, second only to the United States in number, occupying three seats of the top five; 17 Chinese domestic banks ranked among the top 100, 56 Chinese banks ranked between 101 and 499, and 53 Chinese banks ranked after 500.

Actively respond to national strategies and continuously meet the financial needs of key areas. Banking financial institutions are focused on national strategies and provide long – term, stable, and sustainable financial services for major strategies, major projects and key projects such as the One Belt and One Road, the coordinated development of Beijing – Tianjin – Hebei, and the Yangtze River Economic Belt through syndicated loans, industrial funds and other ways.

Based on the overall regional development strategy of development of the western region, revitalization of northeast China, rise of central China, and leading of eastern region, banking financial institutions accurately supported key projects and projects that have important driving effects on macroeconomic and regional economies. At the end of 2017, loans to the infrastructure industry from banking financial institutions increased by 15. 7%, loans to strategic emerging industries from major banks increased by 10. 1%, and the growth rate of manufacturing loans turned to positive from negative.

Continuing to promote inclusive financial services, implementing the construction of ecological civilization, and accelerating the green transformation and development of the banking industry. Banking financial institutions continued to increase the supply of financial products and services in areas such as Three Rural Issues, small and micro enterprises, and green finance. As of the end of 2017, the balance of loans from banking financial institutions to small and micro enterprises and agricultural loans both reached 31 trillion yuan, an increase of 15. 1% and 9. 6% year - on - year respectively; loans for affordable housing projects increased by 42. 3% year - on - year, 29. 9 percentage points higher than the average loan growth rate. As of the end of 2017, China's total green financing balance was nearly 9 trillion yuan, of which green credit and loan accounted for more than 95%; green financial bonds issued by banking institutions also dominated the green bond market, injecting vitality into green development and transformation. Driven by the policy, China's green financial system mechanism has been increasingly perfected, and the market size has grown rapidly, and support from green financial for the green economy continues to increase. The many innovative products and businesses of banking institutions in the green financial sector have also injected vitality into the diversification and innovation of the green financial market.

Promote in - depth reform and transformation, and strive to achieve high - quality development. Banking financial institutions actively explore the modern banking system with Chinese characteristics and integrate the party leadership into corporate governance. In accordance with the principle of returning to the origin and focusing on the main business, banking financial institutions has established a scientific development concept and strategic direction, and are preventing capital flowing into fictitious economy from real economy. In 2017, the commercial bank's interbank assets and liabilities had contracted for the first time since 2010, and interbank wealth management had a net decrease of 3. 4 trillion yuan from the beginning of the year. Banking financial institutions has further deepened institutional and institutional reforms, promoted the transformation of development methods and business models through transform innovations. Comprehensive, international, characteristic, lightweight, and intelligent operation was steady; the retail business has being intelligentized, the corporate business has being transformed into investment banking and trading business, the financial market business has being transformed from self − operated business to valet business, wealth management business was returning to capital management core and was running independently.

Further expand the opening to the outside world and continuously increase the degree of internationalization and core competitiveness. The banking financial institutions have actively optimized the layout of overseas institutions, promoted reforms through openness, stimulated market dynamism, and formed a new pattern of full opening. By the end of 2017, a total of 10 Chinese banks had established 68 first − tier branches in 26 countries along the "One Belt and One Road", an increase of 6 from the end of the previous year. Chinese banks have participated in more than 2600 projects related to "One Belt and One Road" strategy, granting loans of more than 200 billion U. S. dollars. The voice of the Chinese banking industry in the international economic governance system is gradually increasing. Currently, five financial institutions have become global systemically important financial institutions. The number of foreign − funded institutions has grown steadily, the scale of assets of which has risen rapidly, and products and service systems have continued to increase. At the end of 2017, a total of 55 banks from 21 "One Belt and One Road" countries have established branches in China. The total number of commercial institutions of foreign capital banks in China reached to 1013, with total assets of 3. 24 trillion yuan, which was more than 10 times that in 2001 when China joined the WTO.

Effectively prevented and resolved the financial risks and ensured the safe and stable operations. Banking financial institutions earnestly implemented the national macro − control policies, continued to optimize the credit structure, strengthened risk prevention and control in key areas, resolved all kinds of risk and hidden danger in a timely manner, and further enhanced risk resilience. As of the end of 2017, the balance of non − performing loans of commercial banks (legal person) was 1705. 7 billion yuan, an increase of 193. 5 billion yuan from the end of 2016; the non − performing loan ratio was 1. 74%, which was at the same level as at the end of 2016; the capital adequacy ratio was 13. 65 percent, an increase of 0. 37 percentage points from the end of 2016. The market and liquidity risk management system was further improved, the level of refined pricing was raised; banking financial institutions continued to strengthen the research and judgment of the macroeconomic and financial situation and the trend of interest rates, and the overall market and liquidity level is stable. They attached great importance to compliance with laws and regulations, established the concept of operating in accordance with the law, operating in compliance, and creating benefits through safe operations; further strengthened internal control compliance management, and laid the foundation for high −

quality development.

The sound operation of banking financial institutions is inseparable from the effective supervision, correct guidance, and strong support of financial supervision departments, and is also the result of their own active efforts. In 2018, the global economy is expected to maintain a stable recovery in general, but international trade disputes and geopolitical risks have increased. China's economic resilience has increased, new and old development momentum continue to shift, and growth of new momentum has accelerated. Overall, China economy will continue to grow in a stable way and steadily move toward high – quality development. The 2018 year marks the beginning of the implementation of the party's Nineteenth National Congress and the successful conclusion of a well – to – do society. It is also the 40th anniversary of China's Reform and Opening up. Banking financial institutions will continue to implement the macro – control policies in a deep – going manner, actively engage with the country's strategic deployment, and actively support the construction of key projects and major projects. We will adhere to the overall tone of seeking progress in stability, continue to promote reform and innovation, and strive to improve the quality and effectiveness of financial services. We will continue to upgrade the level of financial services in weak areas, strengthen financial services in key economic and social areas such as Three Rural Issues, small and micro enterprises, green credit and inclusive finance, and urge economic restructuring and industrial restructuring. At the same time, we will continue to do our best to prevent and control various risks, strictly adhere to the bottom line of risks, and constantly improve the comprehensive risk management system to solidly promote risk prevention and control in key areas to ensure safe and stable operations.

To comprehensively and in – depthly reflect the major achievements and operating characteristics of the reform and development of China's banking industry, and to look into the future development trends, 27 financial institutions, leading by the Bank of Communications and under the coordination of the China Banking Industry Development Research Council, jointly compiled The China Banking Development Report (2018). This report is divided into seven chapters, namely, Overall Operation, Asset Business, Liabilities Business, Intermediate Business, Risk Management, Transformational Innovation, and Special Research. It gives a comprehensive, systematic and in – depth introduction, analysis and outlook of the Chinese banking industry in multi – dimensional and multi – level.

The compiling staff of this report are all from the banking and financial institutions, and all have rich experience and a solid research foundation. During the writing process, several seminars were held to review and improve the report's positioning, framework, structure, style, mode and perspectives. The China Banking Association organized experts to review the report and strived to make the report objective and comprehensive, with accurate and reliable data and high quality standards. This report can be used as a professional reading material for all sectors of the society to understand the reform, development, and management of China's banking industry. It can also be used as a research reference by relevant persons such as banking practitioners and researchers.

内容提要

2017年，中国经济稳中向好势头更加明显，经济结构不断优化，质量效益明显提高，银行业整体经营环境趋于改善，银行业金融机构围绕服务实体经济主线，坚持回归本源并专注主业，积极推进改革创新，进一步扩大对外开放，切实加强全面风险管控，行业经营总体稳健，发展态势稳中向好。

一、内外部环境趋于改善，银行业发展态势向好

2017年，中国银行业总体经营环境趋于改善，全球经济增速温和回升，国内经济开启高质量发展，并实现稳健增长。在此背景下，中国银行业总体经营稳健，发展态势向好。银行业资产负债规模继续保持增长，净利润增速明显回升，2017年，商业银行累计实现净利润17477亿元，同比增长6%，增速较2016年上升2.5个百分点，商业银行净息差从2017年第二季度开始，连续三个季度出现回升，由第一季度的2.03%升至第四季度的2.1%，带动银行业绩出现改善。2017年，商业银行不良贷款率企稳，资产质量边际上有所改善，风险抵御能力有所增强。2017年，监管部门加大了银行业监管力度，大力补齐监管制度短板，深入整治银行业市场乱象，着力防范化解银行业风险，进一步深化银行业改革，推动银行业提高服务实体经济能力，强监管严监管的态势基本形成。

2018年，全球经济扩张势头有望持续，但国际贸易争端及地缘政治风险有所上升，国内经济韧性增强，将继续通过供给侧结构性改革推动高质量发展。预计银行业将继续保持良好的发展势头，资产质量和业绩改善有望延续。银行业的行业结构将进一步调整优化，银行业将顺应国家战略推进、经济高质量发展、利率市场化改革深化的趋势，持续优化业务结构、区域网点结构、人员结构、盈利结构等，进一步实现与实体经济的良性互动。银行业将以服务供给侧结构性改革为主线，打好防控金融风险攻坚战，全面推进银行业改革开放，努力推动行业由高速增长向高质量发展转变。

二、资产扩张速度放缓，同业和表外业务收缩

2017年，金融监管的常态化，理顺了银行业金融机构资产业务的扩展逻辑，资产业务呈现出三个特点。一是资产增速进一步放缓。截至2017年底，我国银行业金融机构本外币资产规模达到252万亿元，同比增长8.7%，增速较2016年末下降7.1个百分点，自2001年以来首次降至个位数，资产增速进一步放缓。二是资产结构进一步优化。

随着原中国银监会"三三四十"等专项治理活动的推进,银行业金融机构各项贷款占总资产的比重稳步回升,同业业务、表外业务持续收缩,银行业回归本源、服务实体经济能力进一步增强。截至 2017 年末,银行业金融机构发放各项贷款 129 万亿元,同比增长12.4%,高于同期资产增速 3.7 个百分点。同业业务和表外业务则呈收缩态势,2017年,同业资产和负债自 2010 年来首次收缩,同业理财比年初净减少 3.4 万亿元。三是资产质量趋于稳定。随着宏观经济基本面的改善,银行业金融机构的风险抵御能力稳步提升,资产质量趋于稳定。截至 2017 年底,商业银行不良贷款余额为 1.71 万亿元,不良贷款率 1.74%,连续五个季度稳定在 1.74% 的水平,但仍需重点关注部分区域和行业不良风险暴露情况。

随着我国经济由高速增长阶段转向高质量发展阶段及监管部门严监管的推进,未来表内资产业务仍将是银行业金融机构发展的重点和方向。2018 年,银行业金融机构将围绕公司业务、个人业务进一步做精做细做实,同业业务、非标业务则需积极谋取转型,更好地为实体经济服务。

三、存款业务平稳增长,非存款业务规范发展

2017 年,受经济增速放缓、监管趋紧、利率市场化提速、金融脱媒等因素影响,银行业负债业务平稳发展,增速有所放缓。截至 2017 年末,商业银行总负债为 182.06 万亿元,同比增长 7.99%,增速较 2016 年下降 8.87 个百分点。存款业务平稳增长,金融机构本外币各项存款余额为 169.3 万亿元,比年初增加 13.8 万亿元,增速为 8.87%,较 2016 年下降 2.4 个百分点。其中,人民币存款余额为 167.1 万亿元,比年初增长8.65%。本外币各项存款规模稳步增长,存款结构基本稳定。对公存款稳步增长,非金融企业存款和个人存款增长放缓。非存款业务规范发展,同业和其他金融机构存放款项大幅下降,同业存单余额有所回落,二级债发行总额大幅上升。

2018 年,银行业负债业务将持续适度增长,稳定资金来源的争夺将更加激烈,存款利率将实行更加灵活的差异化定价策略。为抓住发展机遇并应对挑战,银行业将持续推进经营转型和服务升级,提升金融科技水平,合理运用多元化负债工具,提升定价能力,加强机构合作,推动负债业务的稳健发展。

四、中间业务增速稳中略降,新型业务面临转型

2017 年,受行业监管政策趋严、债券和资本市场波动、同比高基数等因素影响,商业银行中间业务发展呈现稳中略降的态势。主要上市商业银行手续费及佣金净收入规模总体保持稳定,但收入增速下滑。其中,传统中间业务仍占据主导地位,各机构发展重点出现分化,各分项业务发展差异化明显。去杠杆、去通道、防止脱实向虚和整治违规乱象的背景下,监管部门加大了对商业银行同业业务和理财业务的管控,加之市场环境

的变化，新型中间业务发展面临较大的挑战，收入进入负增长区间。

今后一段时期，预计在中国经济由高增速进入到高质量发展时代、金融监管步入新阶段、金融竞争环境变化的大背景下，商业银行中间业务面临转型的要求，但中间业务发展对于银行的战略价值仍然显著。预计2018年商业银行传统中间业务收入将企稳改善，主要不利因素在2018年进一步放大的可能性较小，银行卡类和支付结算类增长前景继续看好。新型中间业务发展将以规范稳健为主旨，各项业务分化态势也会进一步延续，理财业务逐渐回归资产管理本质、投行业务需求增加、企稳可期、托管业务增长渠道有待进一步开辟。

五、信用风险整体稳定，市场与流动性风险总体可控

2017年，商业银行信用风险形势整体稳中向好。信贷资产质量稳步改善，2017年末，商业银行不良贷款余额17057亿元，同比增加1935亿元；不良贷款率1.74%，与2016年末持平。风险抵补能力进一步增强，资本充足率为13.65%，同比上升0.37个百分点，资本较为充足，拨备覆盖率为181.42%，同比上升5.02个百分点。2018年，银行业信用风险管理仍将面临诸多挑战，但商业银行资产质量有望继续保持稳中向好的趋势。

2017年，去杠杆、严监管对市场流动性影响较大，金融机构超储率水平较低，资金面受各种因素扰动明显，商业银行市场风险和流动性风险压力上升，但总体较为可控。2017年，商业银行流动性比例分别为48.74%、49.52%、49.17%和50.03%，整体较2016年有所提高。2018年及未来一个时期，国内外宏观经济环境和金融市场不确定性依旧很大，给商业银行市场和流动性风险管理带来一定压力，但利率市场化的逐步推进和央行货币政策弹性加大，在一定程度上减轻了商业银行流动性风险。

六、改革转型成果丰硕，推动实现高质量发展

2017年，随着国内外经济进入结构调整的深化期，中国银行业也处在了变革的关键时期。银行业发展模式更多地从"重资产"向"轻资产"转变、从"做大"向"做强"转变、从简单融资向"融资+融智"并举转变。中国银行业全面贯彻落实党的十九大和全国金融工作会议精神，着力提升服务实体经济和供给侧结构性改革质效，回归本源、专注主业，加快公司、零售和金融市场业务转型，推进综合化、特色化、轻型化、智能化发展，增强服务实体经济能力，保持盈利稳定增长和风险可防可控，改革转型取得丰硕成果。

公司业务注重提质增效，商业银行通过差异化转型创新措施适应经济结构调整，逐渐改变同质化经营模式，由资源过度集中少数优质客户向依托核心企业、上下游企业延伸，由传统行业向传统与新兴行业相结合转变。零售业务聚焦大零售战略，商业银行不

断深化金融科技在零售业务中的应用，加强组织机制的敏捷化建设，不断提升客户体验。金融市场业务经营模式将从增量扩张走向存量盘活、提质增效和技术革新的集约增长之路，业务转型与创新共同推进，同业业务从线下向线上转移，投资业务稳步发展，资管业务在新规下积极谋划转型。

七、聚焦行业热点，展望未来发展趋势

2017年是我国"十三五"规划承上启下关键一年，也是供给侧结构性改革深化之年，银行业机遇与挑战并存。2017年，中国银行业在助力我国经济"去杠杆"方面取得了丰硕的战果，实现了总体稳杠杆、局部去杠杆，积极支持非金融部门降杠杆，支持和配合地方政府降杠杆，促进居民杠杆结构调整优化，主动推进金融去杠杆，支持深化供给侧结构性改革。自2017年11月起，关于外资银行的开放政策纷至沓来，纵观我国银行业对外开放历程和在华外资银行发展现状，随着我国对外开放格局的不断扩大和完善，外资银行在华经营发展在广度和深度上都有了质的变化，新一轮银行业对外开放为外资银行在华经营创造了更好的投资环境和金融市场环境，同时也为国内银行业的转型发展带来了新的机遇和挑战。依托完善的经营管理能力、完备的业务结构，以及较高的社会责任标准，银行业机构近年来在绿色金融领域开展了广泛、系统和深入的探索与实践，不仅推动了绿色融资规模的快速增长，而且不断完善管理模式、强化能力建设、推动创新发展，成为我国绿色金融体系建设的中坚力量。借着综合化经营的"西风"，金融控股公司在我国落地生根，经过近16年的发展，已经成为主体多元、形式多样、范围广泛的混业经营载体。随着"量"的快速扩张，"质"的问题日益凸显。完善政策体系固然有助于规范市场秩序，但仅依靠政府部门力量是不够的，着力点还应置于金融控股公司本身，通过完善内部治理机制、提升金融开放背景下的国际竞争力，形成有序的金融控股公司发展格局。2013年，习近平总书记提出"一带一路"战略构想。五年来，"一带一路"建设成果斐然，"朋友圈"不断扩大，一系列重大项目落地开花。"一带一路"为中国银行业的发展创造了新机遇，而打造"一带一路"金融大动脉是实现"一带一路"建设目标的重要保障。

Summary

In 2017, it became more obvious that China's economic development was stable with an improving trend; the economic structure has been continuously optimized, the quality and efficiency have been significantly improved, and the overall operating environment of the banking industry has tended to improve. Banking financial institutions have focused on serving the real economy and insisting on returning to the source and focusing on the main business; the industry actively promoted reform and innovation, further expanded opening up to the outside world, and effectively strengthened overall risk management and control. The industry's operation was generally stable and the development trend was stable with an improving trend.

I . The internal and external environment tends to improve, and the development of the banking industry is improving.

In 2017, the overall operating environment of China's banking industry tended to improve, and the global economic growth rate rebounded moderately. The domestic economy has started to develop with high quality and achieved steady growth. In this context, the overall operation of the Chinese banking industry was stable and the development trend is improving. The scale of assets and liabilities of the banking industry continued to grow, and the growth rate of net profit rebounded remarkably. In 2017, the total net profit of commercial banks reached 1, 474. 7 billion yuan, a year – on – year increase of 6%. That was 2. 5 percentage points higher than that of 2016. The net interest margin of commercial banks has rebounded for three consecutive quarters since the second quarter of 2017, going up from 2. 03% in the first quarter to 2. 10% in the fourth quarter, which has led to an improvement in bank performance. In 2017, the non – performing loan ratio of commercial banks stabilized, the asset quality margin improved, and the risk resilience improved. In 2017, the regulatory authorities intensified the supervision of the banking industry, vigorously supplemented the shortcomings of the regulatory system, intensively rectified the chaos in the banking industry, focused on preventing the risks of the banking industry, further deepening the banking reform, and promoting banking industry to improve the ability to serve the real economy. The situation of strong and strict supervision has basically taken shape.

In 2018, the global economic expansion momentum is expected to continue, but international trade disputes and geopolitical risks have risen; China's economic resilience has increased, and will continue to promote high – quality development through supply – side structural reforms. It is expected that the banking industry will continue to maintain a good momentum of development, and asset quality and performance improvement are expected to continue. The industry structure of the banking industry will be further adjusted and optimized. The banking industry will follow the trend of national strategic advancement, high – quality economic development, and interest rate marketization reform, and continue to optimize business structure, regional network structure, personnel structure, and profit structure to further promote the benign interaction with the real economy. The banking industry will take serving structural reform of supply side as the main line, laying a solid foundation for the prevention and control of financial risks, and comprehensively promote the reform and opening up of the banking industry, and strive to promote the transformation of the industry from high – speed growth to high – quality development.

II. The asset expansion rate slowed down, and the inter – bank and off – balance sheet businesses contracted.

In 2017, the normalization of financial supervision straightened out the expansion logic of the asset business of banking financial institutions. The asset business has since showed three characteristics: First, asset growth slowed further. As of the end of 2017, the size of domestic and foreign currency assets of China's banking financial institutions reached 252 trillion yuan, an increase of 8.7% year – on – year. That growth rate dropped by 7.1 percentage points from the end of 2016 and for the first time since 2001 dropped to single digits. slow. Second, the asset structure was further optimized. With the promotion of the special rectification activities of the former China Banking Regulatory Commission, the proportion of loans of banking financial institutions to total assets has steadily increased, the inter – bank business and off – balance – sheet business have continued to shrink, and the ability of banking industry to return to its source and serve real economy has further enhanced. As of the end of 2017, banking financial institutions issued loans of 129 trillion yuan, a year – on – year increase of 12.4%, higher than the growth rate of assets by 3.7 percentage points over the same period. Inter – bank business and off – balance sheet business showed a contraction trend. In 2017, inter – bank assets and liabilities contracted for the first time since 2010, and interbank wealth management decreased by 3.4 trillion yuan from the beginning of the year. Third, asset quality tended to be stable. With the improvement of macroeconomic fundamentals, the risk resilience of banking financial institutions has steadily increased, and asset quality has stabilized. As of the end of 2017, the balance of non − performing loans of commercial banks was 1. 71 trillion yuan, and the non − performing loan ratio was 1. 74% , which was stable at 1. 74% for five consecutive quarters. However, it is still necessary to focus on the exposure of some regions and industries.

As China's economy shifts from a high − speed growth stage to a high − quality development stage and regulatory authorities propel strict supervision, the future on − balance sheet assets business will remain the focus and direction of the development of banking financial institutions. In 2018, banking financial institutions will further focus on the corporate business and personal business precisely, meticulously and tangibly. The inter − bank business and non − standard business will actively seek transformation and better service to the real economy.

III. The deposit business grew steadily, and the non − deposit business developed in standardized way

In 2017, the banking industry's debt business grew steadily and the growth rate slowed down, affected by factors such as slower economic growth, tighter regulation, faster interest rate liberalization, and financial disintermediation. As of the end of 2017, the total liabilities of commercial banks were 182. 06 trillion yuan, a year − on − year increase of 7. 99% , and 8. 87 percentage points lower than that of 2016. The deposit business grew steadily. The balance of deposits in local and foreign currencies of financial institutions was 169. 3 trillion yuan, an increase of 13. 8 trillion yuan from the beginning of the year, a growth rate of 8. 87% , 2. 4 percentage points lower than that of 2016. The balance of RMB deposits was 167. 1 trillion yuan, an increase of 8. 65% over the beginning of the year. The deposits of local and foreign currencies have grown steadily and the deposit structure has remained basically stable. The growth of corporate deposits has grown steadily, and the growth of non − financial corporate deposits and personal deposits has slowed. The non − deposit business was standardized, the deposits of banks and other financial institutions fell sharply, the balance of NCD declined, and the total amount of secondary debts issued rose sharply.

In 2018, the banking industry's debt business will continue to grow moderately, the competition for stable funding sources will become more intense, and the deposit interest rate will be set in a more flexible and differentiated pricing strategy. In order to seize development opportunities and meet challenges, the banking industry will continue to promote business transformation and service upgrading, improve the level of financial technology, rationally use diversified debt instruments, enhance pricing power, strengthen institutional cooperation, and promote the steady development of debt business.

IV. The growth rate of intermediary business has stabilized slightly, and the new business is facing transformation.

In 2017, the development of intermediary business of commercial banks showed a steady trend with slight decline momentum, affected by factors such as stricter industrial regulatory policies, fluctuations in bonds and capital markets, and high bases of previous year. The net income of commissions charges and brokerage charges of major listed commercial banks remained stable overall, but the growth rate of revenue declined. Among them, the traditional intermediary business still dominates, the development focus of each institution has diverged, and the development of each sub – business has been clearly differentiated. In the context of de – leveraging, de – channeling, prevention of flowing into virtual economy from real economy and rectification of irregularities, the regulatory authorities have increased control over the interbank business and wealth management business of commercial banks. Coupled with changes in the market environment, the development of new intermediate businesses faces a large Challenge, income enters the negative growth range.

In the coming period, it is expected that in the context of China's economic growth changing from high growth rate to high quality development, financial supervision coming into a new stage, as well as a changing financial competition environment, the intermediary business of commercial banks faces the requirements of transformation, but the strategic value of development of intermediary business for banks is still significant. It is expected that the income of traditional intermediary business of commercial banks will stabilize and improve in 2018. The main disadvantages are less likely to be further enlarged in 2018, and the growth prospects of bank card and payment settlement will continue to be promising. The development of new intermediate business will be based on standardization and stability, and the differentiation of various businesses will continue. The wealth management business will gradually return to the essence of asset management; the demand for investment banking will increase, and its stability will be possible; the growth channel for custody business needs further development.

V. Credit risk is generally stable, and market and liquidity risks are generally controllable.

In 2017, the credit risk situation of commercial banks was generally stable and with an improving trend. The quality of credit assets improved steadily. At the end of 2017, the balance of non – performing loans of commercial banks was 1705. 7 billion yuan, an increase of 193. 5 billion yuan year – on – year; the non – performing loan ratio was 1. 74% , which was the same as that at the end of 2016. The risk – recovery capability was further enhanced. The capital adequacy ratio was 13.65%, up 0.37 percentage points year – on – year. Capital was sufficient, and the provision coverage ratio was 181.42%, up 5.02 percentage points year – on – year. Bank credit risk management will still face many challenges in 2018, but the quality of commercial banks' assets is expected to continue to maintain a stable and improving trend.

In 2017, de – leveraging and strict supervision have a greater impact on market liquidity, financial institutions have lower levels of over – reserve ratio, funding fundamentals were significantly disturbed by various factors, and commercial banks' market risk and liquidity risk pressures rose but was overall controllable . In the first four quarters of 2017, the liquidity ratio of commercial banks was 48.74%, 49.52%, 49.17% and 50.03%, respectively, which was higher than 2016 as a whole. In 2018 and in the future, the macroeconomic environment and financial market uncertainty at home and abroad is still very large, which brings certain pressure to the commercial bank market and liquidity risk management, but the gradual advancement of interest rate marketization and the more flexibility of the central bank's monetary policy will reduce the liquidity risk of commercial banks to some extent.

VI. The reform and transformation results are fruitful and promoting the realization of high quality development

In 2017, as the domestic and international economies entered the deepening stage of structural adjustment, Chinese banking industry was also in a critical period of change. The development model of the banking industry has changed from "heavy assets" to "light assets", from "bigger" to "stronger", and from simple financing to "financing + intelligentization" . The Chinese banking industry fully implements the spirit of the 19th National Congress of the Communist Party of China and the National Financial Work Conference, and strives to improve the quality of serving the real economy and supply – side structural reforms; to return to the essence of banking, focusing on the main business; to accelerate the business transformation of the corporate banking, retail banking and financial markets banking; to promote integration, specialization, light – weight trend and intelligentialized development; to enhance the ability of serving the real economy, maintaining stable growth in profits and risk prevention and control, and achieving fruitful results in reform and transformation.

For the corporate business, commercial banks focused on improving quality and efficiency by adapting to economic restructuring through differentiated transformation and innovation measures, and gradually change the homogenization business model, changing from the concentration of resources to a small number of high – quality customers to extending to upstream and downstream enterprises based on the core enterprises; from the traditional industries to the combination of tradition and emerging industries. With retail business focusing on the big retail strategy, commercial banks continued to deepen the application of financial technology in the retail business, strengthen the agile construction of the organizational mechanism, and continuously improved the customer experience. The business model of the financial market banking will move from incremental expansion to intensive growth of stock revitalization, quality improvement and technological innovation. Business transformation and innovation will be advanced together, inter – bank business will move from offline to online, and investment business will develop steadily. The asset management business is being actively planned for transformation under the new regulations.

VII. Focus on industry hotspots and look forward to future development trends

2017 is a key connecting year for China's 13th Five – Year Plan, and it is also a year of deepening supply – side structural reforms. Opportunities and challenges coexist fro banking business. In 2017, the Chinese banking industry has achieved fruitful results in helping China's economy de – leveraging, achieving overall stable leverage and partial de – leveraging; actively supported non – financial sectors to reduce leverage, supporting and coordinating local governments to reduce leverage and promoting resident leverage to be adjusted and optimized; taking the initiative to promote financial de – leveraging, and support the deepening of supply – side structural reform. Since November 2017, the open policies on foreign banks have come in a continuous stream. Throughout the opening up of China's banking industry and the development of foreign banks in China, with the continuous expansion and improvement of China's opening up pattern, there has been a qualitative change in breadth and depth of foreign banks' development in China. The new round of opening of the banking industry has created a better investment environment and financial market environment for foreign banks in China. It has also brought new opportunities and challenges for the transformation and development of domestic banking industry. Relying on excellent operation and management capabilities, complete business structure, and high social responsibility standards, banking institutions have carried out extensive, systematic and in – depth exploration and practice in the field of green finance in recent years, which not only promotes the rapid growth of green financing scale, but also constantly improves the management model, strengthen capacity building, promote innovation and development, and becoming the backbone of China's green financial system construction. Under the help of the West Wind of integrated management, financial holding companies have taken root in China. After nearly 16 years of development, they have become the carrier of mixed operations with diverse subjects, diverse forms and wide scope. With the rapid expansion of "quantity", the problem of "quality" has become increasingly prominent. Although improving the policy system can help regulate the market order, it is not enough to rely solely on the strength of the government. The focus should be placed on the financial holding companies themselves. By improving the internal governance mechanism and improving the international competitiveness in the context of financial openness, financial holding companies can form right development patterns. In 2013, General Secretary Xi Jinping proposed the One Belt And One Road strategic concept. In the past five years, the construction of the One Belt And One Road has achieved remarkable results, and China's Friend Circle has been expanding, and a series of major projects have blossomed. The One Belt And One Road strategy has created new opportunities for the development of the Chinese banking industry, and the creation of the One Belt And One Road financial artery is an important guarantee for achieving the goal of this strategic concept itself.

目录

三、负债业务篇

四、中间业务篇

五、风险管理篇

六、改革转型篇

七、专题研究篇

一、总体运行篇

2017 年，中国银行业总体经营环境趋于改善，全球经济增速温和回升，国内经济开启高质量发展，并实现稳健增长。在此背景下，中国银行业总体经营稳健，发展态势向好。资产负债规模继续保持增长，净利润增速明显回升，2017 年，商业银行累计实现净利润 17477 亿元，同比增长 6%，增速较 2016 年上升 2.5 个百分点，商业银行净息差从 2017 年第二季度开始，连续三个季度出现回升，由第一季度的 2.03% 升至第四季度的 2.1%，带动银行业绩出现改善。此外，2017 年中国商业银行不良贷款率企稳，资产质量边际上有所改善，风险抵御能力有所增强。

2018 年，全球经济扩张势头有望持续，但国际贸易争端及地缘政治风险有所上升，国内经济韧性增强，将继续通过供给侧结构性改革推动高质量发展。预计银行业将继续保持良好的发展势头，资产质量和业绩改善有望延续。同时，银行业的行业结构将进一步调整优化，银行业将顺应国家战略推进、经济高质量发展、利率市场化改革深化的趋势，业务结构、区域网点结构、人员结构、盈利结构等将持续优化，进一步实现与实体经济的良性互动。

第一章
运行环境积极因素增多

2017 年全球经济增速温和回升，通胀仍处于低位。发达国家整体经济表现略好于发展中国家。2018 年全球经济扩张势头有望持续，主要经济体货币政策进入紧缩周期，国际贸易争端及地缘政治风险有所上升。当前中国经济正在由高速增长阶段转向高质量发展阶段，正处在转变发展方式、优化经济结构、转换增长动力的攻关期。2018 年，货币政策仍将保持稳健中性，强调适度均衡，淡化总量目标，逐步转向价格调控框架，围绕实体经济全面提升金融服务效率和水平。

一、全球经济增速平稳回升

全球经济增速温和回升。国际货币基金组织（IMF）数据显示，2017 年全球经济增速加快至 3.8%（2016 年为 3.2%），发达国家及发展中国家经济增速均有所提升，其中发达国家表现略好于发展中国家。美、欧、日同步快速增长；中国和印度引领新兴经济体；巴西、俄罗斯摆脱衰退。

1. 全球经济增长平稳

2018 年全球经济增速预计延续回升势头，部分发达国家如欧元区和日本经济增长已于 2017 年第二季度见顶，美国经济及大部分发展中国家经济增长仍有望继续小幅加快。劳动力市场景气改善，通胀水平保持低位。全球经济贸易流动回暖持续，金融市场风险偏好上升，大宗商品价格震荡走高。尽管如此，贸易争端及地缘政治风险仍是全球经济面临的主要不确定性来源。

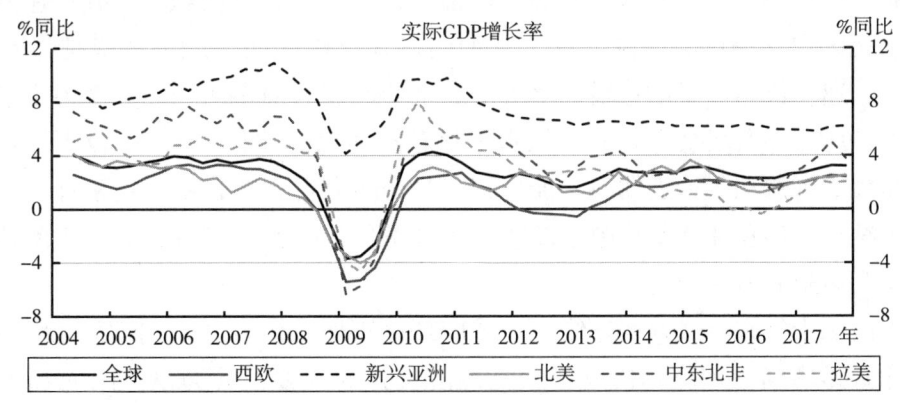

数据来源：汤森路透数据。

图 1-1 2018 年全球经济回暖持续

3

目前，全球经济增长和通胀水平处于相对理想的状态，失业率持续回落，消费市场活跃，企业投资反弹。美国、欧元区及日本的货币政策已先后进入紧缩周期。中国作为最大的发展中经济体，稳健中性的货币政策背景下，实际利率水平也已明显抬升。全球流动性环境趋紧，部分金融市场外资参与度较高的国家，如南非、印尼等，可能面临较大资本外流压力。

全球前两大经济体中国与美国之间贸易摩擦风险上升。由于中美市场需求合计占全球进口需求的四分之一，两国贸易争端升级的小概率事件一旦发生则可能影响全球贸易前景，冲击国际供应链体系。包括土耳其、阿根廷等在内的贸易赤字占GDP比率较高的部分小国开放经济体易受冲击。

2. 美国经济增长加速

2018年美国经济可能在2017年同比增速2.3%的基础上加快至2.9%（IMF预测）。财政政策方面，税改进入落实期，一方面支持居民消费增长保持稳固，另一方面继续提升企业固定资本投资。此外，2月民主、共和两党达成妥协通过的长期预算法案对2018－2019年政府财政支出有所提升。货币政策方面，受能源价格上升拉动，名义通胀水平有所走高，核心通胀水平仍保持在2%的政策目标之下。市场预期美联储联邦基金利率在2018年上调四次（3月已上调一次），美联储缩表也将继续进行。

美国制造业及非制造业经济活动指数自2017年中以来一直保持高位。国际大宗商品价格高企以及美国近期对钢材和铝材加征进口关税推升了制造业企业成本，并加剧了上游原材料价格的波动。企业投资反弹在2017年对GDP增长贡献超过30%，2018年仍可能继续支持经济增长加速。

3. 欧元区及日本经济增长放缓

欧元区及日本经济已经于2017年年中见顶回落，预期2018年经济仍保持温和扩张。贸易加权的欧元汇率较2017年初已经升值超过10%，拖累出口增长及经济周期性复苏的步伐，欧元区产出缺口已经基本闭合。包括制造业采购经理指数（PMI）在内的领先指标显示欧元区包括德国、法国、意大利和西班牙在内的四大经济体保持温和扩张势头，经济增长速度仅略高于潜在增长率水平。企业产能利用率回升，劳动力市场景气持续，工资上升压力有所增加。名义通胀水平尽管有所回升但仍在1.5%以下。目前的增长通胀平衡决定了欧洲央行近期不会加息，同时，欧央行资产收购计划预计将最后一次延期至年末结束。尽管北欧部分国家及意大利选举仍存变数，随着默克尔组阁成功，欧元区政局动荡风险有所下降。

日本经济三十年来首次取得连续八个季度环比正增长，但2017年四季度有所回落。受益于全球贸易周期性回暖，出口增长是经济反弹的主要拉动力量。国内私人消费平稳，略高于十年平均水平，企业投资也有所回暖。通胀水平距离政策目标2%尚远。预计日本央行仍致力于保持国债收益率处于低位以引导通胀预期上行。

4. 新兴市场经济增速仍有上行空间

新兴市场经济体经济增长稳中有升，其中亚太区和东欧地区新兴经济体的 2018 年经济增长预测有所上调，拉美地区新兴市场增速则略有下调。由于新兴市场经济体按照购买力平价（PPP）或名义 GDP 口径占全球经济份额在过去几年不断上升，本轮经济复苏力度偏弱主要归因于新兴市场经济运行仍低于长期趋势水平。根据世界银行的潜在 GDP 水平估算，2018 年新兴市场经济体的产出负缺口仍难以闭合，因而新兴市场通胀压力也仍温和可控。美联储加息、日本央行盯住国债收益率曲线以及欧央行逐步退出量化宽松与目前为止仍保持弱势的美元汇率相结合，限制了全球范围内债券收益率的上升空间。新兴市场经济体央行的货币政策可能继续保持相对独立。

居安思危，全球经济所面临的主要风险来源：一是中美两大经济体之间贸易摩擦风险上升。随着五月中旬习近平主席特使刘鹤访美以来，我国着力扩大出口并加快相关行业改革开放，美方也对中兴的"禁售"令改为罚款、更换董事会等整改协议。中美贸易战风险短期内明显下降。但鉴于中美之间的贸易摩擦实际是更深层次的产业政策体系及投资领域的矛盾，未来两大经济体之间的经贸关系仍存不确定性。第二大风险来源则可能源于美国经济扩张持续，美元汇率已由弱转强。鉴于美元汇率保持强势的可能性不小，部分经常账户逆差较大、国内债券市场外资占比较高的小国开放经济体将继续面临资本流出加快、资本市场调整和负债成本快速上升的冲击。其中南非、土耳其、阿根廷和哥伦比亚等国风险需重点关注。

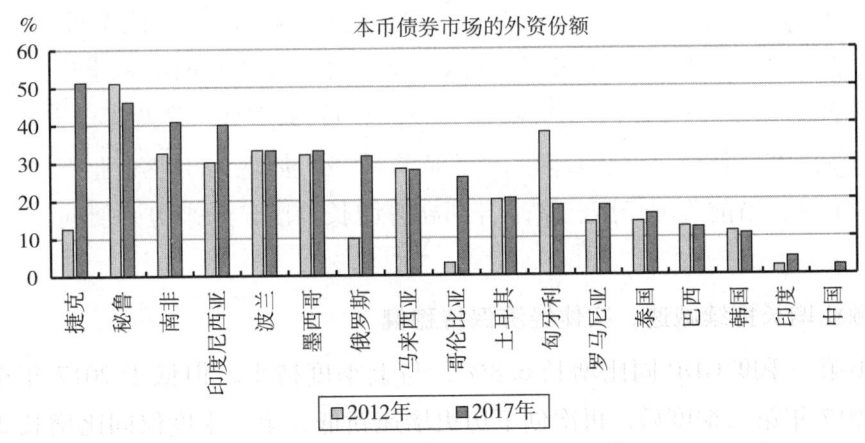

数据来源：国际金融协会。

图 1 – 2　本币债券市场外资占比高的新兴市场资本外流风险相对高

二、中国经济迈向高质量发展

2017 年中国经济实现稳健增长，全年 GDP 同比增长 6.9%，是 7 年来的首次增速回升。在金融去杠杆、房地产加强调控和环保限产贯穿全年的情况下，中国经济仍表现出较强的韧性。实体经济表现良好，全年规模以上工业增长值同比增长 6.6%，较 2016 年加快 0.6 个百分点；货币增速显著回落，2017 年 12 月末 M_2 余额同比增速下降至 8.1%，较 2016 年末大幅放缓 3.2 个百分点，经济对债务扩张的依赖度下降，2017 年 M_2/GDP 下降至 203%，比 2016 年显著回落 5 个百分点；投资增速整体回落，全年固定资产投资同比增长 7.2%，较 2016 年放缓 0.9 个百分点，民间投资回暖，2017 年全年同比增长 6%，较 2016 年加快 2.8 个百分点；消费增长稳健，全年社会消费品零售总额同比增长 10.2%，较 2016 年小幅放缓 0.2 个百分点，"新消费"势头旺盛；外需显著回暖，全年出口同比增长 7.9%，进口同比增长 16.1%，改变了 2016 年负增长的局面，人民币汇率止跌回升，全年兑美元升值 7%。

2018 年是贯彻党的十九大精神的开局之年，是改革开放 40 周年，是决胜全面建成小康社会、实施"十三五"规划承上启下的关键一年。当前我国经济已基本告别高速增长阶段，将全面开启"高质量"发展阶段。

1. 当前经济增长平稳中有一定下行压力

从较长的经济周期看，当前我国人口周期进入下行阶段，同时受老龄化影响，2015 年开始我国适龄劳动人口占比开始下降，2016 年开始适龄劳动人口绝对值也开始下降。与老龄化对应的是我国国内总储蓄率不断下降，已由 2010 年最高点的 50.4% 下降至 2016 年的 46.4%，未来预计还将不断下行，这对我国固定资产投资、商业银行存款来源增长等都将造成不利影响。从商业周期来看，地产周期在"房住不炒"的严厉调控下，销售、购地面积与资金来源增速均开始回落；设备投资周期仍未启动，随着供给侧结构性改革不断深化，产能利用率有所提升，但已逐步见顶，但设备投资仍保持低位；库存周期正在由被动补库存逐步转向主动去库存阶段，体现为工业企业产成品库存见顶回落。总体来看，当前我国经济已基本告别高速增长阶段，未来势必要向高质量发展阶段转型。

2. 金融业增长持续减速，实体经济保持稳健

2018 年第一季度 GDP 同比增长 6.8%，与上季度持平，但低于 2017 年全年增速。金融业自 2017 年第二季度后，再次创下历史增速新低，第一季度仅同比增长 2.9%，较上季度回落 1.1 个百分点，反映在严监管与去杠杆大背景下，金融业面临越来越大的增长压力。剔除金融业增加值后，第一季度不包括金融业的 GDP 同比增长 7.4%，创两年来新高，显示实体经济复苏稳健。预计金融业严监管将贯穿全年，金融业将继续回归服务实体经济本源，并为实体经济增长提供支撑。

3. 投资持续放缓、消费保持稳健、外需不稳定因素增多

2018 年 1～4 月固定资产投资同比增长 7.0%，比 2017 年全年放缓 0.2 个百分点，

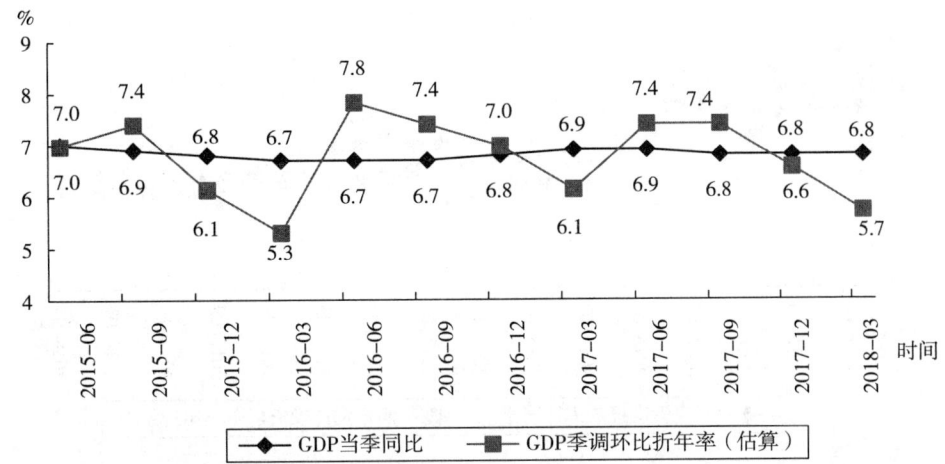

数据来源：国家统计局。

图 1 – 3　我国 GDP 当季同比与环比折年率

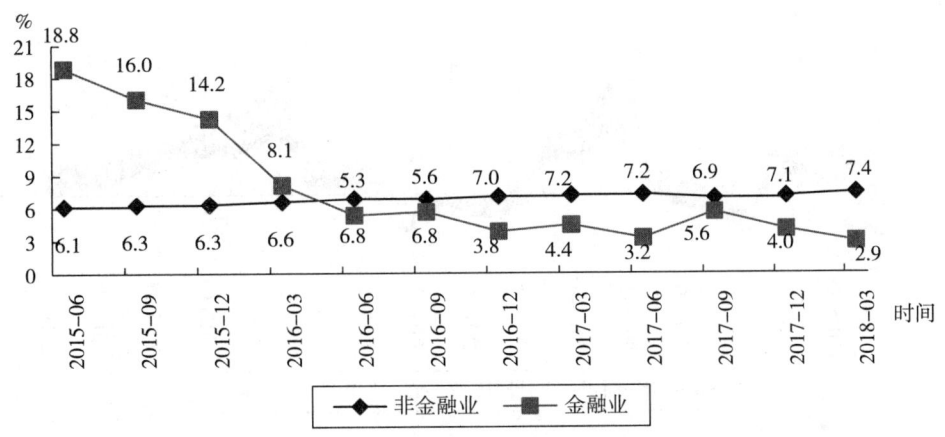

数据来源：国家统计局。

图 1 – 4　我国 GDP 中金融业增加值与除金融业以外其他所有行业增加值同比增速对比

增速持续下降。从分项看，基建投资与制造业投资继续回落，房地产投资增速较快，同比增长 10.3%。展望全年，在十九大确立的新的发展框架和政策基调下，投资增速可能继续缓慢下行。其一，经济增速不再是首要目标，转而强调经济发展质量，以投资稳增长的传统逆周期调控手段可能弱化，地方政府投资冲动也会受到抑制；其二，去杠杆、防风险是 2018 年的一大重点工作，金融监管将继续趋严，投资将面临更强的资金来源约束；其三，污染防治是 2018 年经济工作的重要抓手之一，可能对投资产生正负两方面影响，在使部分行业受到负面冲击的同时，也将增加环保治理类投资需求；其四，房地产销售、土地购置与资金来源增速均有所下行，未来高速投资难以持续。

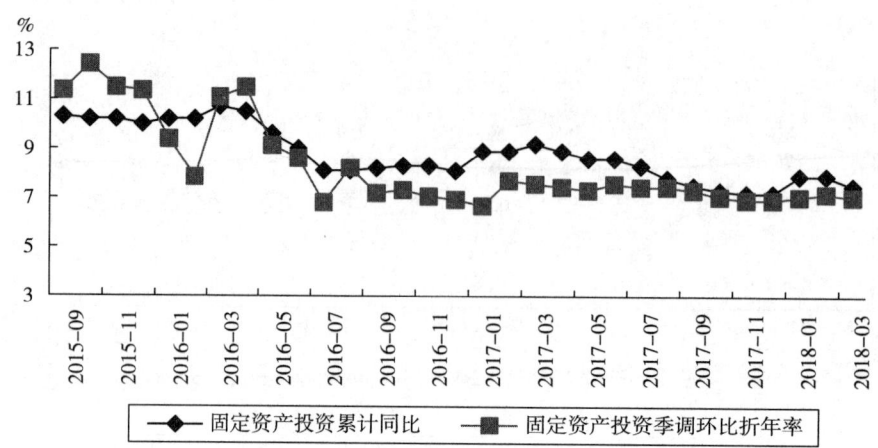

数据来源：国家统计局。

图1-5 固定资产投资累计同比与环比折年率

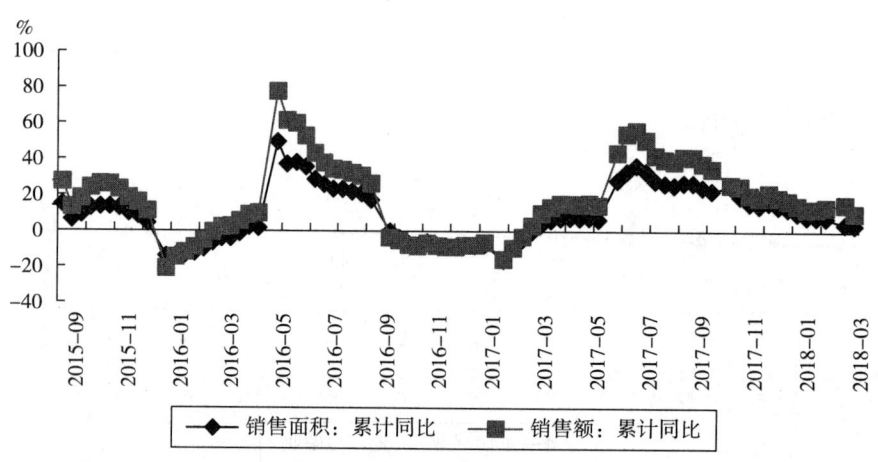

数据来源：国家统计局。

图1-6 房地产销售面积与销售额同比增速

2018年1~4月商品零售消费同比增长9.7%，较2017年全年回落0.5个百分点。但一季度最终消费对GDP拉动贡献率达到77.8%的新高，表明我国正在由商品消费逐渐向服务消费转变，消费升级有所加快。展望全年，预计随着购置税优惠政策退出与地产销售回落，汽车与居住类相关消费下滑将不利于消费增长，但居民收入稳步增长、区域结构不断优化、农村市场潜力上升、消费升级步伐加快、网络经济迅速发展仍将支持消费平稳增长。

2018年1~4月进出口表现强劲，出口同比增长13.6%，是近5年同期的最好表现，进口同比增长19.6%，一季度净出口对GDP增长贡献率为-9.1%。展望全年，受贸易保护与地缘政治因素影响，当前全球经济复苏存在放缓趋势。中美贸易摩擦已经历多轮

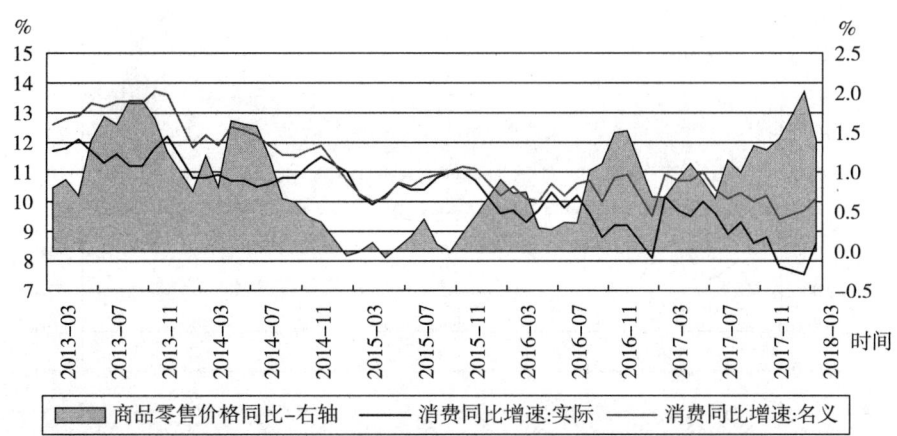

数据来源：国家统计局。

图 1-7　名义消费与实际消费同比增速

磋商，预计中美在经贸关系上的博弈将是一个常态化和持久化的过程，会增加我国外需的不确定性。同时，人民币汇率连续一年多升值也对出口形成不利因素，预计净出口对全年 GDP 的拉动影响较为不利。

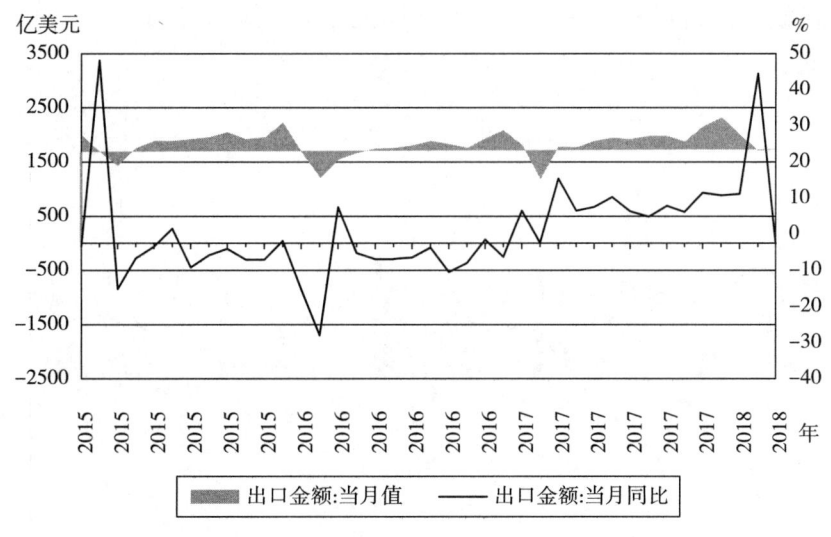

数据来源：国家统计局。

图 1-8　中国月度出口总额和同比增速

4. 通胀中枢较去年上升，但整体仍保持温和

2018 年 1~4 月 CPI 同比上涨 2.1%，虽高于去年一季度和去年全年水平，但也低于 3% 的政策目标。核心 CPI 同比增长 2.1%，较去年全年 2.2% 的水平下降 0.1 个百

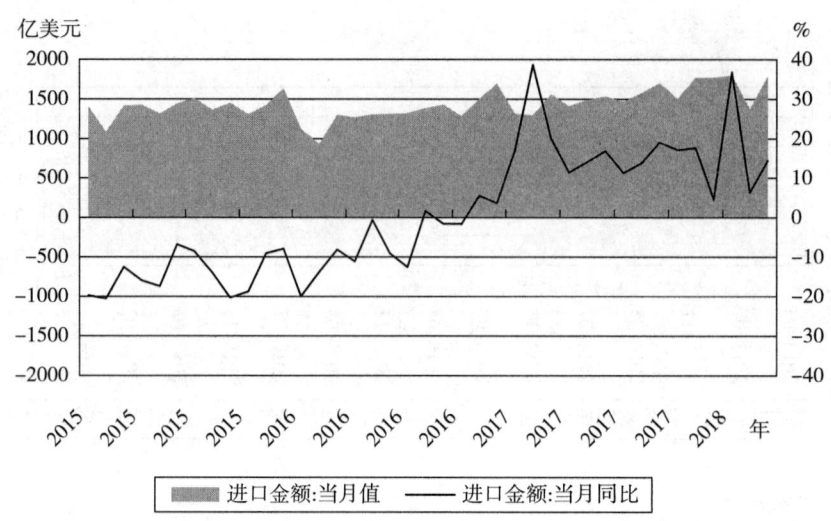

数据来源：国家统计局。

图1-9 中国月度进口总额和同比增速

分点，反映通胀预期仍保持温和水平。PPI同比上涨3.6%，较去年整体有所回落。展望全年，受货币增速下降、全球需求复苏、居民需求结构变化等因素叠加影响，预计后期CPI将整体保持温和水平，全年CPI同比增长略高于2017年，PPI增速回落并趋于双向波动。

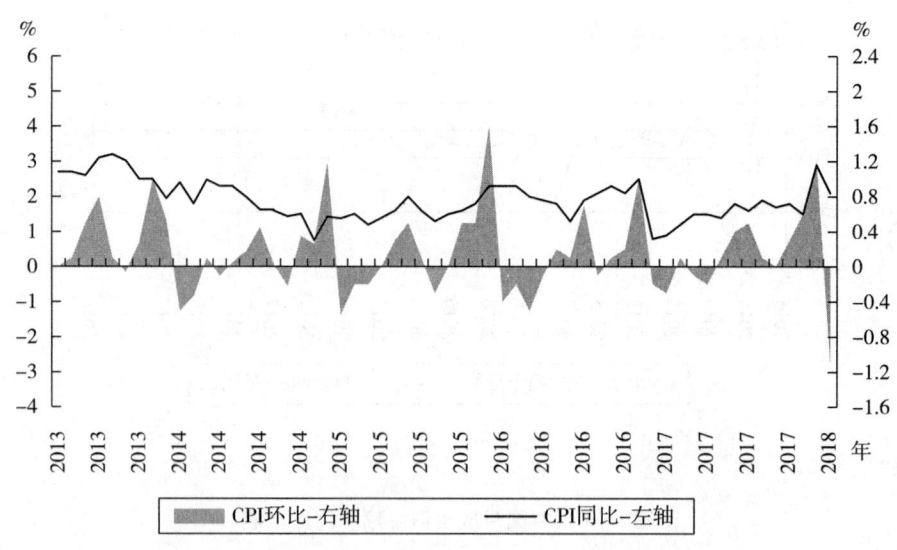

数据来源：国家统计局。

图1-10 居民消费价格指数同比与环比

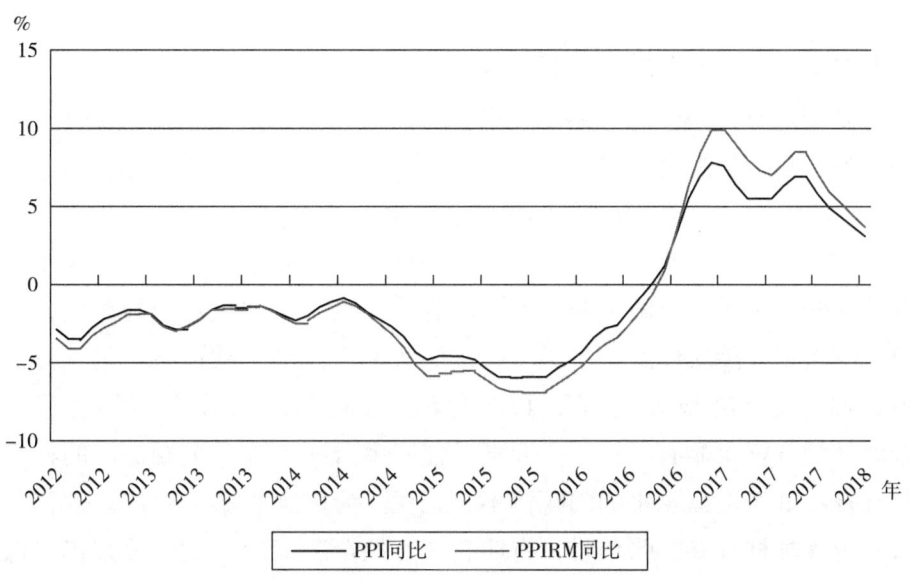

数据来源：国家统计局。

图 1 – 11　生产者购进和出厂指数

5. 财政运行总体良好，继续实施积极财政政策

2018 年 1 ~ 4 月财政收入总体保持较快增长，积极财政政策效果明显。财政收入同比增长 12.9%，增速较去年全年加快 5.5 个百分点。财政支出进度总体加快，各项重点支出得到有效保障。1 ~ 4 月财政支出同比增长 10.3%，较去年全年加快 2.6 个百分点。地方债市场化水平进一步提高，平均发行利率为 4.15%，同比上升 60 个基点。展望全年，财政政策将继续保持积极。继续减税降费，持续深化营改增、资源税、环境保护税、消费税、个人所得税等税收制度改革；继续在供给侧结构性改革发力，保持赤字率与整体债务风险可控，地方政府专项债规模将进一步提升，纳入政府性基金预算；有效保障重点支出，侧重于惠民生、保基本，着力推动水利、普惠金融和地方公益事业的发展；切实提高财政资金使用效率，加强库款管理，规范开展地方国库现金管理，加快财政支出进度，盘活财政存量资金；开展 PPP 规范管理，剔除不规范项目，着力防控 PPP 项目风险，进一步激发 PPP 模式潜力。

三、货币政策保持稳健中性

2017 年，货币政策边际趋紧，人民币各项贷款和广义货币（M_2）分别增长 12.7% 和 8.1%，增速较 2016 年分别回落 0.8 和 3.2 个百分点。当年新增社会融资 19.44 万亿元。2018 年，货币政策仍将保持连续性和稳定性，实施好稳健中性的货币政策，注重引导预期，保持流动性合理稳定，为供给侧结构性改革和高质量发展营造中性适度的货币金融环境。

1. 货币政策坚持稳健中性，注重适度均衡

从政策基调来看，2018年将继续坚持稳健的货币政策。《2018年政府工作报告》中指出，"稳健的货币政策保持中性，要松紧适度"，"管好货币供给总闸门，维护流动性合理稳定"。2018年，我国货币政策将在稳健中性的基调下，在"稳增长"与"防风险"之间寻求平衡。一方面，2018年经济下行的压力客观存在，同时海外货币政策紧缩、逆全球化和保护主义风险上升。因此，货币政策将更加注重引导预期，通过与其他政策的协调配合来保障实体经济平稳增长，保持宏观经济平稳运行。另一方面，为配合打好防范化解重大金融风险攻坚战，货币政策还必须从源头上管好供给总闸门。2017年我国非金融部门杠杆率略有上升，企业部门杠杆率有所下降，金融部门的杠杆水平得到控制，但杠杆率处于较高水平的问题仍不容忽视。为控制"影子银行"规模和增速，避免金融机构过度加杠杆和扩张信贷，有序有效防控金融风险，货币政策仍将保持谨慎稳健，大幅宽松的可能性较低。

2. 完善货币政策传导机制，由数量调控向价格调控转变

从政策手段来看，2018年货币政策将淡化总量目标，逐步转向价格调控框架。近年来，随着金融市场的深化以及金融产品的多元化，M_2 的可测性、可控性及与实体经济的相关性大幅下降。《2018年政府工作报告》指出，"保持广义货币 M_2、信贷和社会融资规模合理增长"，但没有明确 M_2 和社融增速目标。不再设置 M_2 具体目标值释放了淡化货币政策总量控制、加强货币政策调控框架转型的信号。M_2 低增速将常态化，同时也不再具备货币政策导向意义。货币政策调控框架将转向利率走廊机制的进一步探索，重点关注完善利率调控和传导机制，渐进式放开存贷款利率上限，使基准利率和市场利率双轨融合，加快推进利率市场化改革。

3. 发挥货币政策结构引导作用，服务经济高质量发展

从政策导向来看，货币政策侧重点将向重点领域和薄弱环节倾斜。2018年初，央行对小微企业、三农、绿色、扶贫、创新等普惠金融领域贷款增量或余额占比达到一定比例的商业银行实施定向降准0.5至1.5个百分点。2018年4月，央行再次下调人民币存款准备金率1个百分点，用以置换先前投放的中期借贷便利，同时释放的4000亿元增量资金主要用于小微企业贷款投放。6月初，央行扩大 MLF 担保品范围，纳入小微企业、绿色和"三农"金融债券等相关资产。为推动高质量发展目标的实现，2018年货币政策将引导金融资源更多分配到符合高质量发展目标的行业、企业中去，更多配置到经济、社会发展的重点领域和薄弱环节，充分发挥金融业服务供给侧结构性改革和现代化经济体系的支持作用。一方面，通过抵押补充贷款、支农再贷款、扶贫再贷款等政策工具，加强对薄弱环节的支持，引导更多资金投向惠民生领域；另一方面，通过支小再贷款、定向降准以及政策工具创新来扶持中小企业、创新企业，着力解决小微企业融资难、融资贵等问题，提升金融运行效率和服务实体经济能力，促进经济结构调整和转型升级。

四、监管加强推动行业转型发展

2017 年，原中国银监会加大了银行业监管力度，大力补齐监管制度短板，深入整治银行业市场乱象，着力防范化解银行业风险，进一步深化银行业改革，推动银行业提高服务实体经济能力，强监管严监管的态势基本形成。2018 年，银保监会将以服务供给侧结构性改革为主线，打好防控金融风险攻坚战，全面推进银行业改革开放，推动银行业由高速增长向高质量发展转变，坚决防止发生系统性金融风险，为全面建成小康社会提供更加有力的金融支持。

1. 监管统筹协调持续推进

随着综合经营的不断推进和跨领域金融创新产品日益涌现，金融风险跨市场、跨行业、跨区域、跨境传递更为频繁，金融体系的风险传染性快速上升，要求不同的监管部门充分沟通，协调一致，避免监管真空、监管冲突和监管重复等现象，以防范系统性风险的发生。金融监管统筹协调主要包含七个方面：统筹协调中央监管部门，统筹系统性风险防控与重要金融机构监管，统筹监管重要金融基础设施，统筹金融业综合统计，统筹政策力度和节奏，统筹协调中央和地方金融管理，统筹协调监管权力和责任。目前我国金融监管改革正在经历从监管竞争到监管协调的转变，混业监管和协同监管持续推进，开始进入实质落地阶段。

一是国务院金融稳定发展委员会成立，人民银行宏观审慎管理和系统性风险防范职责得到强化。2017 年全国金融工作会议中指出，要加强金融监管协调、补齐监管短板，设立国务院金融稳定发展委员会。2017 年 11 月 8 日，国务院金融稳定发展委员会成立，并召开了第一次全体会议。其中，"统筹金融改革发展与监管，协调货币政策与金融监管相关事项，统筹协调金融监管重大事项，协调金融政策与相关财政政策、产业政策等"是金融稳定发展委员会的重要职责之一。

二是原银监会保监会合并，有利于行业规范发展。2018 年 3 月，中国银行业监督管理委员会和中国保险监督管理委员会合并，组建中国银行保险监督管理委员会，并将拟订银行业、保险业重要法律法规草案和审慎监管基本制度的职责划入中国人民银行。中国金融监管体制由之前的"一行三会"变成"一行两会"意味着延续 20 年之久的中国金融分业监管体系已经迎来变革。原银监会和保监会的合并一方面有助于提升金融产品创新的规范性，减少监管灰色地带，降低套利和投机机会，有效防范系统性风险；另一方面也有利于提升监管资源的集中度，充分发挥专业化优势，提高监管的质量和效率，实现风险管理的面面俱到，早日做到金融监管的全面覆盖。

三是各监管部门联合发布多项政策，金融协同监管步入实质阶段。例如，2018年4月，中国人民银行、银保监会、证监会、外汇局联合发布《关于规范金融机构资产管理业务的指导意见》，其资产管理业务的范围涵盖银行、信托、证券、基金、期货、保险、私募基金等金融机构发行的资管产品，各类产品的监管标准将实现统一，填补以往不同监管机构的监管漏洞，挤压监管套利空间，有利于监管的标准统一与落实到位，未来资管行业将会更加规范有序发展。

2. 打好防范化解金融风险攻坚战

2017年以来，党的十九大、中央经济工作会议、全国金融工作会议都强调要把防控金融风险放在更重要的位置，守住不发生系统性风险的底线，为此金融监管部门陆续出台了一系列措施防范化解金融风险。

一是持续开展银行业市场乱象整治工作，加强银行业风险防控。2017年以来，银监会陆续下发《关于银行业风险防控工作的指导意见》《关于集中开展银行业乱象整治工作的通知》等文件，对银行业"三违反""三套利""四不当"等行为进行专项治理。2018年1月，银监会发布《进一步深化整治银行业市场乱象的意见》，要求2018年银行业针对以下市场乱象继续开展重点整治，包括公司治理不健全、违反宏观调控政策、存在影子银行和交叉金融产品风险、侵害金融消费者权益、利益输送、违法违规展业、存在案件与操作风险、行业廉洁风险等。

二是填补监管空白，针对跨市场、跨行业的交叉金融风险开展摸底整改，并出台统一监管标准。包括多部门联合发布《关于规范金融机构资产管理业务的指导意见》，统一了资管业务监管标准；银监会出台文件规范银行理财产品穿透登记工作、规范银信类业务、委托贷款业务等，使得跨市场风险看得见、摸得着、控得住。

三是推动商业银行建立健全风险管理体系，提升商业银行对各类风险的管理能力。银保监会陆续推出《商业银行流动性风险管理办法》《商业银行银行账簿利率风险管理指引（修订）》《商业银行大额风险暴露管理办法》《银行业金融机构联合授信管理办法（试行）》等，引导商业银行提高流动性风险、利率风险、信用风险等的管理能力。

四是促进互联网金融健康发展。银监会出台了一系列针对网络借贷的规范性文件，包括《网络借贷资金存管业务指引》《网络借贷信息中介机构业务活动信息披露指引》《关于做好P2P网络借贷风险专项整治整改验收工作的通知》等。同时监管部门进一步加强了针对校园贷、代币发行融资、"现金贷"、互联网资产管理等业务的整顿规范，明确指出未取得金融牌照不得从事相关业务。

党的十九大把防范化解重大风险作为决胜全面建成小康社会三大攻坚战的首要战役，金融风险是当前最突出的重大风险之一。我国金融体系仍然处于风险易发高发期，一些领域风险隐患仍不容忽视，相当多机构内控机制不健全，不良资产反弹压力较大，影子银行存量仍然较高，外部冲击不确定性因素增多，总体形势依然复杂。打好防范化解金融风险攻坚战是银行业监管的头等大事，要在保持经济稳定运行的同时，积极主动化解各类风险。主要从降低企业负债率、抑制居民杠杆率、压缩同业投资、规范交叉金融产品、整治违法违规业务、打击非法金融活动、清理规范金融控股公司、有序处置高风险机构、遏制房地产泡沫化以及配合地方政府整顿隐性债务等方面入手，深入整治市场乱象，有效控制风险引爆点，有序化解重点领域风险，坚持标本兼治，突出"质量"建设，大力弥补制度短板，建立风险防控长效机制。

3. 以服务供给侧结构性改革为主线，加大服务实体经济力度

一是以服务供给侧结构性改革为主线，大力压缩对产能过剩行业贷款，有序退出"僵尸企业"，提高资金使用效率。减少通道业务和融资中间环节，促进银企直接对接，继续加大减费让利力度，降低企业融资成本。

二是出台纲领性文件，提升银行业服务实体经济的质效。2017年4月，银监会发布《关于提升银行业服务实体经济质效的指导意见》，强调银行业金融机构应紧紧围绕"去产能、去库存、去杠杆、降成本、补短板"的任务要求，在支持供给侧结构性改革方面重点开展以下工作：（1）深入实施差异化信贷政策和债权人委员会制度；（2）多种渠道盘活信贷资源，加快处置不良资产；（3）因地因城施策，促进房地产市场长期稳健发展；（4）积极稳妥开展市场化债转股；（5）进一步提升服务质量，加强服务收费管理；（6）持续提升"三农"和小微企业金融服务水平；（7）大力支持国家发展战略，满足重点领域金融需求；（8）积极推动产业转型升级和支持振兴实体经济；（9）深入推进消费金融和支持社会领域企业发展；（10）加快发展绿色金融助力生态环境保护和建设。

三是加大对普惠金融的支持力度，助力打好精准脱贫和污染防治攻坚战，促进金融扶贫资源更加聚焦深度贫困地区。包括：（1）推动大中型商业银行设立普惠金融事业部，对小微企业融资实施差异化考核等；（2）央行、银监会等联合印发《关于金融支持深度贫困地区脱贫攻坚的意见》，要求金融部门坚持新增金融资金优先满足深度贫困地区、新增金融服务优先布设深度贫困地区；（3）央行对普惠金融实施定向降准政策等。

四是深入实施创新驱动发展，积极支持国家重大战略实施。央行、银监会等发布《关于金融支持制造强国建设的指导意见》，要求高度重视和持续改进对"中国制造2025"的金融支持和服务，对制造业企业进行融资等多方面支持，对制造业企业融资难问题解决机制进行积极探索。

4. 深入推进银行业改革开放和转型发展

一是引导银行业金融机构健全公司治理，加快建立中国特色现代银行制度，全力推动银行业向高质量发展转变。2018年1月，银监会发布《商业银行股权管理暂行办法》，要求商业银行股权管理应当遵循分类管理、资质优良、关系清晰、权责明确、公开透明原则，旨在规范商业银行股东特别是主要股东行为，加强股东资质的穿透审查，加大对违法违规行为的查处力度，保护商业银行存款人和其他客户合法权益，维护股东合法利益，从而保障商业银行安全稳健运行，促进商业银行持续健康发展。2018 年 5 月，为引导银行业金融机构加强数据治理，银保监会发布了《银行业金融机构数据治理指引》，要求银行业提高数据质量，充分发挥数据价值，提升经营管理水平，由高速增长向高质量发展转变。

二是进一步推动民间资本进入银行业。包括有序推进民营银行设立工作，继续支持符合条件的民间资本发起设立消费金融公司、金融租赁公司、企业集团财务公司、汽车金融公司和参与发起设立村镇银行，推动完善银行业金融机构股东管理制度等。从 2014 年试点开始到目前，17 家民营银行已全部开业，其中 2017 年当年共有 9 家开业，民营银行经营总体较为稳健。

三是进一步扩大对外开放，研究落实对外开放新举措，以开放促改革，激发市场活力，推动形成银行业全面开放新格局。2018 年 2 月，银监会发布《中国银监会关于修改〈中国银监会外资银行行政许可事项实施办法〉的决定》，为外资法人银行开展对银行业金融机构的股权投资提供了明确的法律依据，并取消了外资银行开办代客境外理财业务、代客境外理财托管等业务的审批，进一步统一中外资银行市场准入标准，全面体现了进一步扩大开放、简政放权以及加强审慎监管的理念。

5. 国际监管政策面临新变局

自 2008 年全球金融危机爆发以来，金融稳定理事会（Financial Stability Board）、巴塞尔银行监管委员会等国际金融监管机构以及包括美国、欧盟、英国在内的各国金融监管政策制定者均就提高监管有效性，维护金融体系稳定推进了一系列监管改革。目前为止，从微观金融机构及宏观系统性风险防控角度均取得了不小进展。以《第三版巴塞尔协议》为例，其致力于削弱巴塞尔协议 II 的顺周期效应，并降低了监管部门对于银行内部风险管理模型的依赖。从宏观审慎层面注重防止金融机构资产负债表的过度扩张，控制金融体系的杠杆率及系统性风险累积。

2017 年，巴塞尔协议 III 全面修订完善，主要针对资本充足率计量的套利空间的压缩，其重要性和深远影响也被称为"巴塞尔 IV"。

美国在金融危机后实施的《多德－弗兰克法案》从强化宏观审慎监管、提高监管标准、加强影子银行监管等方面对金融监管体制进行了全方位改革。与此同时，美国通过承认"母国监管"转为直接由"东道国"监管将其国内监管标准升格成为国际准则，非美金融机构也需接受其监管规则。反洗钱和直接制裁是美国落实"长臂管辖"的主要政策工具。美国财经网站（Market Watch）报道显示，金融危机以来，全球的银行金融机构罚款已达 2430 亿美元（截至 2018 年 2 月）。

2017 年 6 月以来美国众议院通过了大幅度反转《多德－弗兰克法案》的议案，但参议院相对温和的金融监管法案的修改工作仍在进行中，并主张仅对小型银行和社区银行免除部分监管，提高审慎监管资产的门槛。2018 年 5 月 24 日，相关立法提案获得了两党的共同支持通过，实现了自 2010 年该法通过以来首次重大调整。此次调整主要聚焦减轻区域性及社区银行的监管负担，将资产规模介于 500 亿到 2500 亿美元之间的银行从相应的交易、房贷、资本及压力测试等监管要求中解放出来，旨在更好地满足中小企业及家庭部门的信贷需求。尽管此次调整并未改变对系统重要银行的监管力度，鉴于这一放松金融监管的最新进展很可能只是未来进一步监管放松的开端，因而必然对美国本土金融行业及国际资本流动带来持续影响。

2018 年国际金融监管面临新的变局的背景下，我国可积极参与规则的制定，并将其与国内去杠杆、防风险及"一带一路"中国银行业"走出去"战略结合起来。国内银行业亦可通过系统总结国际同业在反洗钱合规方面的经验和教训，在透彻了解最新国际监管规则的基础上确保海外机构依法合规经营。

第二章

经营态势总体平稳向好

2017 年，中国银行业总体经营稳健，发展态势向好。资产负债规模继续保持增长，净利润增速明显回升，不良贷款率企稳，资产质量边际上有所改善。未来，我国经济将从高速增长阶段迈向高质量发展阶段，经济运行总体平稳，预计银行业将继续保持良好的发展势头，资产质量延续改善，净息差整体企稳回升，业绩改善有望延续。

一、2017 年银行业经营态势总体向好

1. 资产和负债规模保持增长，增速有所下滑

2017 年末，我国银行业金融机构总资产、总负债规模分别达到 252.4 万亿元和232.9 万亿元，较 2016 年末增幅 8.68% 和 8.4%。商业银行总资产、负债规模分别为196.8 万亿元和 182.1 万亿元，较 2016 年末增长 8.31% 和 7.99%，增速较 2016 年有所下滑。其中，大型商业银行资产、负债规模分别增长 7.18% 和 7.05%，股份制银行资产、负债规模分别增长 3.42% 和 2.72%，城市商业银行资产、负债分别增长 12.34% 和11.86%。股份制银行和城市商业银行资产、负债规模增速下降幅度最为明显。

银行业资产规模增速有所下滑主要是由于在金融业去杠杆的大背景下，监管层通过MPA 宏观审慎管理、出台监管政策等多种手段，针对同业业务、表外业务等拉长资金链条，导致资金空转的主要领域开展了大规模的监管规范活动，着力引导银行业回归本源、专注主业、做精专业、合规经营、稳健发展，取得了一定成效。

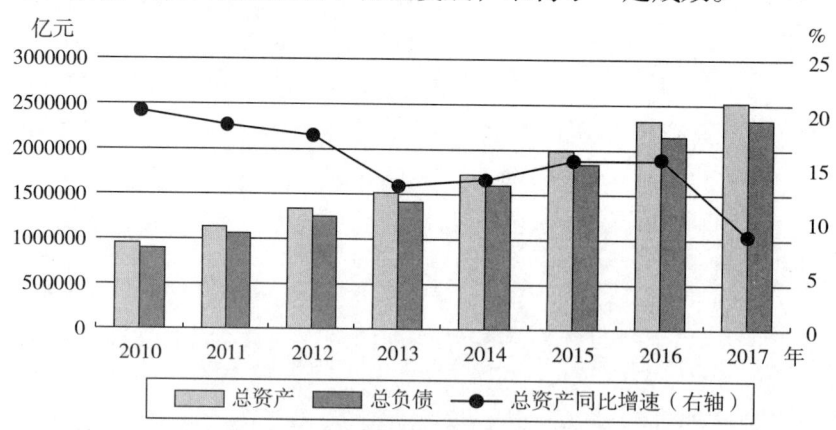

数据来源：中国银保监会，国家统计局。

图 2－1　银行业金融机构总资产、总负债及总资产增速

2. 净利润增速明显加快，净息差连续三个季度出现回升

2017 年，商业银行累计实现净利润 17477 亿元，同比增长 6%，增速较 2016 年上升 2.5 个百分点。但 ROA、ROE 等盈利指标仍有所下滑。2017 年，商业银行 ROA、ROE 分别为 0.92% 和 12.56%，较 2016 年分别下降 0.06 和 0.82 个百分点，降幅明显收窄。其中，大型商业银行 ROA 为 1.02%，较 2016 年下降 0.05 个百分点；股份制商业银行 ROA 为 0.83%，较 2016 年下降 0.05 个百分点。这主要是由于商业银行利润增速回升明显，但规模增速仍高于净利润增速。

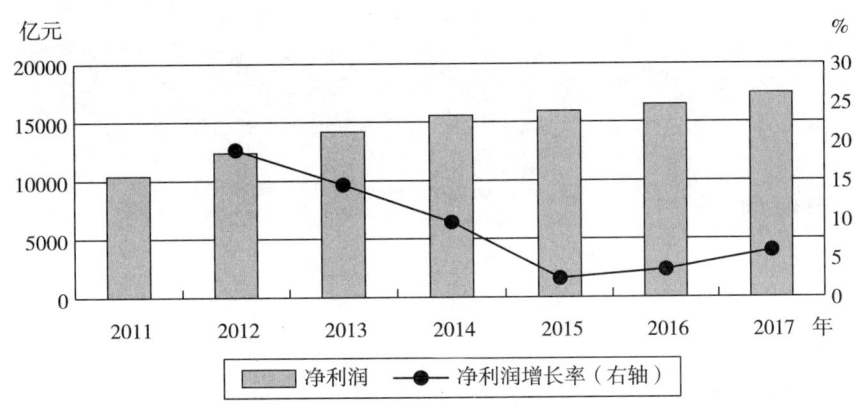

数据来源：中国银保监会。

图 2 - 2　商业银行净利润及增速

商业银行净利润增速回升明显的主要原因是净息差企稳回升。2017 年，商业银行净息差从第二季度开始，连续三个季度出现回升，由第一季度的 2.03% 升至第四季度的 2.1%，带动银行业绩出现改善。其中大型商业银行净息差逐季度上升，从第一季度的 1.99% 上升至年末的 2.07%，业绩改善明显。股份制银行的净息差则从 1.85% 略微下滑至 1.83%，城市商业银行净息差从 1.97% 下降至 1.95%。股份制银行和城市商业银行净息差的震荡回落说明了银行体系综合负债成本持续上行的压力仍存，而部分机构资产端定价也并未出现显著抬升，共同挤压了息差表现。无论是从资产增速还是从盈利能力来看，2017 年大型商业银行的业绩稳定性都高于股份制银行和城市商业银行。

2017 年末，中国商业银行成本收入比 31.58%，较 2016 年上升 0.47 个百分点。一方面，在"轻型银行"战略导向下，我国商业银行的主营业务正在从成本费用节约型的大中型企业贷款业务转向理财、资管、投资银行等智力密集型业务，一定程度上加大商业银行费用支出压力。另一方面，在监管加强以及各类专项治理活动的推动下，商业银行合规成本和管理成本亦有所上升。但整体而言，较之国际同业，我国银行成本收入比已经较低，进一步下降的空间已经不大，未来不排除仍有上行的空间。

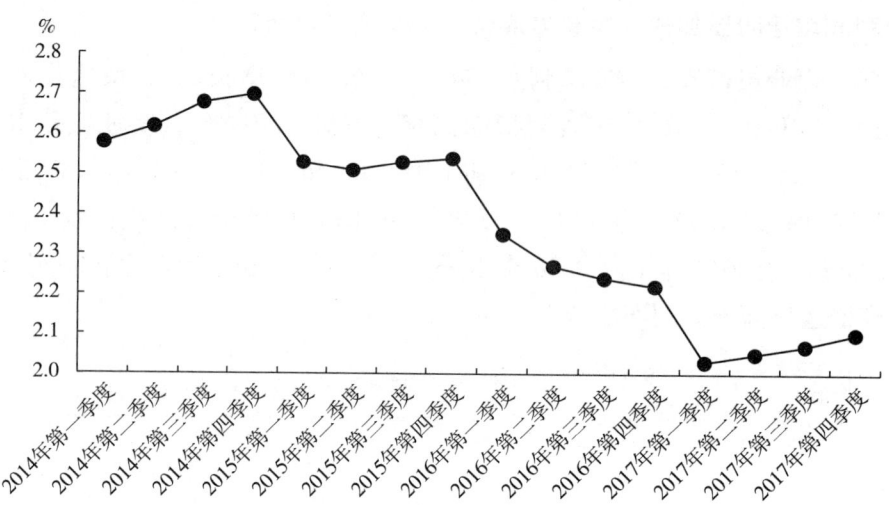

数据来源：中国银保监会。

图2-3 商业银行净息差走势

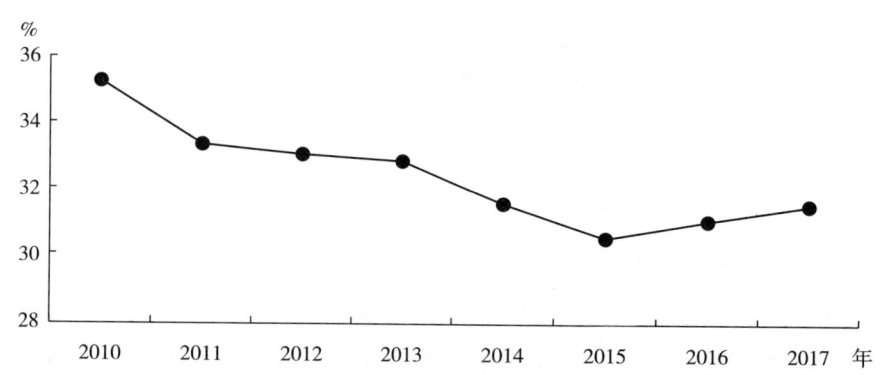

数据来源：中国银保监会。

图2-4 商业银行成本收入比走势

3. 资产质量企稳并出现边际改善，拨备覆盖率有所回升

2017年末，商业银行不良贷款余额17057亿元，较2016年末增加1935亿元，增长12.8%，增速较2016年末下降5.9个百分点；不良贷款率1.74%，与2016年末持平，已经连续5个季度维持在1.74%的水平。2017年商业银行关注类贷款占比也连续四个季度出现下降，由2016年末的3.87%降至2017年末的3.49%，降幅高达0.38个百分点。其中，大型银行资产质量改善幅度较大，不良贷款余额为7725亿元，较2016年末下降1.5%，不良贷款率为1.53%，较2016年末下降0.15个百分点。股份制商业银行资产质量出现小幅改善，不良贷款余额为3851亿元，较2016年末增幅13%，增速较2016末下降21.3个百分点，不良贷款率为1.71%，较2016年末下降0.3个百分点。

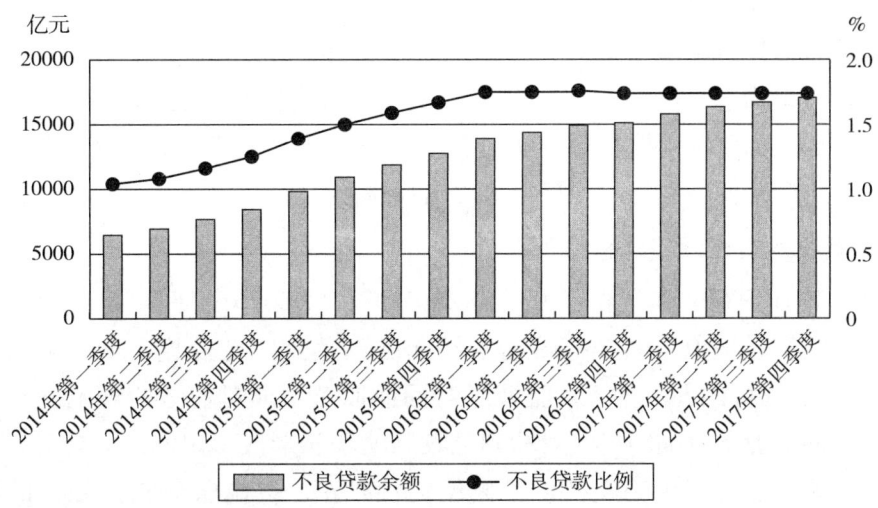

数据来源：中国银保监会，国家统计局。

图 2 - 5　商业银行不良贷款情况

银行业资产质量出现边际改善主要得益于 2017 年整体经济形势稳中趋好、韧性增强，GDP 增速达 6.9%，为 2010 年以来首次回升。经济形势向好带动企业利润好转，工业企业主营业务收入增速由 2016 年底的 5% 上升到 10% 以上，利润增速也翻一番，2017年全年增速均在 20% 以上。制造业和采矿业作为过去几年银行不良贷款的重灾区，2017年其企业利润也明显好转，行业景气度大幅提升，尤其是采矿业，利润同比增速由负值攀升到 1000% 以上，带动行业资产质量改善。

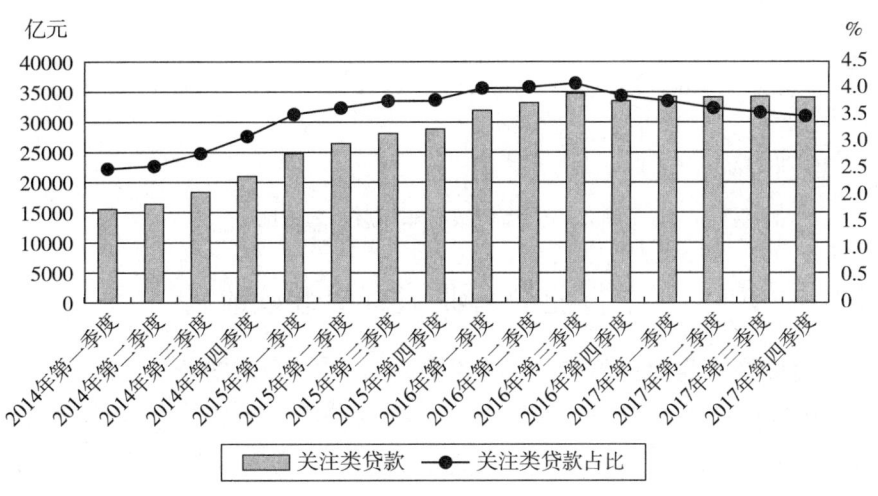

数据来源：中国银保监会。

图 2 - 6　商业银行关注类贷款情况

2017 年末，商业银行拨备覆盖率为 181.4%，较 2016 年末上升 4.8 个百分点。其中，大型商业银行拨备覆盖率为 180.5%，较 2016 年末上升 17.9 个百分点；股份制商业银行拨备覆盖率为 180%，较 2016 年末上升 9.6 个百分点。商业银行拨备覆盖率上行较为明显，主要是由于商业银行盈利能力有所回升，同时资产质量企稳改善，共同促成其拨备覆盖率上升，商业银行风险抵补能力有所增强。

4. 非利息收入占比近年来首次下滑

2017 年，商业银行非利息收入占比为 22.65%，较 2016 年下降 1.15 个百分点。一方面，银行业结算、担保承诺类等传统中间业务已达到一定规模，增速放缓；另一方面，在 2017 年去杠杆的大背景下，监管层对同业业务、理财业务的规范管理力度明显加强，理财、同业业务收缩明显，对非利息收入的增长形成一定制约。此外，随着银行业回归本源、专注主业，大力支持供给侧结构性改革，提高服务实体经济的能力和水平，商业银行存贷款占比有所回升，相对有利于利息收入的增长，从而造成非利息收入占比的下降。

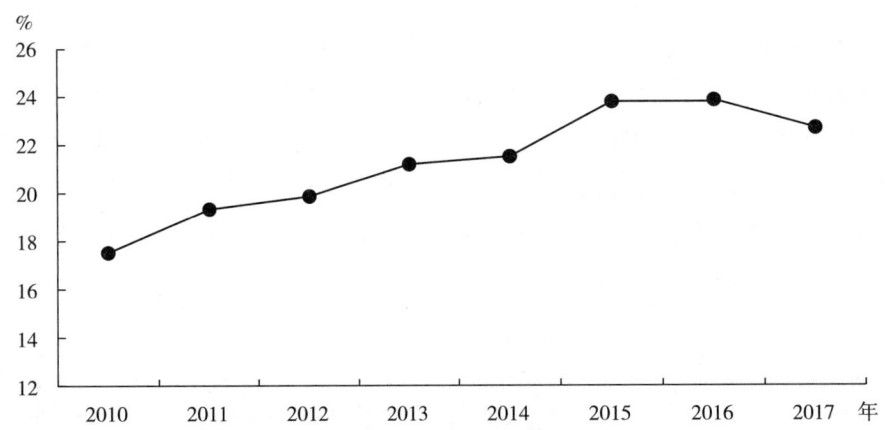

数据来源：中国银保监会。

图 2-7　商业银行非利息收入占比

二、2018—2019 年银行业经营业绩有望继续改善

2018 年，全球经济将保持稳步复苏，我国经济将由高速增长阶段迈向高质量发展阶段，经济总体将保持稳中求进的发展态势，"稳"是经济增速不会大幅回落，"进"是经济结构继续改善。同时，2018 年银行业监管态势依然严峻，防控金融风险仍将是银行业的重点工作。在此大背景下，我国银行业发展将进入变革的关键时期，银行业整体经营业绩有望继续改善，战略前瞻精准、创新能力突出、综合布局完善、负债基础扎实、风控能力强、经营稳健的银行将在竞争中有更优异的表现。

1. 资产负债降速提质，结构面临调整

随着我国经济由高速增长阶段迈入高质量发展阶段，银行业也将由高速增长向高质量发展转变。2018—2019年，我国银行业将延续2017年的发展态势，资产负债结构将出现积极变化。一是贷款占生息资产的比重将有所增加，支持实体经济的能力进一步增强；二是同业资产、同业理财、通过"特定目的载体"的投资等业务的规模或增速将进一步降低，表外业务总规模也将继续回落，资金脱实向虚的势头将进一步得到遏制；三是银行业经营行为将趋于理性和规范，风险合规经营意识将会加强，违法违规和监管套利将大幅减少，规模扩张的冲动将回归理性。

2. 不良贷款率企稳，资产质量有望延续改善

2018年，宏观经济走稳以及银行强化风险管理的驱动下，资产质量改善趋势明确，存量风险压力将得到有效缓解。首先，2018—2019年宏观经济彰显韧性，微观企业盈利好转，不良生成率将延续下降态势。当前中国经济将向高质量发展迈进，主要表现为发展方式转变、经济结构优化、增长动力转换。工业生产虽稳中有缓，但结构持续优化，供给侧改革的持续推进，钢铁、煤炭等重点领域去产能顺利进行，传统行业供需得到改善，都将促进微观企业盈利状况的改善从而降低不良生成率。其次，过去两年，银行业加大了对不良资产的处置力度，存量风险释放力度加大也将使得银行后续的不良压力有所缓解。2016—2017年，银行在不良贷款管理和化解上积累了更丰富的经验，再加上资产证券化、债转股等市场化处置方式得到不断应用，不良贷款率上升势头将持续放缓。另外，商业银行不良贷款率、关注类占款占比、拨备覆盖率等指标在过去几个季度出现明显改善，预计银行业资产质量改善有望延续。

3. 净息差稳中略升，利息收入回暖

虽然2017年商业银行净息差较2016年仍有所下滑，但从2017年第二季度开始，商业银行净息差已经连续三个季度出现回升，预计2018—2019年银行业整体净息差稳中略有回升。首先，2018年整体经济结构性改善延续以及货币政策稳健中性的背景下，实体经济对银行信贷需求依然较强，银行信贷仍将是支持实体和扶贫政策的主要融资渠道。同时，随着监管政策的持续推进，非标转标、表外转表内的现象仍将推进。其次，在货币政策稳健中性的大背景下，紧货币宽信贷成为最新的货币政策取向，2018年银行的生息资产中仍将以高收益的信贷为主。最后，随着资产端重定价和负债端成本企稳，整体银行贷款利率上浮空间提升。2017年以来，虽然基准贷款利率并未发生变动，但贷款加权平均利率出现回升，主要是贷款利率上浮的比例有明显提升。2018年在货币政策稳健中性环境下企业信贷需求相对仍然稳定，银行贷款仍有上浮空间。但是各家银行的分化将仍有所显现，大型商业银行负债端稳定低廉，资产端定价能力提升，净利息收入回升明显，部分股份制商业银行和城商行此前主要依赖同业存单和理财支撑负债规模的快速扩张，这两类业务的收缩或将对净息差产生不利影响。

4. 非息业务收入仍将面临挑战

作为银行熨平息差波动的利器，非息收入在 2016 年之前一直保持 20% 以上的增速，其中理财是近年来银行非息收入增长的重要来源之一。但在 2017 年，商业银行非利息收入占比首次出现下降，主要是由于 2017 年央行将表外理财纳入 MPA 进行考核，理财业务收缩明显。2018—2019 年，资产管理行业的改革将进入深水区，随着理财净值化、打破刚兑等监管措施的落实，预计理财发行规模将会进一步出现下滑，拖累非息收入的增长。从长远来看，随着居民消费升级和投资理念的转变，银行业务日益多元化，银行非息收入仍然大有可为。首先，理财打破刚性兑付短期影响银行代理委托业务收入，但近些年理财业务的快速发展说明居民财富多元化配置的需求旺盛，资管行业改革将真正打开理财业务的发展空间。其次，银行对客户提供一揽子金融服务的能力在逐步提升，除证券、保险、租赁等牌照外，银行现在又可以成立子公司从事不良资产处置和资产管理业务，板块之间协同效应增强，有利于业绩提升。

5. 成本收入比或面临长期拐点

2016 和 2017 年，商业银行成本收入比连续两年出现抬升，长期来看，预计未来成本收入比将可能面临长期向上拐点。一是随着利率市场化向纵深化推进，市场上对职业化管理人才和专业化业务人才的争夺日益激烈，激励机制将更趋市场化；二是随着监管要求趋严，将迫使银行增加战略性费用和合规方面的投入。从国际经验来看，欧、美、日等领先大型银行的成本收入比一般在 60% 左右的水平，我国商业银行成本收入比较低，不排除仍有上行的空间。

6. 净利润增速继续向好

2018—2019 年，有利于商业银行经营业绩的因素颇多：首先，净息差稳中略升，净利息收入回暖，将对银行业绩形成基础支撑；其次，商业银行资产质量持续改善，拨备计提和信用成本压力有所缓解，不良贷款处置力度加大，将有利于银行业绩改善。但同时，商业银行净利润增长依然面临两个不确定因素，在去杠杆和监管政策逐步落地的过程中，非息收入增长和成本收入比或将对银行业绩有所拖累。综合考虑，预计 2018—2019 年银行业整体净利润增速将继续向好，仍有继续改善的空间。

专栏 2-1　中国商业银行的国际排名不断提升

近年来，我国商业银行发展迅速，资产负债规模增速较快，盈利能力良好，竞争力不断增强。根据全球权威杂志英国《银行家》（*The Banker*）每年对全球银行机构按照一级资本指标进行排名的"全球 1000 家大银行"榜单（Top 1000 World

Banks Ranking），中国银行业改革发展30余年来入围该榜单的银行数量以及跻身榜单前十名的中资银行数量不断提升，我国商业银行在国际银行业的排名呈现上升趋势。

首先，入围榜单的银行数量不断提升。2017年共有126家中资银行入围全球1000家大银行排行榜，较2016年增加7家，其中17家中资银行跻身前100名，4家中资银行入围前10名，与2016年持平。在2017年入围的126家银行中，56家中资行排名在第101名~499名之间，53家中资银行排名在500名以后。在统计范围内的111家银行，总体平均排名比上一年上升了6.5名。2017年排名进入前100名的17家中资银行分别为：中国工商银行（第1）、中国建设银行（第2）、中国银行（第4）、中国农业银行（第6）、交通银行（第11）、招商银行（第23）、中信银行（第25）、浦发银行（第27）、兴业银行（第28）、民生银行（第29）、邮储银行（第31）、光大银行（第49）、平安银行（第59）、华夏银行（第67）、北京银行（第73）、上海银行（第85）、广发银行（第93）。

表2-1　　　　　　　　　近年入围"全球1000家大银行"数量

年份	1980	1990	2000	2005	2012	2015	2016	2017
入围银行数量	0	8	8	19	104	117	119	126
进入前十的银行数量	0	0	1	0	4	4	4	4

数据来源：网上公开资料整理。

其次，股份行排名上升明显。2017年，在规模较大的前21家中资银行中，股份制银行及部分城市商业银行的排名上升明显。其中，浙商银行上升27位，华夏银行、中信银行的排名分别上升了12、5位，招商银行、民生银行、兴业银行、北京银行均上升4位，浦发银行上升2位。大型商业银行排名平稳，工行、建行、中行3家的排名没有变化。

最后，中小型银行排名提升幅度最大。2017年排名提升幅度最大的是中小型城市商业银行和农村商业银行，沧州银行、齐商银行、尧都农商银行、唐山银行、紫金农商银行的排名分别上升了195名、129名、124名、121名、113名。

第三章
行业结构和布局不断完善

2017 年，银行业市场结构持续调整优化，大型商业银行整体保持稳中向好，中小银行转型成效显著、特色更加彰显，民营银行借助后发优势实现持续快速发展。顺应国家战略推进、经济高质量发展、利率市场化改革深化的趋势，银行业机构的业务结构、区域网点结构、人员结构、盈利结构持续优化，进一步实现了与实体经济的良性互动。

一、现代银行体系建设持续推进

银行业作为现代金融体系的重要组成部分，不断发展完善，已经初步形成了包含国有大型商业银行、股份制商业银行、城市商业银行、农村合作金融机构、民营银行、政策性银行、专业银行、外资银行等多层面多维度的现代银行体系，积极支持实体经济发展，推动现代化经济体系建设。

1. 国有大型商业银行市场份额占据主导地位

国有大型商业银行在国内银行业体系中仍占据主导地位，在资产规模、资金来源和网点布局上均占据优势。业务遍布全国主要城市及大部分县域地区，各项业务均衡发展。大型商业银行在全国范围内拥有雄厚且稳定的客户基础，使其在存贷款的稳定性方面具有较大优势。截至 2017 年末，5 家国有大型商业银行的资产总额和负债总额分别占国内银行业资产总额和负债总额的 36.77% 和 36.74%。但是，随着国内银行业市场竞争日趋激烈，从资产及负债总额占比来看，国有大型商业银行市场份额已呈逐年下降趋势。

2. 股份制商业银行成为银行体系的重要组成部分

近年来，股份制商业银行把握有利的市场机遇，发挥市场化程度高、机制灵活的优势，通过实施差异化经营，着力打造特色业务，加大改革创新力度，资产规模增长较快，逐渐成为国内银行体系的重要组成部分，并逐步形成自身竞争优势。截至 2017 年末，全国性股份制商业银行的资产总额和负债总额分别占国内银行业资产总额和负债总额的 17.81% 和 17.99%。

3. 城市商业银行和农村金融机构快速发展

城市商业银行和农村金融机构依靠地缘优势，重点针对当地企业和居民的需求提供金融产品和服务。作为区域性金融机构，城市商业银行和农村金融机构在地域及客户关系方面具有天然优势，可以与当地优质客户开展业务合作，更容易适应市场及客户需求

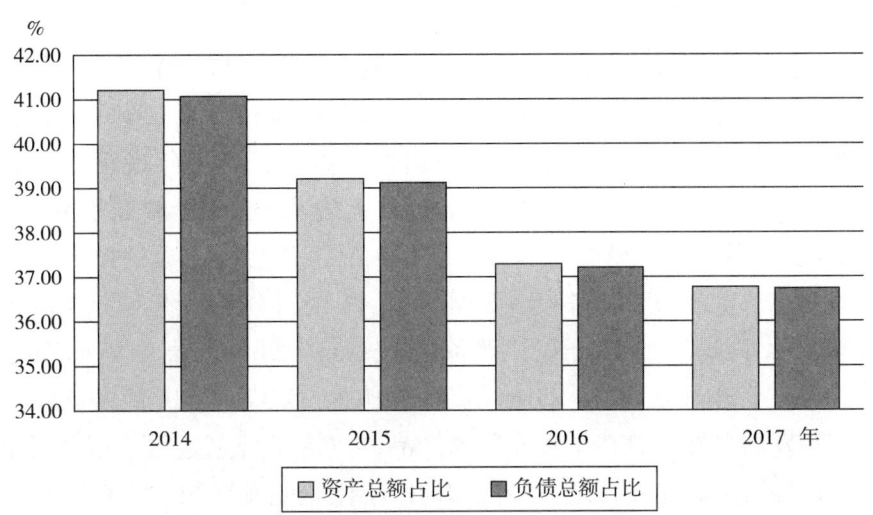

数据来源：中国银保监会。

图3-1 国有大型商业银行市场份额及其变化

的变化。2017年，城市商业银行加大改革和转型力度，品牌化、差异化经营更趋明显。城市商业银行小微企业贷款占各项贷款的比重达到44.1%，较5年前上升了8.26个百分点，134家城商行中有77家小微企业贷款占比超过50%，在支持地方经济、支持小微企业方面已经开始发挥主力军作用。农村中小金融机构改革与发展协调推进，大力开展支农支小，深入实施普惠金融服务，各项业务均快速发展。城市商业银行和农村金融机构市场份额迅速提升，从资产总额来看，城市商业银行和农村金融机构同比占比分别提高0.41和0.13个百分点，较三年前上升了2.08和0.17个百分点。

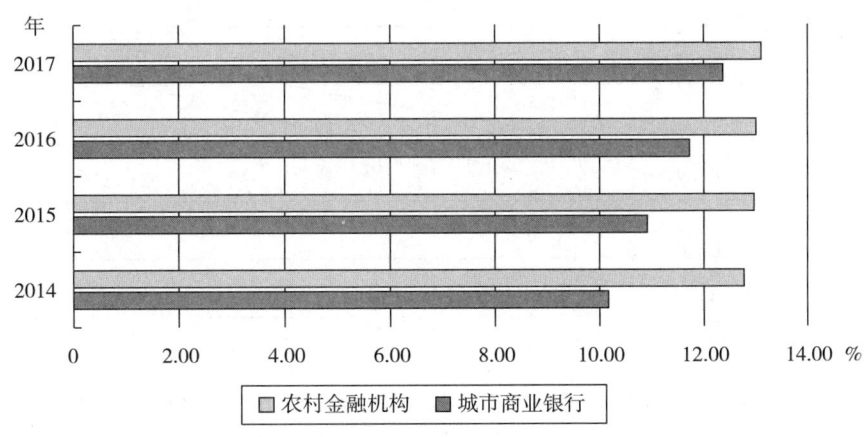

数据来源：中国银保监会。

图3-2 城市商业银行和农村金融机构市场份额及其变化

4. 民营银行是现代银行体系的有益补充

截至 2017 年末，民营银行开业数量达到 17 家，其中 2017 年新开业 9 家，分别为安徽新安银行、福建华通银行、武汉众邦银行、吉林亿联银行、北京中关村银行、江苏苏宁银行、威海蓝海银行、辽宁振兴银行、梅州客商银行。2017 年民营银行整体经营稳健，发展态势良好。根据 2017 年城商行年会上发布的《城市商业银行发展报告（2017）》，首批开业的 5 家民营银行全部实现盈利。银监会公布数据显示，2017 年末民营银行净息差 4.52%，高于商业银行平均水平 2.42 个百分点；不良贷款率 0.53%，低于商业银行平均水平 1.21 个百分点；拨备覆盖率 697.58%，高于商业银行平均水平 516.16 个百分点；资本充足率 24.25%，流动性比例 98.17%。民营银行经营以错位竞争、弥补短板为发展目标，打造了多元化的产品，支持了普惠金融，填补了金融服务空白点，增强了市场活力，是支持地方经济和地区小微企业发展的重要举措。

5. 其他银行业金融机构持续发挥专业特色

其他类金融机构主要包括政策性银行及国家开发银行、外资银行、非银行金融机构和邮政储蓄银行，是现代化银行体系的重要组成部分，其总资产、总负债规模占比稳步提升，增速较快。银监会发布数据显示，2017 年其他类金融机构总资产占银行业金融机构资产总额比例由第一季度的 18.59% 上升至第四季度的 19.84%，总负债占银行业金融机构负债总额比例由第一季度的 18.20% 上升至第四季度的 19.53%。2017 年末其他类金融机构总资产同比增长 13.71%，高于其他各类型银行业金融机构，比银行业金融机构平均增长率高 5.03 个百分点；总负债同比增长 13.76%，高于其他各类型银行业金融机构，比银行业金融机构平均增长率高 5.36 个百分点。

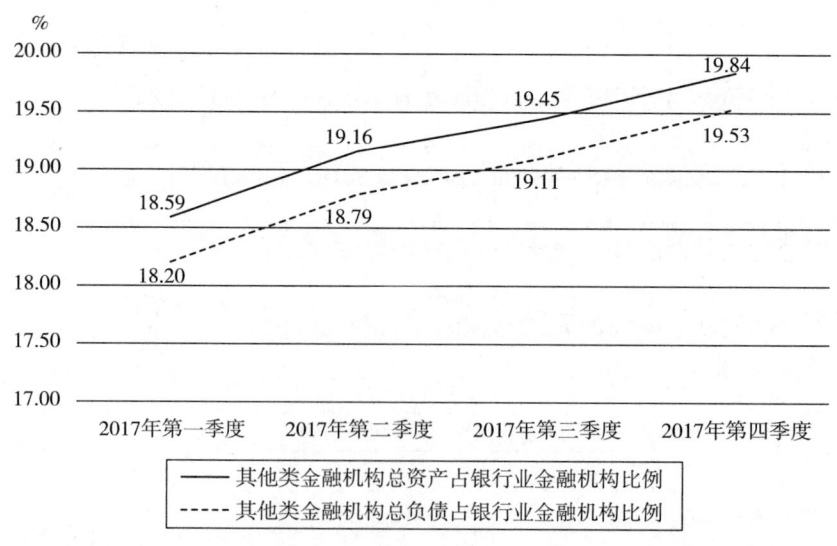

数据来源：中国银保监会。

图 3-3 其他类金融机构总资产、总负债占银行业金融机构比例

二、银行业机构加快优化区域布局

银行业金融机构主动对接国家战略,不断优化区域布局,持续提升跨境、跨业、跨市场金融服务水平。同时,加快金融科技战略布局,打造线上线下一体化、全渠道轻型智能服务新模式,并突出经营模式转变,实施直销银行战略布局。

1. 围绕国家战略优化机构区域布局

围绕"一带一路"、京津冀协同发展、长江经济带建设等国家重大战略、重大工程,各大银行不断优化区域布局,全力配合京津冀协同发展,推动京津冀一体化进程。以疏解北京非首都功能为重点,紧盯重点区域建设,抓住发展机遇,持续加大机构布局力度,积极介入北京城市副中心、雄安新区、新机场建设,着力为产业升级转移、城市功能优化、生态环境保护、京津冀交通一体化等提供全方位的金融支持。围绕长江经济带"一轴、两翼、三极、多点"的发展新格局,充分利用区位优势、资源优势、产业优势、人力资源优势,"以共抓大保护、不搞大开发"为导向,配合长江经济带建设合理优化机构布局,为长江经济带走出一条生态优先、绿色发展之路提供金融支持,推进长江经济带经济增长空间从沿海向内陆扩展,形成上中下游优势互补的新局面。完善"一带一路"沿线国家金融机构布局,为"一带一路"建设提供专业化的金融支持。截至2017年底,共有10家中资银行在26个"一带一路"国家设立了68家一级机构,较上年末增加6家,累计发放贷款超过2000亿美元。2017年末,基础设施行业贷款增长15.7%,21家主要银行战略性新兴产业贷款增长10.1%,制造业贷款增速由负转正。

2. 紧跟新技术发展加快金融科技布局

面对科技进步对传统银行业带来的巨大挑战,银行业机构纷纷加快金融科技战略布局,积极借助现代科技推动传统金融与现代金融的深度融合,打造传统业务与现代业务相互支撑、共同发展的新模式。战略布局重点之一,通过金融科技引领革新,打造线上线下一体化、全渠道轻型智能服务新模式。商业银行通过开展传统网点的电子化、智能化升级改造,整合柜台员工、自助设备、网络金融、移动渠道等资源,推动线上线下场景融合和渠道结合,顺应客户行为线上化、移动化的大趋势,为客户提供便捷、高效、特色的金融服务,积极抢占未来零售市场的制高点。据《中国中小银行发展报告(2017)》预测,按照目前的发展速度,到2022年,银行业大零售市场规模将达到100万亿,为各家商业银行坚定线上线下一体化发展提供了广阔的战略空间。战略布局重点之二,加快人工智能、大数据、云计算、区块链等新技术落地应用,实现现代科技与金融业务的深度融合,推动商业银行转型发展。随着现代科技的飞速发展,新技术开始在金融领域进行商业化,并成为商业银行战略布局重点。商业银行以更加积极的态度投身和拥抱金融科技,加速布局和推进金融科技发展,借助自身力量和外部资源,着力打造开放、安全、便捷的应用体系和基础架构,为客户提供契合需求、体验最优的金融服务，提升市场竞争能力与可持续发展能力，助推商业银行在新技术时代完成数字化、智能化、移动化、平台化的转型发展。此外，具备一定实力的商业银行积极尝试设立金融科技子公司，加快新技术研究并更好的服务银行金融科技转型，并致力于打造金融技术输出平台，成为加快金融科技战略布局的又一重点举措。

3. 积极推进直销银行布局

直销银行突破了实体网点经营模式，降低了运营成本，通过互联网渠道拓展客户，客群清晰、产品简单、渠道便捷，以全新的形象、经营模式、客户接触方式给传统银行业带来新的生机，也成为越来越多商业银行战略布局的重要领域。统计数据表明，截止2017年11月末，我国直销银行数量已达114家。其中，城商行是直销银行的主力军，共有69家城商行直销银行上线运行。商业银行积极布局直销银行，在客户数量、产品服务、资产规模、体制机制等方面得到较大发展。随着未来新技术的深度运用以及监管政策的改变，直销银行的运行模式、发展策略、介质工具、组织体系等都将发生更大的变化，也将持续成为各家商业银行战略转型的重要选择。

三、各类机构稳步推进改革发展

1. 政策性银行和邮储银行：金融服务高质量发展

2017年，政策性银行推进全面从严治党从严治行，服务深化供给侧结构性改革，服务实体经济，防控金融风险，深化改革创新，经营发展质效进一步提升，服务战略作用更为凸显。

国家开发银行倾力支持脱贫攻坚、棚户区改造、"两基一支"、战略性新兴产业、区域协调发展、"一带一路"建设等重点领域和薄弱环节发展，全年向实体经济提供融资超过3万亿元。进一步完善防范化解风险的体制机制，实现不良贷款额和不良贷款率逐季双降，年末不良贷款率0.69%，较上年降低0.2个百分点。全行资产总额15.7万亿元，全年发行金融债1.65万亿元，发展的质量和效益进一步提升。

中国进出口银行努力完成经营发展目标，政策性业务保持稳定增长，服务"一带一路"、国际产能和装备制造合作、"中国制造2025"等国家战略落实的力度不断加大；服务外贸、"走出去"、国际合作、对外开放等领域的专业优势不断强化；贸易金融、投资基金等支持对外经贸投资和国际经济合作取得积极效果。2017年，资产和贷款规模保持合理增速，资产总额、表内贷款余额同比分别增长9%、14%。

中国农业发展银行深入贯彻党中央方针政策，认真落实国务院决策部署，主动适应形势发展变化，及时调整政策措施，有效应对困难挑战，进一步加大支持农业力度，为服务"三农"作出新的贡献。充分运用政策性金融债券等各项金融创新，把新型金融工具与"三农"发展紧密相连，广泛筹集资金回流反哺农业农村。全年累放支农贷款1.56万亿元，年末贷款余额4.68万亿元，较年初增加5684亿元。

2017 年，中国邮政储蓄银行坚守服务社区、服务中小企业、服务"三农"的战略定位，加快转型发展，提升增长质效。一是经营业绩稳步提升。资产规模突破 9 万亿元，净利润增长 19.94%，资产回报率、净利息收益率等进一步改善。二是服务实体成效明显。涉农贷款余额突破万亿，小微金融服务水平显著提升，公司贷款余额快速增长。三是深化改革有效推进。成功发行 72.5 亿美元境外优先股和 200 亿元人民币二级资本债券，快速、有效、低成本实现了资本补充，全面完成三农金融事业部推广工作。四是风险防控抓铁有痕。深入落实"三三四十"等监管专项治理工作，扎实开展各类检查和专项整改，资产质量保持优良，全行不良贷款率 0.75%，较 2016 年末下降 0.12 个百分点。

2. 大型商业银行：经营业绩保持平稳增长，改革步伐明显加快

2017 年，大型商业银行积极应对利率市场化深化、各类风险多发、金融脱媒加快等叠加影响，一方面，积极履行服务国家重点战略的责任与使命，另一方面，持续加快自身体制机制变革，实现"大象起舞"，为整个金融体系注入了生机与活力。

全力服务国家战略，创新支持经济实现高质量发展。主动对接"一带一路"、"京津冀协同发展"、长江经济带建设等国家重点战略，持续加大信贷投放力度。围绕供给侧结构性改革，积极服务新经济成长和传统产业升级，持续推进市场化债转股，帮助企业有效降低杠杆率；成立普惠金融事业部，切实加大小微、三农等薄弱环节金融供给；积极试水房屋租赁等全新业务领域，有效促进实体经济"体量"壮大、"体型"改善、"体质"增强。

强化全面风险管理，打好防范化解金融风险攻坚战。持续完善全链条、全风险、全覆盖的风险管理体系，加快信贷结构调整，加强信用风险、流动性风险、操作风险等重点风险防控，多措并举加大不良资产处置力度，落实监管要求，深化影子银行治理，不良贷款率较 2016 年末实现普遍下降，资本充足率、拨备覆盖率等各项指标保持稳定，风险抵补能力进一步增强，在打好防范化解金融风险攻坚战中充分发挥了大行的"压舱石"作用。

深化体制机制变革，为金融体系持续注入生机活力。公司治理持续完善，将党建工作总体要求纳入公司章程，扎实推进党的领导和公司治理深度融合。人员结构调整力度加大，五大行 2017 年共减少员工 2.7 万人，人员向营销岗位、科技岗位转移趋势明显。此外，积极探索事业部制改革，完善市场化激励约束机制，深化薪酬分配改革，试点职业经理人制度，经营管理效率和内生发展动力显著提升。

积极拓展海外市场，服务"一带一路"和企业"走出去"。把握全球经济复苏、人民币国际化推进等战略机遇，加大海外分行、子行、子公司建设力度，持续完善全球化的网点、客户、产品体系，积极服务"一带一路"战略和中国企业、中国资本"走出去"。与此同时，境外机构和子公司资产占比、利润占比显著提升，对整体发展的战略支撑作用越发明显。

3. 股份制商业银行：紧扣改革发展主线，实现高质量发展

2017 年，股份制商业银行积极把握政策和市场机遇，坚持差异化发展定位，擦亮特色化服务品牌，提升综合化经营能力，加快智慧化经营转型，实现了规模、结构、效益的高质量、可持续发展。

做优特色金融，向"特色化银行"迈进。坚守差异化发展定位，提升特色化服务水平，持续强化公司金融、零售金融、金融市场业务发展特色，在小微金融、绿色金融、科技金融、文化金融、供应链金融、私人银行、财富管理等细分领域加大资源投入和产品服务创新力度，在资产负债规模平稳增长的同时，金融服务质效实现显著提升。做深经营转型，向"专业化银行"迈进。坚持以客户为中心，深化"轻资产"、"轻资本"经营转型，提升"商行＋投行"、"债权＋股权"、"境内＋境外"的专业化、一揽子金融服务能力，有效满足客户不断升级的金融服务需求。

做强金融科技，向"智慧化银行"迈进。加大金融科技投入，推进经营管理的"网络化、数据化、智能化"转型。一方面，设立科技创新基金，优化科技开发机制，实施"端到端"的流程再造，探索人工智能、大数据、区块链等前沿技术在业务领域的创新应用。另一方面，通过设立合资直销银行、联合科技攻关、加强场景合作等方式完善金融科技"朋友圈"、"生态圈"，形成全要素、多领域、高效益的金融与科技深度融合发展格局。

4. 城市商业银行：困境求变，稳健发展

规模增速持续下滑，盈利分化态势加剧。截至 2017 年 12 月末，我国城市商业银行总资产 31.72 万亿元，同比增长 12.34%，增速较上年降低 12.16 个百分点，总资产占银行业金融机构的 12.57%，占比较上年提高 0.07 个百分点；总负债 29.53 万亿元，同比增长 11.86%，增速较上年降低了 13.1 个百分点，总负债占银行业金融机构的 12.68%，占比较上年提高 0.39 个百分点。在利润方面，城商行净息差不断收窄，使得城商行国内盈利能力和净利润增速持续下滑。根据银监会统计数据，截至 2017 年末，城市商业银行的资产利润率从年初的 0.94% 下滑至年末的 0.83%。

不良逐步企稳，风险整体可控。在 2017 年严格的监管环境下，城商行的不良贷款率逐步呈现企稳态势，不良贷款余额和不良率的增长幅度都较去年有所放缓。但与国有商业银行和股份制商业银行相比，城商行不良贷款余额和不良率仍有抬头趋势，而国有商业银行和股份制商业银行的不良贷款余额和不良率已步入下降通道。银监会数据显示，截至 2017 年末，城商行不良贷款余额为 1823 亿元，比年初增加 215 亿元。不良率 1.52%，比年初上升 0.02 个百分点。拨备覆盖率为 219.89%，较去年下降 5.41%。

聚焦小微金融，谋划特色发展。2017 年，在我国经济增速换挡、发展方式和发展动力转变的"新常态"下，城商行及时调整战略、精准定位小微金融服务，探索推进投贷联动，提升服务效率，不断创新与丰富产品体系，满足小微企业的多元化需求。持续打造具有自身特色的小微金融，成效显著。截至 2017 年末，城商行小微企业贷款达 53935 亿元，较年初增长 13.52%，分别高于国有银行、股份制银行 5.95 个和 4.75 个百分点。

践行国家战略，跟进普惠金融。银监会 2017 年 5 月 26 日发布《大中型商业银行设立普惠金融事业部实施方案》，要求大型商业银行 2017 年内完成普惠金融事业部的设立。截至 2017 年 6 月末，工行、农行、中行、建行、交行五大国有商业银行设立普惠金融事业部具体方案已全部出台，总行普惠金融事业部均已正式挂牌。与此同时，城商行也积极响应银监会关于推进普惠金融发展的工作要求，有部分城商行已经建立健全普惠金融专业化服务体系。其中，上海银行于 2017 年正式设立普惠金融事业部，成为继国有五大银行后，在城商行中较早设立普惠金融事业部的银行。大连银行也于 2017 年 12 月底建成普惠金融事业部，为大连银行在更广范围内与各类市场主体、金融机构、新型机构的合作，打造开放、共享的科技金融生态环境奠定了基础。

把握消费升级机遇，迅速布局消费金融。为适应消费升级，城商行创新运作模式，将消费金融作为拓展重点。第一，优化手机银行渠道功能，推出自助消费贷等线上产品。第二，与互联网公司合作，通过与外部机构对接系统，构建交通体系、医疗体系、园区支付体系等接口平台，推进线上批量服务。第三，积极建立消费金融公司。目前，城商行已合作建立 16 家消费金融公司，用以满足中低收入人群旅游、教育、婚庆等小额消费需求。

5. 农村金融机构：扎根"三农"金融市场，做实做深普惠金融

2017 年，农村金融机构回归本源与防控风险，扎根"三农"金融市场，坚守"姓农、姓小、姓土"的核心定位，做实做深普惠金融，多策并举有效防范化解风险，补齐"三农"金融服务短板，助力乡村振兴和精准扶贫，促进城乡融合发展。

规模效益稳步增长。2017 年末，资产总额 32.82 万亿元、负债总额 30.40 万亿元，较年初分别增长 9.78% 和 9.64%，年末余额均占银行业的 13% 左右；农村商业银行当年四个季度的资产利润率分别为 1.19%、1.09%、1.06%、0.9%，仅次于大型商业银行，盈利水平良好。

风险防控压力攀升。在金融严监管、普惠金融和精准扶贫工程加码推进、供给侧改革和处置僵尸企业深入开展等背景下，农村金融机构多策并举有效防范化解风险，但风险防控压力仍然有所攀升。其中农村商业银行 2017 年四个季度的资本充足率分别为 13.26%、13.21%、13.37%、13.3%，前三个季度的资本充足水平均优于 2016 年同期水平，仅第四个季度的资本充足水平略低于 2016 年同期水平，总体资本充足情况良好。农村商业银行 2017 年四个季度的拨备覆盖率分别为 194.6%、179.91%、177.57%、164.31%，拨备充足但拨备覆盖率有所回落。农村商业银行 2017 年四个季度的不良贷款率分别为 2.55%、2.81%、2.95%、3.16%，不良贷款处置压力加大。

普惠金融和精准扶贫工作持续深入。农村商业银行 2017 年末小微企业贷款余额 6 万亿元，较 2016 年增长 20.08%，总量和增速均实现较高增长。农村商业银行 2017 年四个季度保障性安居工程贷款余额规模均保持在 450 亿元左右，积极配合保障性安居工程落地。

积极稳妥推进农村金融市场对外开放。截至 2017 年 11 月末，我国已建立外资新型农村金融机构 17 家，支持外资更广泛地参与我国农村金融市场发展，提升农村金融机构整体核心竞争力和国际化水平。

6. 外资银行：保持稳健经营，资产质量良好

截至 2017 年底，外资银行总资产 3.2 万亿元人民币，较 2001 年中国加入 WTO 时增长 10 倍多。累计实现净利润相当于 2002 年的 10 倍，注册资本也比 2002 年末增长了 6 倍多。同时，在银行业整体信用风险趋稳的大背景下，外资银行严守风险底线，严防新增风险，积极处置存量风险，不良贷款连续两年实现了"双降"。截至 2017 年底，外资银行不良贷款余额 85 亿元，较 2016 年末下降 17%，不良贷款率 0.7%，较 2016 年末下降 0.23 个百分点，低于商业银行整体水平。拨备覆盖率 296.88%，较 2016 年末增加 46.64 个百分点，风险抵补能力保持较好水平。

外资银行渠道建设平稳有序推进。截至 2017 年底，外资银行在华营业性机构总数达 1013 家，近 15 年增长近 5 倍，年均增速 13%。2017 年，彰化商业银行和国泰世华银行的大陆分支机构获批改制为外资法人银行。

外资银行立足中国国情，更加全面、深入参与中国金融市场和改革创新，在"一带一路"建设、外资企业在华投资发展、中资企业"走出去"等领域发挥更加积极的作用。外资银行凭借国际网络、全球化综合服务等优势，充分调动自身和母行的资源，通过境内外联动为企业客户提供全球授信，为中资企业"走出去"、"一带一路"建设提供全方位的金融服务。

银行业对外开放积极稳妥推进，将促进外资银行更加稳健发展。2017 年 3 月，银监会发布《关于外资银行开展部分业务有关事项的通知》，在华外资银行可以与母行集团开展内部业务协作，为"走出去"的企业提供综合金融服务；在华外资法人银行可依法投资境内银行业金融机构。2018 年 2 月，银监会修改《中国银监会外资银行行政许可事项实施办法》，明确外资法人银行投资银行业金融机构的法律依据；取消外资银行开办代客境外理财业务、证券投资基金托管业务等业务的审批，实行报告制；优化支行设立审批程序，优化外资银行募集发行债务、资本补充工具的条件。2018 年 4 月，人民银行行长易纲在博鳌亚洲论坛宣布进一步扩大金融业对外开放的具体措施和时间表，其中外资银行业务范围将大幅度扩大，同时参股境内银行、金融资产管理公司、金融资产投资公司、理财公司的外资持股比例将不再限制。

7. 金融资产管理公司：聚焦不良资产主业，积极服务实体经济

2017 年，四家金融资产管理公司牢牢把握"回归本源、突出主业"导向，以"金融服务实体经济、金融支持经济增长"为使命，坚定不移做强不良资产主业，有效降低金融风险，有力支持了以"三去一降一补"为重点的供给侧结构性改革，在服务实体经济方面发挥了积极作用。

2017 年，中国华融聚焦不良资产主业，不良资产主业地位突显，"一体两翼"各大业务板块协同发展，初步形成新时代下金融资产管理公司主业经营模式，以实际行动落实好"三去一降一补"五大任务。截至 2017 年末，华融总资产达到 1.87 万亿元，净资产突破 1800 亿元，实现净利润 266 亿元。中国信达坚持稳中求进总基调，坚持以聚焦主业为根本，以优化结构为主线，以强化风控为保障，奋力拓展市场，推进业务转型，提升发展质量，资产规模和经营利润保持稳健增长。截至 2017 年末，信达总资产达到 1.39 万亿元，实现净利润 187.58 亿元。中国东方努力构建"资产管理＋银保"双轮驱动的发展模式，在做大做强不良资产主业的同时，大力发展特色金融服务业务，并于 2017 年引入全国社会保障基金理事会、中国电信、中国国新、上海电气 4 家战略投资者，上市步伐加快，公司规模和利润跃上新的台阶。截至 2017 年末，东方合并资产总额为 9792.24 亿元，净资产达 1175.58 亿元，全年实现净利润为 123.51 亿元。中国长城引战工作稳妥推进，并在积极拓展不良资产经营处置主业基础上，努力构建"大资管""大投行""大协同"的综合化金融集团。截至 2017 年末，长城表内外总资产规模达到 9118.71 亿元，实现净利润 106.31 亿元。

2018 年，四家金融资产管理公司将积极落实全国金融工作会议精神和银保监会监管要求，聚焦不良资产主业，积极支持供给侧结构性改革和服务实体经济转型升级，不断加大化解金融风险力度，在推进经济健康发展和维护金融稳定中继续积极发挥"安全网"和"稳定器"的重要作用。

专栏 3 - 1　银行业支持京津冀协同发展

京津冀地区是我国乃至全球城市群、工业区、港口群最密集的区域之一，是我国继长三角、珠三角之后的第三大成熟经济板块。京津冀地区的协同发展对于有效缓解首都人口资源环境压力，推动区域经济优化升级，加快打造我国具有全球影响力的京津冀城市群，具有重大而深远的意义。2014 年的 2 月 26 日，习近平总书记在北京考察工作时发表重要讲话，全面深刻阐述了京津冀协同发展的重大意义、推进思路和重点任务，开启了京津冀大变革、大跨越的历史性一步。

随着京津冀协同发展战略的快速推进，各类市场主体迫切需要信贷资金、金融信息、金融人才等要素跨地区流动和高效率配置，对金融基础设施建设、金融市场融合、金融产品创新提出更高的要求。作为现代经济的核心，中国银行业不负使命，全面贯彻落实国家战略部署，以全面融入、深度合作、见诸行动的积极姿态，全面深化与京津冀地区政府、企业等各方面合作，全力支持京津冀加快区域经济发展，社会进步和全面对外开放，在支持京津冀地区城市建设和经济社会发展中发挥了重要的作用。

一是强化顶层推动，提供坚实保障。自京津冀协同发展战略提出以来，银行业机构积极响应国家重大战略部署，精心研究、科学部署，纷纷在总行或分行层面成立京津冀协同发展领导小组、工作小组，负责制定京津冀协同发展战略和重大决策并组织推动实施。同时，京津冀三地银行积极建立健全定期联动机制，协同创新综合化金融服务方案，提供一体化的金融服务。此外，多家银行还建立了总行与京津冀三地分行的联席会议机制，共同设立项目储备库、开展联合授信等方式推动三地联动发展，为服务京津冀协同发展提供坚实的组织保障。

二是加快机构建设，完善组织体系。在原银监会、京津冀三地政府和监管部门的大力支持下，京津冀地区商业银行逐步完善多层次的机构布局体系，在金融支持京津冀协同发展上迈出了实质性步伐。目前，各家商业银行积极响应国家号召，先后在北京、天津、河北三个地区建立了村镇银行、资金专营中心、金融租赁公司等特色、专项的金融机构，进一步扩宽了金融服务的覆盖面。同时，各家银行积极抢抓推进京津冀协同发展的战略机遇，稳步推动京津冀地区的物理网点建设，为当地市民百姓享受更加优质的金融服务提供便利，促进当地经济发展。组织体系的不断完善，为银行业金融机构支持京津冀地区协同发展奠定了渠道基础。

三是加大资源投入，打通区域壁垒。在京津冀三地监管部门的大力推动下，银行业金融机构主动构建联合工作机制，在银行卡、支付结算、理财产品等领域加强合作，打造"同城金融服务圈"，提升跨区域金融服务质效。加大对重点领域重大项目的支持力度，着力为北京行政副中心、京津冀城际轨道和高速公路、冬奥会项目、非首都功能疏解、产业升级转移等重大项目和民生工程提供资金支持，助力京津冀协同发展目标的实现。同时，以"因地制宜"、"因行施策"为原则，通过多形式参与，在卫生、教育、旅游等领域为京津冀三地提供便捷、优质、优惠的服务，借助互联网技术和手段，支持促进普惠金融的发展，全面构建线上线下一体化服务网络，切实发挥了金融对实体经济的支撑作用。

四是推进产品创新，提升服务质效。为全面提升京津冀协同发展全方位、综合化的金融服务水平，多家银行机构积极发挥金融创新优势，通过不断加大产品创新力度，申请专项信贷额度、扩大审批权限以优先满足相关项目融资的需求，聚力多方资源，搭建专属服务体系，重点围绕京津冀交通一体化建设、产业转移升级、环境保护治理以及疏解非首都核心功能等重要节点和领域开展服务。通过以"产业联盟＋研究院＋基金＋特色产业园"等创新服务为链条，协同创新，积极构建京津冀产业新生态，打造服务京津冀协同发展的合作平台，开创了服务京津冀协同发展的全新篇章。

五是着眼发展大局，支持"一体两翼"。自疏解北京非首都功能、设立河北雄安新区战略提出以来，银行业金融机构纷纷积极响应并深入落实国家战略部署，全力支持通州城市副中心与雄安新区作为首都"一体两翼"的建设。2017年11月，首家城市副中心一级分行在通州成立，全方位对接城市副中心规划建设；同时，各商业银行也均在加紧雄安地区机构的筹备申请工作，2018年3月以来，已有多家银行的雄安分行获批开业，促使雄安新区的服务层级和金融服务质效得到进一步提升。

站在新的历史起点上，党的十九大为深入推进京津冀协同发展发出新的动员令，也为银行业支持京津冀协同发展吹响了冲锋号。以疏解北京非首都功能为"牛鼻子"推动京津冀协同发展，高起点规划、高标准建设雄安新区和北京城市副中心。一个新的区域经济增长极，正迸发出蓬勃活力。

随着京津冀协同发展不断推向深入，资源特别是金融资源如何配置，需要上升到国家发展需要的高度，立足于京津冀协同发展大格局。在服务京津冀协同发展的进程中，银行业仍然任重道远，将着力解决金融资源优化配置、金融生态稳定、服务实体经济发展的关键环节和重点领域等问题。展望未来，在银行业为主的金融支持下，以首都为核心的世界级城市群、区域整体协同发展改革引领区、全国创新驱动经济增长新引擎、生态修复环境改善示范区将呈现在人们面前，京津冀将更具生机和活力。

专栏3-2　中国银行业积极推动普惠金融事业发展

从2013年党的十八届三中全会提出普惠金融以来，为推动我国普惠金融事业发展，银行业发挥着越来越重要的作用。这其中，既有对大中型商业银行组织架构改革的探索，也有城商行、农商行等中小银行、小微金融专营机构和社区银行的尝试。与此同时，互联网金融公司、消费金融公司以及民营银行等争相进入普惠金融领域，金融科技发展更为普惠金融注入了新的活力和动力。央行发布的《2018年一季度金融机构贷款投向统计报告》显示：2018年第一季度小微企业贷款增速回升，截至季末，小微企业人民币贷款余额25.1万亿元，同比增长14.3%，比同期各项贷款和企业贷款增速分别高1.5个和2.4个百分点；本外币涉农贷款余额31.6

万亿元，同比增长 7.9%，第一季度增加 1.1 万亿元，占各项贷款的 22.3%，比上年全年水平高 2 个百分点；本外币住户消费性贷款余额 32.9 万亿元，同比增长 23.4%，增速比上年末低 2.4 个百分点。这些数据充分表明，当前银行业的信贷投放结构有了明显的改善，"脱实向虚"基本得到遏制，对"三农"、小微等薄弱领域扶持力度明显增加。

一、实施大中型商业银行普惠金融事业部改革，全面进军普惠金融领域

2017 年 3 月，国务院总理李克强在《政府工作报告》中明确提出"推动大中型商业银行设立普惠金融事业部"。随后，银监会等 11 部委联合印发《大中型商业银行设立普惠金融事业部实施方案》，引导银行采用事业部制服务普惠金融客户。普惠金融事业部是独立的、专门化的经营机制，需要做到"五专"，即从综合服务到统计核算，到风险管理，到资源配置，到考核评价等五个方面，打造专门化经营机制，实现相对独立的经营管理。截至 2017 年年底，工、农、中、建、交五大国有商业银行的普惠金融事业部相继挂牌成立，有 185 家一级分行设立了普惠金融事业部分部，全国性的股份制商业银行中，有六七家银行建立了普惠金融事业部，其他大中型银行普惠金融事业部也正在搭建中。

二、积极落实"扶贫小额信贷"政策，多渠道拓展贫困地区金融服务

各地农信社、农商行和邮储银行分行等作为"扶贫小额信贷"的主要落地行，继续为打赢脱贫攻坚战提供强有力的金融支持。"扶贫小额信贷"已经成为精准扶贫、精准脱贫的金融服务品牌，并不断推动金融扶贫机制创新、模式创新、产品和服务创新。截至 2017 年底，全国扶贫小额信贷累计放贷量达 4335 亿元，惠及 1100 万户贫困户。宁夏固原等地的农商行重新修订了小额贷款纸质资料，制作了农民群众看得懂、说得清、讲得明的数据类制式表格，十几分钟便可完成填写。村民夸赞"小额贷款放贷效率明显提高，相当方便"。在提高效率的同时加强了风险防范措施，如严把贷前调查关，实行双人核实制，合理确定额度；规范信贷业务流程，实行审贷分离，严格集体决策；加强贷后管理，加大实地检查频次，切实防范信贷风险。有些地方的银行还和扶贫部门一起，建立"扶贫云"农户经济档案数据共享机制，实现"一档共用"，避免重复征集信息。

同时，许多商业银行积极行动起来，在贫困地区着力打造"物理网点＋自助银行＋惠农金融服务点＋互联网服务平台"四位一体的金融服务渠道。银行业金融机构乡镇覆盖率为 95.99%，行政村基础金融服务覆盖率为 96.44%。2017 年，工商银行持续推进县域及乡镇地区自助渠道建设，共计在这些区域投放 ATM 近 3 万台，开设自助银行 9000 多家，并结合网上银行、手机银行等实现了对贫困县域的金融服务全覆盖。建设银行西藏分行目前在西藏自治区内共开设网点 32 个、自助银行 76 个，布放自助机具 509 台。不少村镇银行选择乡村农资店和小超市等场所作为合作商户，建设"村口银行"，为当地农户提供助农取款、卡卡转账、贷款还款、日常缴费等服务，对贫困户则专门派人进行指导。

三、创新金融产品和服务模式，不断满足普惠金融客户需求

各银行业金融机构持续加强对小微企业、"双创"和"三农"领域的服务力度，加快推进普惠金融建设，着力打通服务"小微""三农"的最后一公里。

在服务中小企业方面，2017年，银行业金融机构加强信贷产品和服务模式创新，加大中小微企业信贷支持力度，优化服务流程，提升服务效率和水平。深入实施服务实体经济创新驱动发展战略，把更多的金融资源配置到经济社会发展的重点领域和薄弱环节，更好地服务于实体经济，助力中小微企业健康发展。俗话说"没有不还款的客户，只有做不好的银行"，只有根据客户群体的特点来开发金融产品和设计金融服务，才能更好的满足客户需求。如积极运用互联网、大数据、物联网信息技术对传统供应链升级改造，为小微企业不同生产经营阶段提供多样化、低门槛的线上供应链融资服务，实现小企业从融资申请到最终提款全流程线上操作无纸化、不落地的线上融资"一触即贷"。截至2018年第一季度末，小微企业人民币贷款余额25.1万亿元，同比增长14.3%。

在支持"双创"方面，银行业金融机构首先从金融产品创新入手，积极支持"双创"，如根据各贷款品种特点，利用现有的品种，设立专项产品组合，以支持农村创业创新，包括农村创业创新园区建设贷、返乡下乡人员培训基地建设贷、新产业与新业态信贷通、新型经营主体创业贷和返乡下乡企业贷，全面部署支持农村大众创业万众创新工作；针对创业创新和科技型中小企业的特征和需求，为科技型企业提供初创期、快速成长期和稳定发展期的全生命周期服务等。

在服务"三农"方面，各银行业金融机构充分利用市场资源，如建立惠农服务站，来实现网点功能，服务"三农"客户。同时，积极转变业务思维，积极探索符合新行业、新企业特征及其需求的融资新模式，以新行业创新金融模式支持"三农"经济建设、开展精准扶贫；依托贫困地区特色农产品、乡村旅游产品，打造具有特色的银行电商扶贫模式；顺应农村产权改革形势，推广农村承包土地的经营权抵押贷款和农民住房财产权抵押贷款。截至2018年第一季度末，银行业金融机构本外币涉农贷款余额达31.6万亿元，同比增长7.9%。

四、借力互联网快速发展，积极运用金融科技服务于普惠金融客户群体

互联网金融在中国走过了十余年的发展历程。特别是近几年来，以大数据、人工智能、云计算和区块链技术等为代表的新兴科技的高速发展与金融行业的高度融合，使得金融更具有普惠性，可以有效的降低交易成本和金融服务门槛，有利于扩大传统金融服务的范围，能有效的弥补传统金融的不足，覆盖到小微业主、三农对象等传统金融难以覆盖的群体，进而推动实体经济的发展。

例如，2017 年，工商银行创新性将区块链技术应用到了扶贫金融服务领域。2017 年 5 月下旬，工商银行正式启动与贵民集团联合打造的脱贫攻坚基金区块链管理平台。通过银行金融服务链和政府扶贫资金行政审批链的跨链整合与信息互信，以区块链技术的"交易溯源、不可篡改"实现了扶贫资金的"透明使用"、"精准投放"和"高效管理"。之后，贵州逐渐将建档立卡贫困户、社会诚信等信息导入这个由金融链和行政链共同支撑的体系之中，进一步实现对每笔扶贫资金使用效果的量化和精准评估，彻底解决扶贫资金使用中管理信息回馈不及时、回馈信息失真等问题，大幅提高扶贫资金的管理和使用效率。截至 2017 年末，通过该区块链平台已累计拨付扶贫资金 12.19 亿元，受益群众达 17.3 万人。

再如，包商银行基于移动互联网技术，首创了"精准扶贫马上帮"扶贫新模式。该模式是由包商银行发起建立的移动公益服务平台"马上帮"App。包商银行员工出借的资金，以一年期利率 5%，借给那些有借款需求的建档立卡贫困户自主发展生产，或借款给当地的农业合作社经营者、专业大户等致富带头人，由他们雇用建档立卡贫困户务工，或者向贫困户提供生产资料、生产技术、销售渠道方面的帮助，间接帮扶建档立卡贫困户通过自身劳动脱贫。截至 2017 年底，包商银行通过"马上帮"累计向两个定点扶贫旗投入帮扶资金 1716 万元，帮扶贫困户 149 户。"马上帮"具有一定的可复制性，2018 年 1 月，该模式被全国工商联办公厅党支部成功复制，应用于精准帮扶贵州省毕节市织金县民族村的建档立卡贫困户。

二、资产业务篇

　　2017 年，我国银行业资产业务呈现出新特点。资产增速进一步放缓。金融监管的常态化，理顺了银行业资产业务扩展逻辑，2017 年，多家银行主动缩表，整个银行业金融机构的资产增速进一步放缓。截至 2017 年底，我国银行业金融机构本外币资产规模达到 252 万亿元，同比增长 8.7%，增速较 2016 年末下降 7.1 个百分点，自 2001 年以来资产增速首次降至个位数。资产结构逐步优化。2017 年，银行业金融机构主动调整业务经营模式，加大了对实体经济的支持力度。截至 2017 年底，各项贷款 129 万亿元，同比增长 12.4%，高于同期资产增速 3.7 个百分点。同时，各项贷款占总资产的比重稳步回升，同业业务、表外业务持续收缩，银行业回归本源、服务实体经济能力进一步增强。资产质量稳步回升。随着宏观经济基本面的改善，银行业金融机构的风险应对能力稳步提升，资产质量趋于稳定。截至 2017 年底，商业银行不良贷款余额为 1.71 万亿元，不良贷款率 1.74%，连续五个季度稳定在 1.74% 的水平。

第四章

公司贷款业务稳步发展

2017 年，监管层密集出台了一系列监管政策，通过对金融乱象的治理，金融业"脱虚向实"效果显现，银行业金融机构对实体经济的支持力度进一步加大。总体来看，银行业金融机构对实体经济的支持力度不断提升，企业放贷规模持续扩大。在支持实体经济的同时，着力加大了对小微企业、"三农"等普惠金融领域的信贷支持力度。此外，随着宏观经济的稳中向好，银行业资产质量稳步提升，但仍需重点关注部分区域和行业不良风险暴露情况，做好应对。

一、信贷对实体经济支持力度不断增强

2016 年 12 月 14 日至 16 日召开的中央经济会议提出，2017 年要把防控金融风险放到更加重要的位置，下决心处置一批风险点，着力防控资产泡沫。2017 年 3 月召开的国务院新闻发布会上，银监会主席郭树清强调要坚决治理各种金融乱象，把防控金融风险放在更加突出的位置。严监管背景下，银行业金融机构逐步回归本源，不断加大对实体经济的支持力度。主要表现为，一方面银行业金融机构对公信贷规模持续增加、增速逐步回升；另一方面银行业金融机构不断加大对"一带一路"建设、京津冀协同发展、长江经济带、"中国制造 2025"等国家战略，以及小微、"三农"等薄弱环节的金融支持，信贷结构逐步优化。

1. 非金融企业及机关团体贷款增速逐步回升

截至 2017 年底，银行业金融机构对非金融企业及机关团体发放境内贷款 81.02 万亿元，同比增长 8.79%，增速较 2016 年上升 0.5 个百分点，占总贷款的比重为 66.31%，仍是银行业金融机构资金的主要投向。全年增加 6.6 万亿元，同比多增 8454 亿元。2016 年以来，在稳健中性货币政策下，我国 M_2 增速逐步下滑，M_2 增速从 2016 年初的 14% 逐步下滑到 2017 年底的 8.1%。同期，银行业金融机构对公贷款增速则呈现出"V"型态势，具体表现为：2016 年—2017 年 3 月基本与 M_2 走势一致，逐步下滑；2017 年 3 月之后，银行业金融机构对公贷款增速与 M_2 走势脱钩，开始回升（如图 4-1 所示）。主要有三个方面原因：央行方面，2017 年第一季度，MPA 考核正式开启，将表外理财纳入广义信贷进行测算，银行业金融机构表外业务的回表，在一定程度上推动了公司贷款业务的回升。银监会方面，为整治银行业市场乱象，严守不发生系统性金融风险的底线，银监会组织开展了"三三四十"等专项治理行动。随着专项治理行动的推进，资金

"脱实向虚"势头得到初步遏制，原来依靠表外业务、理财业务融资的企业融资需求开始向表内信贷转移。企业方面，2017 年，伴随着我国宏观经济的稳中向好，企业生产活动日趋活跃，对金融服务的需求不断增强，也推动了公司贷款业务的回升。

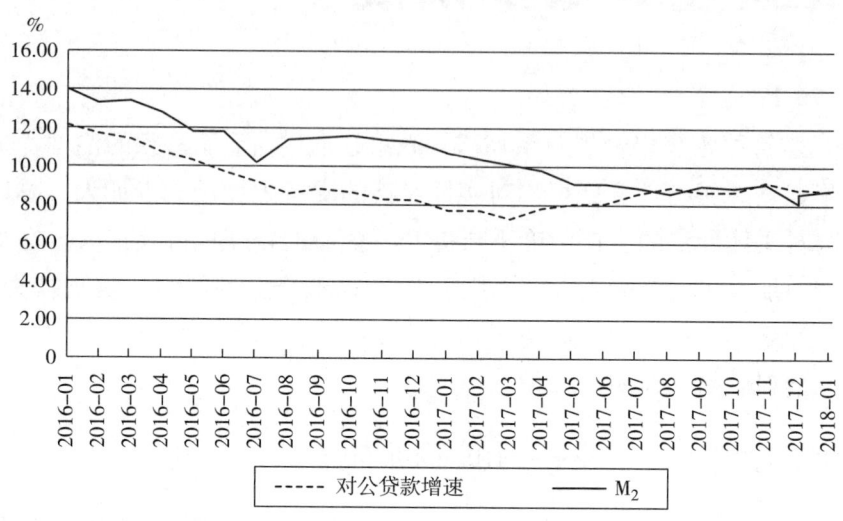

数据来源：中国人民银行、Wind。

图 4 - 1　银行业金融机构对公贷款增速与 M_2 增速对比图

2. 中长期贷款增速提升

企业中长期贷款是反映企业信贷需求状况的重要指标，也是市场观察企业信心的重要指标。分期限看，2017 年末，非金融企业及机关团体中长期贷款余额 45.9 万亿元，同比增长 15.9%，增速比 2016 年末高 4.8 个百分点，占全部对公贷款的比重为 56.65%，占比较 2016 年末提升 3.46 个百分点，全年增加 6.2 万亿元，同比多增 2.2 万亿元。2017 年末，短期贷款及票据融资余额 33 万亿元，同比下降 0.02%，增速较 2016 年末低 4.6 个百分点，全年增加 676 亿元，同比少增 1.4 万亿元，短期贷款及增速小幅下滑。2018 年，随着我国经济的稳中向好和产业的转型升级，非金融企业及机关团体部门的中长期贷款或将继续保持快速增长态势。

3. 贷款结构进一步优化

2017 年，银行业金融机构主动调整业务经营模式，不断加大对"一带一路"建设、京津冀协同发展、长江经济带，小微、"三农"等国家战略及普惠金融领域的支持，贷款结构进一步优化。同时，配合国家供给侧结构性改革的推进，持续压缩对过剩产能等领域的信贷支持。

主动对接国家战略的金融需求。2017 年，银行业金融机构立足"一带一路"建设、京津冀协同发展、长江经济带等重大战略和重大工程的金融需求，结合宏观经济政策和产业政策导向、以及区域和行业发展特征，不断优化调整信贷政策体系，积极支持重点

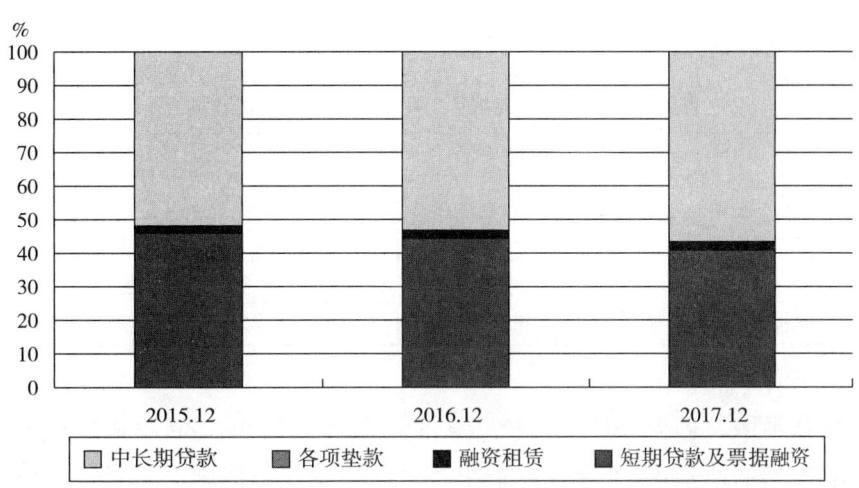

数据来源：中国人民银行、Wind。

图4-2 非金融企业及机关团体贷款期限图示

领域、重点地区、重点行业的信贷投放。截至2017年末，基础设施行业贷款增长15.7%，21家主要银行[①]的战略性新兴产业贷款增长10.1%，制造业贷款增速由负转正。其中，五家大型商业银行充分发挥了担当作用，在服务国家重大战略、助力实体经济转型方面发挥了排头兵的作用。截至2017年末，中国银行共跟进"一带一路"重大项目逾500个。2015—2017年，对"一带一路"沿线国家提供约1000亿美元的授信支持；建设银行则发挥基础设施领域金融服务优势，积极参与"一带一路"建设、京津冀协同发展和长江经济带发展，2017年末，基础设施贷款余额达到3.36万亿元，同比增长15.93%。

小微、"三农"等民生领域的金融可得性持续提升。习近平总书记在第五次全国金融工作会议上提出，"要建设普惠金融体系，加强对小微企业、'三农'和偏远地区的金融服务，推进金融精准扶贫"。2017年5月3日，国务院召开常务会议，部署推动大中银行设立普惠金融事业部，加大对小微企业、"三农"、脱贫攻坚等领域的支持力度。为将普惠金融真正落到实处，2017年，五大行相继挂牌成立了普惠金融事业部，并在185家一级分行设立了普惠金融事业部分部，实现了从总行到基层，五级机构都有专人专岗负责普惠金融业务。此外，兴业、光大、民生、恒丰等股份制商业银行也搭建完成了普惠金融事业部，为普惠金融的发展提供了组织保障。

随着普惠金融的快速发展，银行业金融机构对小微、"三农"、保障房等民生领域的支持力度不断增强。截至2017年末，全国涉农贷款余额达到30.95万亿元，比年初增长3.08万亿元，同比增长9.64%；小微企业贷款余额30.74万亿元，同比增长15.1%；

---

① 21家主要银行指政策性银行（3家）、五大行（5家）、股份制商业银行（12家）和邮政储蓄银行（1家）。

保障性安居工程贷款 4.48 万亿元，同比增长 42.28%，高于各项贷款平均增速 29.9 个百分点（如表 4-1 所示）。

表 4-1 小微、"三农"、保障性安居工程贷款情况　　　单位：万亿元、%

指标名称	2017.03		2017.06		2017.09		2017.12	
	余额	增速	余额	增速	余额	增速	余额	增速
小微企业贷款	27.80	14.4	28.62	14.7	29.66	15.7	30.74	15.1
涉农贷款	29.2	8.9	30	9.9	31	10.5	31	9.6
保障性安居工程贷款	3.49	52.2	3.81	41.2	4.14	43.8	4.48	42.3

数据来源：中国银保监会。

在小微贷款领域，截至 2017 年末，银行业金融机构小微企业贷款增速为 15.1%，高于各项贷款平均增速 2.67 个百分点；小微企业贷款户数达到 1520.92 万户，较去年同期增加 159.82 万户；小微企业审贷获得率为 95.27%，较去年同期提升 1.67 个百分点，全面实现了"三个不低于"监管目标。

在保障房贷款领域，截至 2017 年末，房产开发贷款余额 7 万亿元，同比增长 21.7%，增速比上年末高 9.5 个百分点，其中，保障性住房开发贷款余额 3.3 万亿元，同比增长 32.6%，全年增加 8203 亿元，增量占同期房产开发贷款的 61.8%，意味着新增房地产开发贷款的六成投入到了保障房的建设中，对于房地产长效机制的建立起到了积极地促进作用。

围绕"三去一降一补"，积极调整和优化信贷资源配置。2017 年，银行业金融机构主动矫正过往模式下的金融资源配置扭曲，积极调整和优化信贷资源配置，助力"三去一降一补"持续取得实质性进展。从去产能看，银行业金融机构按照"区别对待、有扶有控"的原则，大力压缩对安全生产基础较差、资源枯竭、落后产能企业的信贷支持，重点扶持符合产业结构调整政策、市场前景较好、投资效益较高的高附加值行业，以及具备上下游一体化优势、跨区域整合能力的核心企业，择优支持产品有市场、虽暂遇困难但经过深化改革和加强内部管理仍能恢复市场竞争力的企业。农业银行对钢铁、煤炭等 13 个高风险和产能过剩行业实施行业限额管理，全年压降 1814 亿元。从去杠杆看，为稳步推进市场化法治化债转股，五家大型银行相继新设了债转股实施机构并已全部开业。截至 2017 年末，建设银行债转股签约金额 5897 亿元，落地金额 1008 亿元，助力企业降低杠杆。

绿色金融业务快速发展，积极助力"美丽中国"建设。自 2015 年 9 月，中共中央、国务院印发《生态文明体制改革总体方案》以来，发展绿色金融已上升到国家战略高度。2017 年 6 月 14 日，国务院常务会议决定在在浙江、江西、广东、贵州、新疆 5 省（区）选择部分地方，建设各有侧重、各具特色的绿色金融改革创新试验区，支持金融机构设立绿色金融事业部或绿色支行。截至 2017 年 6 月末，21 家①主要商业银行绿色信贷余额为 8.22 万亿元，较年初增长 0.72 万亿元，同比增速为 13.19%。在践行绿色金融、持续完善绿色信贷体系方面，工商银行、建设银行等大型商业银行、兴业银行等股份制商业银行均进行了大量探索。工商银行在业内率先推出"工银 ESG 绿色指数"，成功发行"一带一路"绿色债券；11 月 24 日，建设银行衢州分行绿色金融专业支行揭牌。

4. 重点关注部分区域和行业风险状况

随着我国经济基本面逐步改善，煤炭、钢铁等传统周期行业的盈利能力进一步提升，宏观信用环境的向好提升了银行业的风险应对能力，为资产质量改善提供基础支撑。同时，商业银行加大力度处置化解不良，通过加强授信管理、优化信贷结构等方式，防范新的不良生成；运用贷款重组、批量转让等方式，有效化解存量不良贷款。2017 年，我国银行业资产质量趋于稳定，整体风险可控。截至 2017 年底，商业银行不良贷款余额为 1.71 万亿元，不良贷款率 1.74%，连续五个季度稳定在 1.74% 的水平。具体到公司贷款业务，共 22 家上市银行披露了年报及相关的对公贷款不良情况，经测算，22 家上市银行对公贷款不良率为 2.04%，高于同期总体不良贷款率 0.5 个百分点（如表 4 - 2 所示）。

表 4 - 2　22 家上市银行对公贷款不良状况　　　　单位：亿元，%

	2017 年不良贷款余额	2017 年不良贷款率	2017 年企业贷款及垫款不良余额	2017 年对公不良贷款率
工商银行	2209.88	1.55	1759.03	1.97
农业银行	1940.32	1.81	1563.80	2.40
建设银行	1922.91	1.49	1660.44	2.22
民生银行	478.89	1.71	257.54	1.59
招商银行	573.93	1.61	415.22	2.50
光大银行	323.92	1.59	227.85	1.93
中信银行	536.48	1.68	422.13	2.27
中原银行	36.43	1.83	25.87	2.29
甘肃银行	22.65	1.74	20.23	2.08
锦州银行	22.47	1.04	18.38	0.91
广州农商银行	44.51	1.51	26.10	1.36
天津银行	37.37	1.50	31.14	1.54
邮储银行	272.70	0.75	92.81	0.67
浙商银行	77.67	1.15	69.61	1.34

① 21 家主要银行指政策性银行（3 家）、五大行（5 家）、股份制商业银行（12 家）和邮政储蓄银行（1 家）。

续表

	2017 年不良贷款余额	2017 年不良贷款率	2017 年企业贷款及垫款不良余额	2017 年对公不良贷款率
盛京银行	41.56	1.49	40.43	1.54
重庆农村商业银行	33.01	0.98	20.67	0.96
徽商银行	33.00	1.05	26.81	1.43
青岛银行	16.59	1.69	12.94	2.01
九台农商银行	13.62	1.73	9.24	1.56
哈尔滨银行	40.37	1.70	17.16	1.45
郑州银行	19.26	1.50	16.18	1.75
重庆银行	24.00	1.35	16.90	1.54
合计	8721.54	1.54	6750.47	2.04

数据来源：部分上市银行年报。

从对公贷款的行业投向看，以披露相关数据的上市银行为例，2017 年不良贷款余额较大的行业主要集中在房地产业、制造业、交通运输、仓储和邮政业，农、林、牧、渔业等（如图 4-3 所示）。但同时，存量不良贷款化解仍需较长时间，而且部分地区和行业的风险尚未完全暴露。随着去产能和环保限产的推进，信贷资产质量可能会产生劣变，需做好跟踪和研究，及时应对。

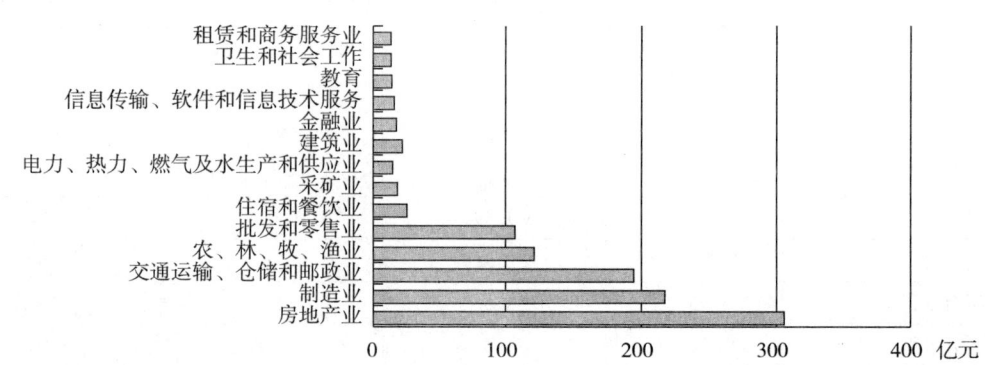

数据来源：上市银行年报。

图 4-3　部分上市银行不良贷款行业分布

二、信贷助力经济高质量发展

党的十九大报告指出，我国经济已由高速增长阶段转向高质量发展阶段，高质量发展将是未来的发展主线，实体经济将呈现出新的发展趋势。经济高质量的发展需要银行业金融机构提供有针对性的金融支持。同时，随着严监管的推进，表内信贷业务仍将是银行业金融机构发展的重点和方向。在未来的转型中，银行业金融机构对公业务可从信贷结构、客户管理、模式创新、产品创新、风险防控等五个方面进一步做精做细做实，提升服务实体经济质效。

1. 优化对公信贷结构，提升资金使用效率

2018 年，随着严监管的持续，"回归本源、专注主业"仍将是银行业金融机构开展业务的主基调。在此背景下，对公业务仍是银行业金融机构资金的主要投向，银行业金融机构可在现有基础上进一步优化对公信贷结构，提升资金使用效率。一是紧跟国家战略，加大对国家重点领域的金融支持力度。积极服务"一带一路"建设、京津冀协同发展战略、雄安新区建设、乡村振兴战略、区域协调发展战略。二是布局新兴产业和高新技术产业，助力产业转型升级。从产业发展来看，我国将着力培育新的经济增长点，重点在中高端消费、现代服务、科技信息、先进制造、绿色环保等领域。银行业金融机构可加快向现代服务业、先进制造业、新一代信息技术产业、绿色环保产业、现代农业等重点领域聚焦。三是对接精准脱贫，大力发展普惠金融。向贫困地区进一步延伸服务网点，支持深度贫困地区、集中连片特困地区发展，重视培育"造血"功能，把金融扶贫落到实处，塑造良好的行业形象和社会形象。四是布局绿色金融，支持生态文明建设。习近平总书记指出"绿水青山就是金山银山"。发展绿色金融，不仅是银行业金融机构履行社会责任的内在要求，同时也是改善资产质量、拓展利润来源的重要途径。银行业金融机构可通过发行绿色债券、设立绿色发展基金、丰富绿色信贷产品等方式加大对绿色环保产业的资金支持力度，提升绿色金融综合化服务水平。

2. 推进客户精细化管理，提升客户综合贡献度

就现状来看，银行对公信贷客户的开发深度不足，对客户需求的挖掘和理解不够深入。银行业金融机构可建立合理的客户结构，通过对客户进行分类、分层、分群来实现客户管理的精细化。首先，科学制定重点项目、重点客户准入退出标准，将客户按照企业、机构等进行分类管理；其次，在每类客户中进行分层管理，如把企业客户分为大、中、小客户，或依存度高的客户和摇摆客户等；最后，围绕单一客户，逐步延伸到供应链上下游等生态圈进行分群管理等。以不同层级客户为例，大客户是银行做大规模和增强市场影响力的基础，但是大客户的议价能力强，相对收益低。小微客户数量众多，是社会就业和经济发展的重要支撑，同时也最富活力和创新精神，在风险可控的前提下，将成为银行重要的利润来源。中型客户是比较稳定的客群，也是最主要的收入和利润来源。银行业金融机构要根据自身情况，明确自身客户定位，优化客户结构，做大客户基础。尤其是在当前个人端负债压力增大的背景下，银行业金融机构可紧抓企业基本户建设，对症施策，提升客户的综合贡献度。

3. 坚持轻型化发展方向，持续深入推进战略转型

顺应我国经济结构调整和金融业态轻型化发展的趋势，以轻型银行为方向，持续深入地推进公司业务的战略转型。一是将公司金融逐步转向交易银行、投资银行等专业业务领域，实现公司与投行业务一体化。通过线上平台对接企业资金链、信息流、物流，构建新型交易银行模式；把握实体经济转型升级中的兼并重组机遇和资本市场业务机会，积极拓展投行业务。二是大力发展金融科技，借助大数据、人工智能、区块链等信息技术改造和优化公司金融业务，实现公司金融业务平台化运作。

4. 丰富金融服务模式，提升综合服务能力

随着利率市场化的推进，银行业对公业务所面临的息差形势日趋严峻，产品和服务成为银行业金融机构应对挑战的重要抓手。一方面要丰富金融产品和服务模式，在现有存款、贷款、票据、结算等基础上，进一步丰富金融产品和服务模式，如围绕科创型企业不同发展阶段，采用投贷联动、"股权＋债权"等方式为其量身定制相应的金融产品和服务。另一方面，要提升综合服务能力。银行业金融机构可通过整合银行内部产品，为客户提供一站式综合金融服务方案，从融资向"融资＋融智"转变，实现从资金中介向服务中介的转型。

5. 切实做好风险防控，守住不发生系统性金融风险底线

十九大报告把防范化解重大风险放在了三大攻坚战之首，并且指出防控金融风险是防范化解重大风险攻坚战的重点。具体到银行业金融机构对公领域风险防控，首先，持续跟踪国家产业政策和市场走势，对于市场供求状况及影响产业发展的重大事件进行研究分析，评估其对产业及相关客户的影响。在充分把握宏观经济形势和产业发展趋势的基础上，建立产业动态预警机制，适时调整相关业务策略，及时防范和化解风险，实现风险端口前移。其次，要做减法，果断淘汰"两高一剩"行业的贷款，有序退出"僵尸企业"，挤出低效、无效占用的信贷资金，防范新的不良生成，做好重点领域的风险管控。最后，要加大现有不良的处置力度，运用贷款重组、批量转让，市场化债转股等方式，有效化解存量风险。

第五章
个人贷款业务积极转型

随着我国社会主要矛盾的转化，人民对美好生活的需要日益多元化、个性化，品质要求日益提高，消费升级进程进一步加快。2018 年政府工作报告强调，要积极扩大消费和促进有效投资，增强消费对经济发展的基础性作用，顺应居民需求新变化扩大消费，推进消费升级，发展消费新业态、新模式。消费需求升级蕴含着大量的金融需求，有利于支撑个人贷款业务的快速增长。同时，消费需求的升级也对银行业金融机构现有个人贷款业务提供了挑战，个人贷款业务面临着转型。

一、消费升级助推个人贷款业务稳步增长

随着住户部门消费需求的升级，2017 年，银行业金融机构对住户部门发放的贷款规模日益增长，服务产品不断增多，有效满足了住户部门的金融需求，具体来看，主要呈现出以下四个特点：

1. 个人贷款规模及占比有所提升

随着消费日渐成为经济增长的主导力量，银行业金融机构也逐步加大了对居民消费的支持。截至 2017 年末，银行业金融机构共对住户部门发放贷款 40.52 万亿元，同比增长 21.4%，高于同期贷款增速 9.11 个百分点；占境内贷款总额的 33.16%，高于去年同期 2.49 个百分点（如图 5 – 1 所示）；住户部门新增贷款 7.1 万亿元，同比多增 8010 亿元，

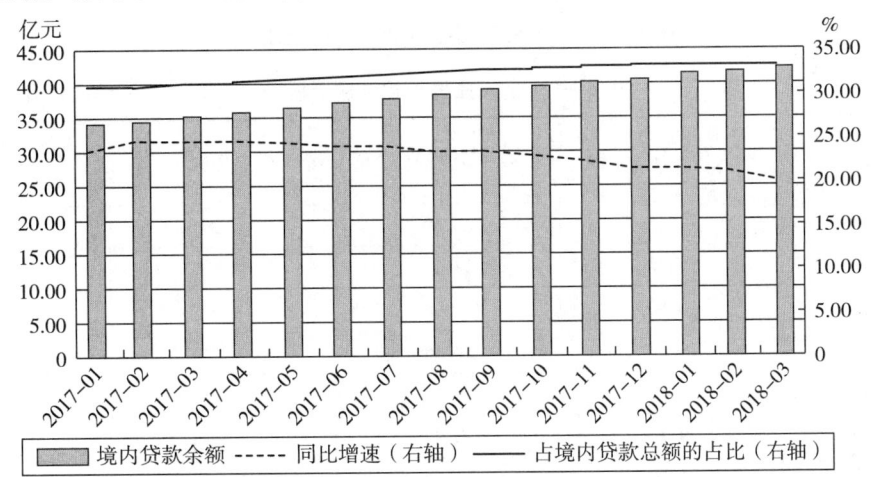

数据来源：Wind。

图 5 – 1　金融机构对住户部门发放的境内贷款余额

51

可以看出，个人贷款规模和占比均有所提高。从增速看，2017年银行业金融机构对住户部门发放贷款同比增长21.4%，增速较2016年末低2.1个百分点，从侧面反映出当前严监管背景下，金融机构更加注重住户部门贷款质量，不再单纯追求速度的提升。

2. 个人住房按揭贷款增速及占比双双回落

2017年，在"房子是用来住的，不是用来炒的"定位下，金融机构严格落实房地产市场调控要求，执行差别化信贷政策，重点支持了居民购买自住房需求，个人住房贷款增速及占比双双回落（如图5-2所示）。截至2017年末，个人住房贷款余额21.9万亿元，同比增长22.2%，增速比2016年末低15.9个百分点；个人住房贷款全年新增3.9万亿元，同比少增1万亿元；新增个人住房贷款金额占住户部门新增人民币贷款总量的比重为54.7%，较2016年末下滑22.71个百分点（如表5-1所示），房地产调控成效显现。

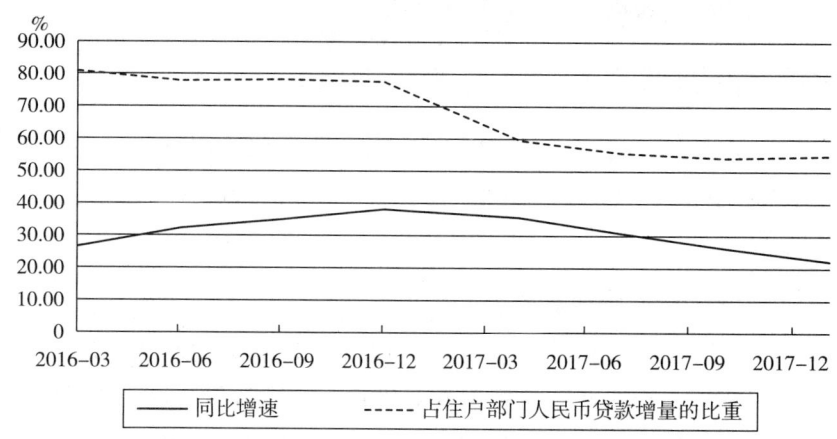

数据来源：Wind。

图5-2 个人住房贷款增速及占比双双回落

表5-1 个人住房贷款余额及增速 单位：万亿元，%

时间 / 项目	个人住房贷款余额	同比增速	个人住房贷款新增额	占住户部门人民币贷款增量的比重
2016-03	14.10	26.50	1.00	80.65
2016-06	15.40	32.20	2.30	77.97
2016-09	16.80	34.90	3.70	78.39
2016-12	18.00	38.10	4.90	77.41
2017-03	19.10	35.60	1.10	59.46
2017-06	20.10	30.80	2.10	55.70
2017-09	21.10	26.20	3.10	54.10
2017-12	21.90	22.20	3.90	54.70

数据来源：Wind。

以个人住房贷款大户建设银行为例，截至 2017 年末，个人住房贷款余额为 4.21 万亿元，较上年新增 6247.2 亿元，增幅为 17.5%，增速较 2016 年降低 11.76 个百分点；从投放比例上看，2017 年新增贷款中投向个人按揭贷的比例为 54.73%，较 2016 年下降 9 个百分点。

个人住房贷款利率方面，在稳健中性货币政策下，个人住房贷款利率小幅攀升。根据 Wind 数据，2017 年末，全国首套平均房贷利率为 5.38%，较 2016 年末上升 0.93 个百分点；全国二套房贷平均利率为 5.73%，较 2016 年末上升 0.33 个百分点（如图 5-3 所示）。预计 2018 年，个人住房贷款增速将继续维持小幅增长态势，房贷结构进一步优化，例如，首套刚需、改善需求的房贷将会得到进一步支持，对于投机投资性住房的审核会更加严格，限制更紧。同时，个人住房贷款利率预计将维持稳中略升态势。

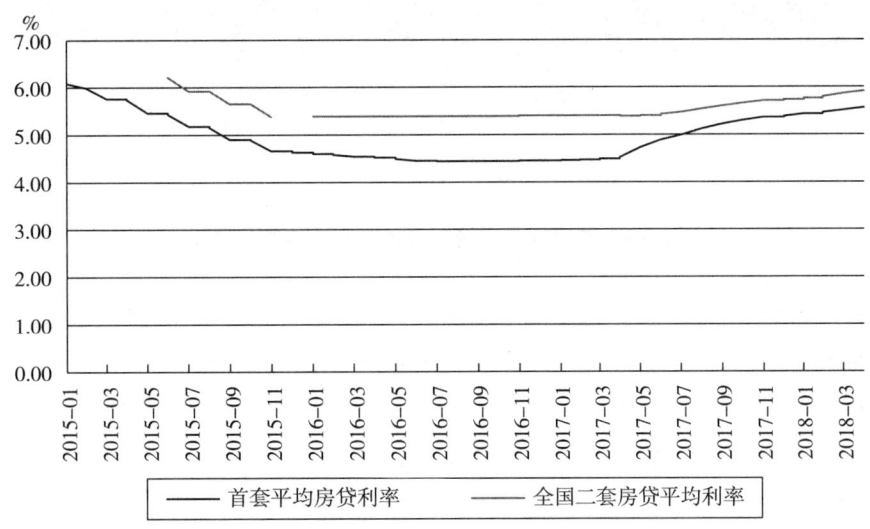

数据来源：Wind。

图 5-3 个人住房贷款利率走势

3. 消费性贷款及中长期贷款增速下滑

根据统计口径，个人住房按揭贷款属于住户部门消费性贷款的子项，且一般为中长期贷款，因此在个人住房按揭贷款增速回落的影响下，消费性贷款及中长期贷款增速均在下滑，若剔除个人住房按揭贷款，则住户部门消费贷款增长较快，居民消费能力较为强劲。

从贷款用途看，消费性贷款占了接近八成，但增速有所下滑。2017 年末，住户部门消费性贷款余额为 31.5 万亿元，占住户部门贷款的比例达 77.82%（见图 5-4）。随着个人住房按揭贷款增速的下滑，住户部门消费性贷款增速也在放缓（见图 5-5），2017 年末，住户部门消费性贷款同比增长 25.8%，增速较 2016 年末低 6.4 个百分点，全年增加 6.5 万亿元，同比多增 3693 亿元。住户部门经营性贷款余额 9 万亿元，同比增长 8.1%，增速比上年末高 5 个百分点，全年增加 6625 亿元，同比多增 4316 亿元。

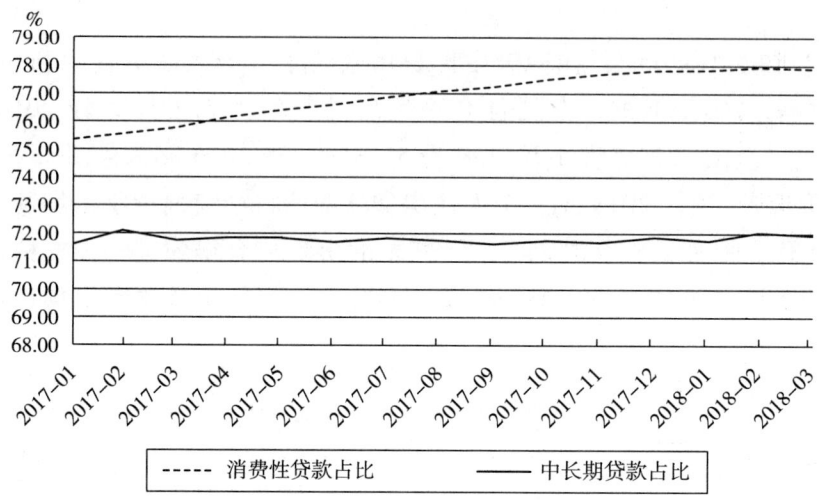

数据来源：Wind。

图 5 - 4　住户部门消费性贷款及中长期贷款占比

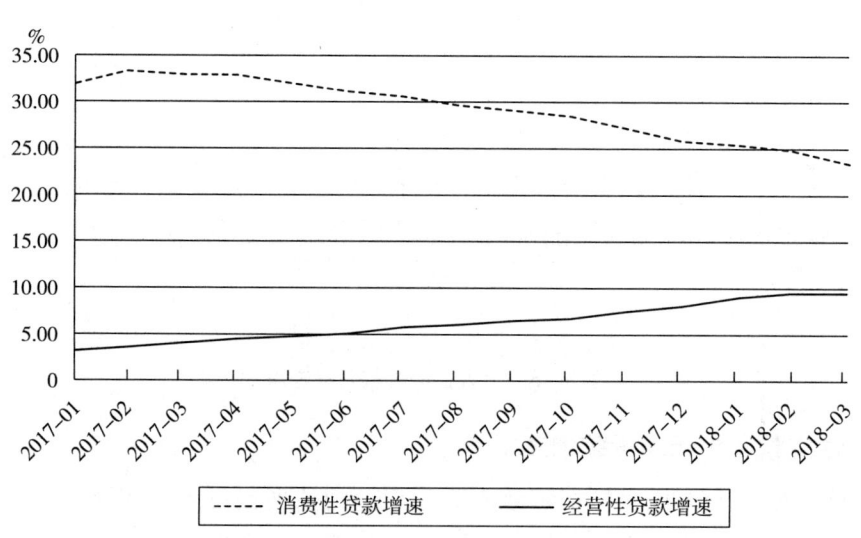

数据来源：Wind。

图 5 - 5　住户部门消费性贷款与经营性贷款同比增速

需注意的是，剔除个人住房按揭贷款后的消费性贷款增速大幅攀升。2017 年，剔除个人住房按揭贷款后的消费性贷款余额为 9.63 万亿元，同比增长 36.43%，增速较 2016 年提升 16 个百分点（见表 5 - 2），这是居民消费需求升级在金融领域的直观反映。

表 5 - 2　剔除个人住房贷款后消费贷款余额情况 单位：亿元，%

指标名称	消费性贷款余额	个人住房贷款余额	剔除个人住房贷款后消费贷款余额	同比增速
2016 - 03	200844.41	141000.00	59844.41	22.98
2016 - 06	217070.73	154000.00	63070.73	19.50
2016 - 09	233998.11	168000.00	65998.11	18.46
2016 - 12	250584.96	180000.00	70584.96	20.42
2017 - 03	266941.14	191000.00	75941.14	26.90
2017 - 06	284558.27	201000.00	83558.27	32.48
2017 - 09	302086.43	211000.00	91086.43	38.01
2017 - 12	315296.30	219000.00	96296.30	36.43

数据来源：Wind。

从贷款期限看，中长期贷款占比较大但增速下滑。2017 年末，住户部门中长期贷款余额为 29.12 万亿，占住户部门贷款的比例为 71.87%（见图 5 - 4），占比较 2016 年底上升 0.52 个百分点。随着个人住房按揭贷款增速的下滑，住户部门中长期贷款增速也在放缓（增速由 2016 年末的 31.39% 下降到 2017 年末的 22.28%）。与此同时，短期贷款增速大幅提升。2017 年住户部门短期贷款余额为 11.86 万亿，同比增长 19.2%，增速较 2016 年末提升 11.87 个百分点（见图 5 - 6）；居民短期贷款新增 1.8 万亿元，约为 2016 年同期的 3 倍，占居民新增贷款的 25.71%。在国家不断出台房地产调控政策的背景下，不排除一些购房资金借道短期贷款违规流入房地产领域，加大了居民杠杆风险，需加以关注。

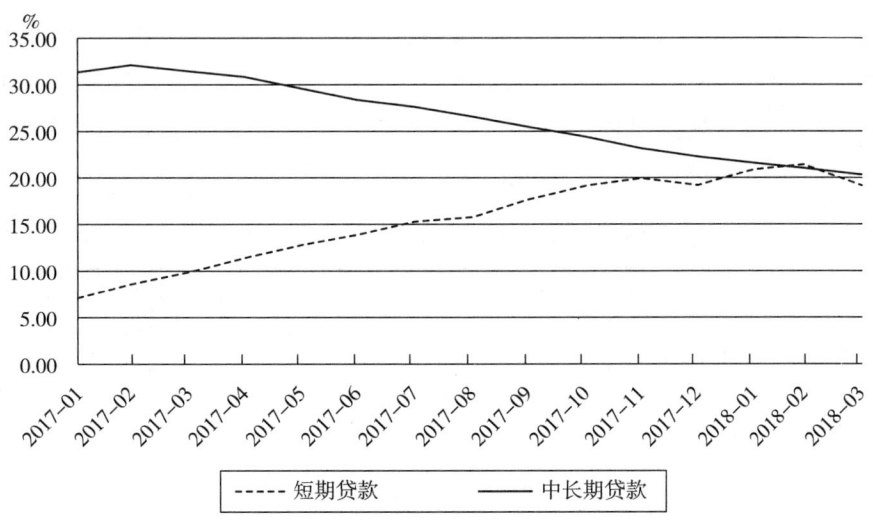

数据来源：Wind。

图 5 - 6　住户部门中长期贷款和短期贷款增速

4. 信用卡业务实现量质双提升

2017 年以来，随着居民消费需求的升级，银行业金融机构紧贴居民各类消费生活场景，不断延伸服务领域，完善产品体系，从服务住房需求、购车需求、装修需求为主逐步向教育需求、旅游需求、健康需求等为主转变，信用卡业务应偿还信贷规模快速增长。同时，信用卡逾期半年未偿还信贷规模占比在下滑，信用卡业务实现了量和质的双提升。截至 2017 年末，信用卡期末授信总额为 12.48 万亿元，环比增长 4.74%，同比增长 36.54%；信用卡期末应偿还信贷总额为 5.56 万亿元，环比增长 7.49%，同比增长 36.95%，增速较 2016 年末提升 5.55 个百分点；银行卡卡均授信额度 2.12 万元，授信使用率 44.54%，高于去年同期 0.09 个百分点。同时，信用卡逾期半年未偿信贷总额 663.11 亿元，同比增长 23.79%，增速大幅下滑 17.08 个百分点；占信用卡应偿信贷余额的 1.26%，占比较去年同期下滑 0.14 个百分点。

表 5 – 3　信用卡业务实现量、质双提升　　　　　　　　单位：亿元，%

指标名称	期末信贷总额	期末应偿信贷总额	同比	逾期半年未偿信贷总额	逾期半年未偿信贷总额：占比
2017 – 03	98500.00	42700.00	35.56	604.70	1.50
2017 – 06	108400.00	46900.00	31.37	650.69	1.47
2017 – 09	119100.00	51700.00	36.77	662.71	1.36
2017 – 12	124800.00	55600.00	36.95	663.11	1.26

数据来源：Wind。

5. 个人贷款不良率较低，但经营性贷款风险需加以关注

随着宏观经济的稳中向好，个人资产质量也在提升。据 22 家[①]披露上市银行数据显示，2017 年个人贷款及垫款不良率仅为 0.85%（如表 5 – 4 所示），同比降低 0.19 个百分点，低于同期公司贷款及垫款不良率 1.19 个百分点。个人贷款资产质量较高，也成为各家银行先后转型零售业务的重要原因之一。

表 5 – 4　22 家上市银行不良贷款情况　　　　　　　　单位：%

指标名称	个人贷款及垫款不良率	企业贷款及垫款不良率
2017	0.8552	2.0322
2016	1.0382	2.2327

数据来源：上市银行年报。

具体到个人贷款内部资产情况，不同业务之间资产质量存在分化，如个人住房贷款

---

① 22 家披露相关数据的银行为：工商银行、农业银行、建设银行、中信银行、民生银行、招商银行、光大银行、浙商银行、上海银行、甘肃银行、锦州银行、广州农商银行、天津银行、重庆银行、盛京银行、重庆农村商业银行、徽商银行、青岛银行、九台农商银行、哈尔滨银行、郑州银行、邮政储蓄银行。

不良率最低，22家上市银行个人住房贷款平均不良率仅为0.17%，而个人经营性贷款平均不良率则达1.1%。因此，商业银行在大力拓展个人业务时，需重点关注经营性贷款的风险，做到有进有退。

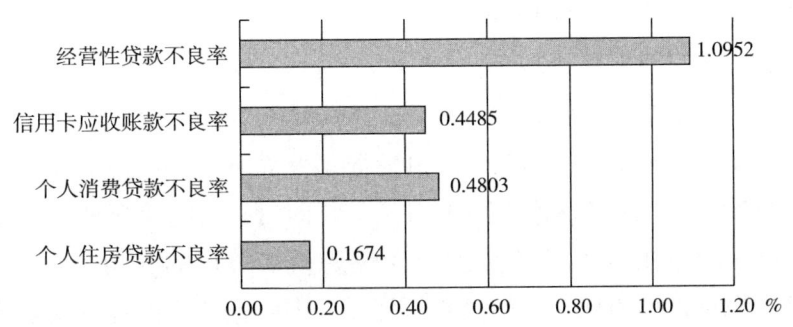

数据来源：上市银行年报。

图5-7　22家上市银行个人贷款及垫款不良情况结构

二、培育差异化个人贷款业务竞争力

随着我国利率市场化改革的深化以及消费需求的升级，零售业务由于具备单体体量小、风险分散，且能够平衡对公业务和同业业务的波动性和风险等特点，日益成为商业银行转型的方向。

从近期公布的上市银行年报中可以看出，早期发力零售业务的商业银行，如今零售转型成效日益凸显。以2017年强力推行零售战略转型的平安银行为例，2017年，零售业务营业收入466.92亿元、同比增长41.72%，占该行营业收入的比重为44.14%；零售业务净利润156.79亿元、同比增长68.32%，在全行净利润中占比为67.62%。从发达国家银行业发展经验看，围绕个人和家庭提供金融服务的零售业务，能够为银行业提供较为稳定的盈利来源。波士顿咨询全球银行业数据库显示，在美国、欧洲和日韩等已实现利率自由化的成熟市场中，零售银行收入占比普遍在40%以上，个别市场如德国和法国的零售银行收入占比甚至接近60%。

个人贷款业务作为零售业务的资产端，其转型成功与否对于零售银行能否快速盈利、熨平对公业务和同业业务波动具有重要意义。具体而言，个人贷款业务可围绕"培育客户、优化结构、丰富场景、科技驱动"等四个方面做好转型。

1. 分类管理，勾勒全景客户肖像

目前，大部分银行对零售客户的分类主要采用主流划分方法，即根据客户家庭金融资产的多少将客户分为大众客户、财富管理客户、私人财富管理客户等几类。但随着客户需求复杂度的提升，同一层次的客户在行为和偏好上变得日趋多样化，过去那种仅依靠资产多少去理解、定义客户远远不够。因此，未来对于客户的分类还需要加入年龄、职业、风险偏好、行为等指标，勾勒出更加立体的客户肖像，为后续精准营销、有针对性开展业务提供基础。同时，银行业从业人员也要从根本上改变营销的观念和思维，在与客户沟通的过程中，不再简单地挖掘客户的基础信息，更注重对客户生活场景需求的挖掘，从而更精准地提供贴合的金融服务。

2. 优化结构，提升资产运用效率

通常意义上，个人贷款业务可以分为个人住房按揭贷款和汽车、旅游等纯消费金融贷款两大类。一方面，可加大对个人住房租赁贷款支持力度。随着房地产调控的持续推进，个人住房按揭贷款占比及增速不断下滑，与此同时，为构建房地产长效机制，从国家到地方政府层面纷纷出台各类政策加大对住房租赁市场的扶持力度。有机构预测，2030年国内住房租赁市场的规模将超过4万亿元。因此，商业银行可逐渐将个人住房贷款业务向个人住房租赁贷款业务转型，寻找赢利点。另一方面，要围绕消费升级，完善消费金融产品体系，优化个人贷款业务结构。近年来，随着我国中产阶级的崛起，消费者对定制旅行、健身美容、继续教育等方面的需求日渐增多，且对品质的关注日渐提升。商业银行可围绕健身、教育、医疗等需求，开发相应的消费金融产品，丰富产品体系，满足客户个性化、品质化的消费需求。

3. 丰富场景，延伸金融服务触角

消费场景是发展消费金融的基础。商业银行可通过与巨头合作或自建场景等方式切入客户生活应用场景，提供针对性的金融产品。如从未来消费增长较快的有机生活、买车、购买奢侈品、海外旅游、保健医疗等消费场景切入，提供消费信贷、出国金融产品等。如交通银行信用卡业务与"饿了么"、"易果生鲜"等细分行业巨头合作，深化信用卡生活服务场景建设，为客户提供了优质、全面的生活服务场景。同时，银行业金融机构可依托乡村振兴战略，向农村地区延伸服务触角，构建农村消费金融场景。乡村振兴战略的实施打开了农村金融市场的发展空间，银行业金融机构可进一步开发农村金融业务场景，创新农村金融服务产品，延伸金融服务触角。

4. 科技驱动，推动业务模式创新

金融科技为银行重塑零售业务带来了机遇。当前，利用技术手段实现零售业务转型已成为各家银行的共识。银行业金融机构，一方面，可利用直销银行，为客户提供便捷、多样的消费金融服务。具体操作中，可借鉴百信银行业务模式，通过设立独立法人直销银行的形式为客户提供从支付、理财、贷款、信用卡业务等线上综合金融服务平台，提升客户获取金融服务的便利度。另一方面，要加大金融科技的应用，如通过对客户行为的大数据分析，预测客户的下一步金融需求，推动业务模式创新，同时可利用人工智能等科技手段不断升级改造线下网点、打造智慧银行，提升客户体验。

第六章

非信贷资产业务差异化发展

2017 年，上市银行非信贷资产业务继续保持增长势头[①]，占比小幅下降。各类机构和各类业务发展差异明显。2018 年，随着经济结构加快转变、金融降杠杆趋势延续、利率汇率及大宗商品价格长期震荡等因素的影响，商业银行非信贷资产业务仍可能呈增长之势，但不同机构和不同业务增速或将出现分化。

一、非信贷资产业务差异化发展

1. 上市银行非信贷资产规模同比小幅增长

截至 2017 年末，25 家沪深两市上市银行[②]非信贷资产规模达到 515275.82 亿元，同比增长 1.48%；非信贷资产在总资产中的占比为 34.81%，同比下降 1.64 个百分点。分季度看，25 家上市银行非信贷资产规模第一季度增长了 1.36%，随后连续两个季度小幅减少，主要是因为金融监管更加严格，出台各种监管新规，市场流动性持续偏紧，利率中枢不断抬升，行业竞争日益加剧，非信贷资产业务的经营环境比较复杂严峻；第四季度则出现了 1.51% 的增长。非信贷资产在总资产中占比的季度变化特征与非信贷资产规模类似。

表 6-1 　上市银行非信贷资产规模及占比　　　　　　　　单位：亿元

指标	2017 年第一季度	2017 年第二季度	2017 年第三季度	2017 年第四季度
非信贷资产规模	514681.41	507788.26	507627.23	515275.82
环比增长	1.36%	-1.34%	-0.03%	1.51%
非信贷资产占比	35.90%	35.00%	34.71%	34.81%

数据来源：Wind。

---

① 本章所分析的非信贷资产业务，是反映在商业银行资产负债表上的买入返售、拆出资金、存放同业及其他金融机构款项、以公允价值计量且其变动计入当期损益的金融资产、可供出售金融资产、持有至到期投资、应收款项类投资、衍生金融资产和贵金属等业务。

② 25 家沪深上市银行指 5 家大型商业银行：工商银行、农业银行、中国银行、建设银行和交通银行，8 家股份制商业银行：招商银行、浦发银行、兴业银行、中信银行、民生银行、平安银行、光大银行和华夏银行，和 12 家城市商业银行：北京银行、南京银行、宁波银行、上海银行、江阴银行、无锡银行、贵阳银行、张家港银行、江苏银行、杭州银行、常熟银行和吴江银行（不含成都银行，因其相关数据不全）。

2. 各类上市银行非信贷资产规模变化差异明显

2017 年，大型商业银行非信贷资产规模各季均呈增长之势；股份制商业银行前三季度为负增长，第四季度恢复正增长；城市商业银行除了第三季度为负增长外，其他三个季度均为正增长，表明不断出台的监管新规对股份制商业银行非信贷资产业务发展的影响最为明显。规模越小的上市银行，非信贷资产占比越大。大型商业银行非信贷资产占比各季均维持在 31% 至 32% 之间，变动幅度较小；股份制商业银行非信贷资产占比高于大型商业银行，各季保持在 39% 至 42% 之间；城市商业银行非信贷资产占比最高，各季均不低于 51%。这主要是因为规模越小的银行，越有动力去发展可供出售金融资产、应收款项类投资和持有至到期投资等非信贷资产业务，以做大资产规模，提升盈利水平。

表 6－2　不同类型上市银行非信贷资产规模及占比　　　　　单位：亿元

银行机构		2017 年第一季度	2017 年第二季度	2017 年第三季度	2017 年第四季度
大型商业银行	非信贷资产规模	299696.59	300499.76	304060.70	306654.74
	环比增长	3.24%	0.27%	1.19%	0.85%
	非信贷资产占比	31.69%	31.26%	31.31%	31.36%
股份制商业银行	非信贷资产规模	164796.86	158425.28	154156.26	157648.30
	环比增长	－2.69%	－3.87%	－2.69%	2.27%
	非信贷资产占比	41.87%	40.14%	39.02%	39.14%
城市商业银行	非信贷资产规模	50187.96	48863.22	49410.27	50972.78
	环比增长	4.26%	－2.64%	1.12%	3.16%
	非信贷资产占比	53.24%	51.59%	51.13%	51.13%

数据来源：Wind。

3. 上市银行存放同业和其他金融机构款项大幅减少

2017 年，上市银行买入返售资产规模增减交错，变动幅度大，其中第二季度为全年最高水平 27107.60 亿元，使得其在非信贷资产中的占比达到全年最大值 5.34%。拆出资金规模在第一、第三和第四季度均为正增长，在第二季度则是较大幅度的负增长，为全年最低水平 31625.35 亿元，在非信贷资产中的占比也处于全年最小值 6.23%。存放同业和其他金融机构款项持续大幅减少，主要是因为监管政策强化、市场资金面趋紧。除第二季度外，各项投资均保持增长态势，第四季度达到 431759.62 亿元的各季最高值，在非信贷资产中的占比因而也达到 83.79% 的各季最高点。这主要是由于相对于生息资产，投资类资产整体上收益率较高，商业银行加大对投资类资产的配置力度。

表6-3　上市银行非信贷资产构成规模及占比　　　　　　单位：亿元

银行机构		2017年第一季度	2017年第二季度	2017年第三季度	2017年第四季度
买入返售	规模	20947.67	27107.60	22676.51	26895.30
	环比增长	-8.64%	29.41%	-16.35%	18.60%
	占比	4.07%	5.34%	4.47%	5.22%
拆出资金	规模	34846.81	31625.35	33402.05	33547.66
	环比增长	0.91%	-9.24%	5.62%	0.44%
	占比	6.77%	6.23%	6.58%	6.51%
存放同业和其他金融机构款项	规模	35411.14	29435.92	27912.22	23073.25
	环比增长	-10.21%	-16.87%	-5.81%	-17.34%
	占比	6.88%	5.80%	5.50%	4.48%
各项投资	规模	423475.79	419619.39	423636.45	431759.62
	环比增长	3.07%	-0.91%	0.96%	1.92%
	占比	82.28%	82.64%	83.45%	83.79%

数据来源：Wind。

注：各项投资包括以公允价值计量且其变动计入当期损益的金融资产、可供出售金融资产、持有至到期投资、应收款项类投资、衍生金融资产和贵金属投资。

4. 各类上市银行非信贷资产业务构成及变化差异较大

2017年，由于经营条件、发展目标及策略措施的不同，不同类型上市银行在买入返售、拆出资金、存放同业和其他金融机构款项以及各项投资等非信贷资产业务上差异显著。

买入返售方面，大型商业银行前两季度大幅增长，第三季度下降，第四季度又开始回升，其中第二季度增幅高达27.27%，规模达到20078.04亿元，为各季最高水平。在非信贷资产中的占比，大型商业银行各季均高于股份制商业银行和城市商业银行。股份制商业银行买入返售规模各季增减交错，剧烈波动。城市商业银行在第三季度大幅下跌，其余各季均为正增长。

拆出资金方面，大型商业银行各季升降交替，在第一季度达到各季最大值23756.31亿元，在非信贷资产中的占比也达到7.93%的各季最大值。股份制商业银行仅在第四季度实现微幅增长，其余各季均为负增长，占比在第四季度处于最低水平。城市商业银行前三季度均为负增长，第四季度出现大幅反弹。大型商业银行拆出资金占比高于股份制商业银行，股份制商业银行又高于城市商业银行。

存放同业和其他金融机构款项方面，大型商业银行各季均为负增长，第四季度规模减至13048.06亿元，在非信贷资产中的占比降为4.25%。股份制商业银行与大型商业银行类似，各季也均为负增长，至第四季度减少到6822.6亿元，在非信贷资产中的占比降至 4.33%。城市商业银行除了第一季度是正增长外，其他三季度均为负增长，规模及在非信贷资产中的占比分别减至 3202.59 亿元和 6.28%。大型商业银行和股份制商业银行存放同业和其他金融机构款项占比明显低于城市商业银行。

在各项投资方面，大型商业银行和城市商业银行的规模和在非信贷资产中的占比均呈逐季增长趋势。股份制商业银行在第一、第四季度为正增长，在第二、第三季度则为负增长。在各类上市银行中，大型商业银行各项投资规模最大，各季均不低于 24 万亿元；其次是股份制商业银行，各季节均不少于 13 万亿元；城市商业银行最小，各季均不高于 4.5 万亿元。大型商业银行各项投资在非信贷资产中的占比小于股份制商业银行和城市商业银行。

表 6-4 不同类型上市银行非信贷资产构成规模及占比　　　　　单位：亿元

银行机构			2017 年第一季度	2017 年第二季度	2017 年第三季度	2017 年第四季度
大型商业银行	买入返售	规模	15775.97	20078.04	17562.22	18914.94
		环比增长	16.00%	27.27%	-12.53%	7.70%
		占比	5.26%	6.68%	5.78%	6.17%
	拆出资金	规模	23756.31	21685.36	23734.30	23653.64
		环比增长	2.36%	-8.72%	9.45%	-0.34%
		占比	7.93%	7.22%	7.81%	7.71%
	存放同业和其他金融机构款项	规模	19569.69	16858.41	15941.01	13048.06
		环比增长	-8.97%	-13.85%	-5.44%	-18.15%
		占比	6.53%	5.61%	5.24%	4.25%
	各项投资	规模	240594.62	241877.95	246823.17	251038.10
		环比增长	3.72%	0.53%	2.04%	1.71%
		占比	80.28%	80.49%	81.18%	81.86%
股份制商业银行	买入返售	规模	3240.42	4959.64	3641.44	6406.59
		环比增长	-57.86%	53.06%	-26.58%	75.94%
		占比	1.97%	3.13%	2.36%	4.06%
	拆出资金	规模	9122.77	8139.49	8059.16	8049.70
		环比增长	-1.45%	-10.78%	-0.99%	0.12%
		占比	5.54%	5.14%	5.23%	5.11%
	存放同业和其他金融机构款项	规模	10194.77	8365.40	7905.95	6822.60
		环比增长	-22.99%	-17.94%	-5.49%	-13.70%
		占比	6.19%	5.28%	5.13%	4.33%
	各项投资	规模	142238.90	136960.75	134549.71	136369.41
		环比增长	2.21%	-3.71%	-1.76%	1.35%
		占比	86.31%	86.45%	87.28%	86.50%

续表

银行机构			2017年第一季度	2017年第二季度	2017年第三季度	2017年第四季度
城市商业银行	买入返售	规模	1931.28	2069.92	1472.85	1573.77
		环比增长	17.70%	7.18%	−28.85%	6.85%
		占比	3.85%	4.24%	2.98%	3.09%
	拆出资金	规模	1967.73	1800.50	1608.59	1844.32
		环比增长	−4.83%	−8.50%	−10.66%	14.65%
		占比	3.92%	3.68%	3.26%	3.62%
	存放同业和其他金融机构款项	规模	5646.68	4212.11	4065.26	3202.59
		环比增长	20.04%	−25.41%	−3.49%	−21.22%
		占比	11.25%	8.62%	8.23%	6.28%
	各项投资	规模	40642.27	40780.69	42263.57	44352.11
		环比增长	2.31%	0.34%	3.64%	4.94%
		占比	80.98%	83.46%	85.54%	87.01%

数据来源：Wind。

二、非信贷资产业务仍可能保持增长之势

当前，我国经济由高速增长阶段转向高质量发展阶段，发展动能不断积蓄，经济活力和韧性不断增强，经济增速仍保持在可观水平，金融增量依然巨大，社会融资规模保持合理增长，这为商业银行非信贷资产业务发展奠定了坚实基础。经济转型升级、金融降杠杆以及金融业双向开放进一步扩大，对资产证券化、直接融资、股债联动、并购重组等金融服务需求大，通过投资、承销、交易和研究一体化运营，投资银行业务大有可为；非标业务受到越来越严格的限制，资管业务向标准化、电子化方向发展是大趋势，以票据、债券、ABS、债券型基金等标准化产品为基础的资管业务将有很大的发展空间；主要宏观政策保持稳定，利率、汇率、大宗商品价格转变为长期震荡格局，客户的避险需求日益增加，为FICC业务发展创造了良好条件。但在严监管、强治理的背景下，同业、理财、表外等业务成为重点监管对象，同业业务和资产管理业务要逐渐回归流动性管理和"代客理财"本质，信用风险较大，流动性风险、利率风险、合规风险、声誉风险可能加剧，互联网金融风险等交叉性风险可能更多地向银行蔓延，对非信贷资产业务发展形成一定的制约。

整体上看，2018年商业银行非信贷资产业务仍可能保持增长势头，不同机构和业务的增速或将出现分化。但在严监管、业务盈利水平降低等因素影响下，预计买入返售、同业理财等同业业务的增长将继续放缓，应收款项投资或将持续减少。随着企业对直接融资需求的增大、非标业务成为监管重点，加强标准化债券投资弥补非标准化资产减少

或将成为商业银行的优选，且标准化债券在许多监管指标的计量权重上具有比较优势，因此，债券投资业务有望保持较快增长。

专栏 6-1 金融业回归本源 非标业务亟需转型

一、非标的定义、发展及存在的问题

非标业务既包括非标准化债权也包括非标准化股权，但通常业界所指的非标即非标准化债权，按《关于规范金融机构资产管理业务的指导意见》（银发〔2018〕106号，以下简称资管新规）中的定义，标准化债权类资产应当同时符合以下条件：1. 等分化，可交易；2. 信息披露充分；3. 集中登记，独立托管；4. 公允定价，流动性机制完善；5. 在银行间市场、证券交易所市场等经国务院同意设立的交易市场交易。标准化债权类资产之外的债权类资产均为非标准化债权类资产。一般来说，非标债权包括信托贷款、委托债券、承兑汇票、受（收）益权等等。由于传统信贷受限于信贷规模控制、资本消耗、存贷比等监管政策，难以满足经济主体多样化的融资需求，于是产生了信贷体系之外的资金融通活动。因此，非标债权是一种满足实体经济多样化融资需求、金融体系不够完善健全等多因素结合形成的特定产物。

非标业务融合了银行、信托、券商、基金子公司和私募基金管理公司等各类牌照金融机构，在结构和工具的组合上，借鉴引用了全金融市场的创新成果，在一定程度上补充了传统信贷的融资缺口，增加了实体经济的融资渠道，丰富了我国的投融资体系，有利于引导闲散资金支持实体经济发展。由于非标业务在发展过程中有大量金融创新活动，且部分资金投向于房地产、政府融资平台等，存在绕监管行为，间接助长了金融风险。因此，监管部门陆续出台政策文件进行治理，非标业务受到了较大冲击。

二、监管文件对非标业务的影响

2017年7月14日，全国金融工作会议在北京召开。此次会议围绕服务实体经济、防控金融风险、深化金融改革"三位一体"的金融工作主题做出了重大部署。习近平总书记强调做好金融工作要把握好如下原则：回归本源、优化结构、强化监管、市场导向。会议强调金融在实体经济发展中的辅助作用，突出防范化解金融风险的重要性和紧迫性。随后召开的党的十九大则明确提出，要健全金融监管体系，守住不发生系统性金融风险的底线。

在全国金融工作会议和党的十九大的思想指导下，2018年4月27日，"一行两会一局"共同发布《关于规范金融机构资产管理业务的指导意见》。资管新规针对当前资管业务存在的产品界限不清、杠杆失衡、多层嵌套、刚性兑付、监管套利等问题，首次设定了统一的标准规则。资管新规中打破刚性兑付、禁止期限错配、消除多层嵌套等治理手段对商业银行理财资金投资，尤其是非标资产业务转型产生了系统而深远的影响。

此外，2018年5月25日，银保监会发布《商业银行流动性风险管理办法》，从流动性新规的"流动性匹配率和流动性覆盖率"可以看出，监管部门抑制同业融资特别是非标投资的意图较为明显。2017年12月22日银监会下发的《关于规范银信类业务的通知》和2018年1月5日发布的《商业银行委托贷款管理办法》则从通道角度限制了非标业务的开展。

上述监管文件从非标的负债端和资产端协同发力、共同作用，影响主要表现在以下几个方面：

一是引导理财净值化转型并打破刚兑。资管新规打破了商业银行理财产品的预期收益模式，引导向净值管理模式转型，将风险收益完全呈现给客户，并开启打破刚兑的新阶段。在转变为打破刚兑的净值型产品初期，投资者或将很难接受损益自负和产品收益波动风险，预计投资者短期内投资于非标项目产品的热情会下降。

二是错配管理有利于打破资金池运作，同时提高银行理财发行成本。资管新规将封闭式资管产品期限限制为90天以上，纠正资管产品过度短频化倾向，并对非标资产到期日和资管产品到期日（或最近一次开放日）建立严格的约束关系，打破了过去依靠发行3个月以内短期产品进行收益平滑和期限错配的模式，短期理财承接高收益率产品将逐步减少。理财产品期限的拉长将对银行理财整体收益提出更高要求。

三是推动市场融资需求向标准化产品转化。监管文件禁止了非标资产的期限错配和多层通道嵌套，这对现有非标资产运行模式带来了颠覆性挑战，预计非标规模会大幅下降，流动性新规也限制了银行表内对于非标投资的规模，非标资产形态会向标准化产品偏移，标准化资产也将成为未来理财产品的重要发力方向。

三、未来非标业务的发展方向

对于资管新规出台后的非标业务，可以主动将企业"非标"融资需求引导到"标准化"市场。第五次全国金融工作会议提出，"要把发展直接融资放在重要位置，形成融资功能完备、基础制度扎实、市场监管有效、投资者合法权益得到有效保护的多层次资本市场体系"。党的十九大报告中也明确指出，"要深化金融体制改革，增强金融服务实体经济的能力，提高直接融资比重，促进多层次资本市场的健康发展"。我国直接融资将迎来巨大的发展机遇。因此，对于非标融资客户，针对成长性好和现金流充沛的企业，除了鼓励开展传统的发债业务以外，还可以引导资产支持票据、项目收益债、企业资产支持证券等创新型标准化债权工具融资。

但同时应看到，资管新规明确提出"鼓励金融机构在依法合规、商业可持续的前提下，通过发行资产管理产品募集资金投向符合国家战略和产业政策要求、符合国家供给侧结构性改革政策要求的领域。鼓励金融机构通过发行资产管理产品募集资金支持经济结构转型，支持市场化、法治化债转股，降低企业杠杆率"。在当前种类繁多的资管产品中，理财产品因为收益稳定且风险较低而得到广大投资者的喜爱，能够有效的将投资者闲散资金集中起来支持符合国家战略和产业政策导向的重大项目，同时给人民群众增加财产性收入。在资管新规出台后，理财产品主体地位和投资范围将进一步明确，可以从技术层面解决多层嵌套问题，有利于降低企业融资成本、提高业务效率。因此在主动适应监管趋势、回归本源的前提下，非标仍有开展业务空间。

在资金使用上，银行应积极投向"一带一路"建设、京津冀协同发展、长江经济带等符合国家战略的重点领域和重大工程建设、科技创新和战略性新兴产业，通过资管产品支持经济结构转型和降低企业杠杆率。在交易结构上，银行应去除多层嵌套，采取股债结合、投贷联动方式，在合规前提下通过金融创新满足实体经济多样化融资需要。在供给侧结构性改革不断深化和新旧动能转换的关键时期，优先关注科技型企业和抗周期行业（如教育、医疗等），运用并购、投贷联动等方式，减少类信贷运作，提升股权类资管业务比重。优先关注并营销商业银行自身或其他优质同业机构已开展股权投资的标的企业、原始权益人和底层资产优质的证券化项目，赢得股权投资业务转型先机。突破对非标资产"名股实债"和"假股真债"的路径依赖，进一步优化私募基金管理人的准入和遴选工作，通过参与优秀管理人发起的FOF基金，实现跟投学习、联合投资、主动投资的"三步走"策略，渐进提升真实股权项目甄别能力和主动管理水平。

专栏6-2　商业银行发展住房租赁金融服务

党的十九大报告明确提出"坚持房子是用来住的、不是用来炒的定位，加快建立多主体供给、多渠道保障、租购并举的住房制度"。发展住房租赁市场特别是长期租赁，是国家民生工程的战略部署，是重塑和完善我国住房制度、建立房地产长效机制的重要内容，是实现人民"住有所居"和房地产市场长期平稳健康发展的根本举措。当前，我国住房租赁行业需求和供给持续稳步发展。根据中国房地产协会数据显示，2017年我国住房租赁市场租金规模约为1.3万亿元。我爱我家相关研究指出，预计2025年，租赁市场规模将首次超过3万亿元。进入新时代，金融机构需要有新的角色定位和社会担当，坚持"房住不炒"定位，共同为实现"全体人民住有所居"而努力。对于商业银行等金融机构来说，通过介入住房租赁市场，创新住房金融服务，一方面是履行社会责任的体现，另一方面也为自身业务转型提供新思路。

一、开展住房租赁金融服务的主要模式

为全面把握银行业金融机构在国家政策契机下如何布局住房租赁市场，发挥金融对"租购并举"的支持作用，中国银行业协会研究部对五家国有大型银行就银行业发展"住房租赁金融服务"进行了专项调研，当前主要有以下三种方式推动住房租赁业务发展的模式。

银行信贷业务。随着租售同权的到来，租房市场、老百姓的置业观和生活方式可能发生很大变化，更多的居民会转变现有的购房贷款模式，选择租房居住。商业银行针对住房租赁消费主体推出了个人住房租赁贷款产品。住房租赁贷款本质上属于个人信用贷款，而且是相对大额、长期的信用贷款。为规避信用风险，贷款仅向满足一定条件的贷款申请者发放，且贷款用途限定于房租支付。

除了个人客户以外，企业客户也是业务开展的重要群体。商业银行通过参与房屋租赁企业的信贷业务，为盈利稳定，运营良好，市场占比高的长租公寓龙头企业和龙头房地产企业进行项目贷款。同时，与大型房地产企业携手打造新房长租社区项目，实现商品房开发销售与租赁经营的一体化运作模式。通过设立保障性基金、投资住房租赁服务公司等方式，整合各类金融资源，提供"一揽子""一站式"的综合化金融服务，主要包括长租住宅开发建设、投资孵化、持有运营、后期退出等全链条服务。

资产证券化业务。在国家提高直接融资比重、降低社会融资成本的倡导下，大力通过资产证券化等金融创新工具支持租赁住房的发展，受到越来越多关注。相较于发达国家，我国房地产资产证券化尚处于发展阶段。4月25日，中国证监会、住房和城乡建设部联合发布《关于推进住房租赁资产证券化相关工作的通知》。《通知》将进一步完善发展住房租赁市场配套政策，以CMBS、REITs、类REITs等房地产资产证券化为代表的直接融资方式将有望成重要的资金来源。

一是类REITs业务。由于国内REITs相关法规和税收政策尚未完善，大多数房地产企业搭建的REITs融资平台实际上是对标准化REITs做了细微调整，通过券商或基金子公司的"资产支持专项计划"等方式嫁接私募合格投资者，一般被称为类REITs产品。当前，商业银行主要通过以下几种方式参与REITs业务：作为贷款机构为REITs收购优质资产提供部分融资；作为担保人，通过开立保函等形式增加银行中间业务收入；作为REITs资金托管银行，开立专用托管账户；作为REITs收益监管者，将租金收益按照投资者的认购比例及指令分配给投资者。

二是CMBS业务。CMBS是商业房地产抵押贷款支持证券，债权银行以原有的商业抵押贷款为底层资产，发行证券。对于具有长期大额融资需求的长租公寓运营商和房地产企业而言，通过CMBS迅速使不动产资产变现，增强企业资金流动性，

平衡现金流，又不失去产品的所有权，因而更容易被急需资金的运营商采纳。

并购基金。商业银行与住房租赁专业运营机构合作，以并购基金的方式收购租赁房源，进行租赁融资。这也是银行将资金前置，进入房地产开发前端和资产证券化全链条的重要模式。3月12日，建设银行与新派公寓发起设立基于资产证券化的不动产并购基金，初期规模20亿元，后期将根据收购需求扩大基金规模。该基金目前正在发起成立阶段，基金采取分层设计，优先级与劣后级份额均为50%，建设银行为唯一的优先级投资人，基金将收购一线、二线核心城市的存量资产或是开发商合作定制长租公寓的物业作为主要并购标的。

二、住房租赁金融服务面临三大制约

现阶段我国租赁住房业务尚处于发展的初期阶段，当前银行业进军租赁市场，面临诸多挑战，随着市场的不断发展，相关配套体系的建设也亟需跟进。

住房租赁服务面临可持续发展问题。商业银行开展住房租赁贷款业务，面临投资回收期偏长、租金收入不确定性较大、项目可还款现金流对融资本息覆盖程度较低等诸多问题。根据评估机构数据，2015年我国普通住宅长期租赁投资回报率为5.9%，一线城市为5.5%，略高于五年期以上中长期贷款4.9%的贷款利率，如算上装修改造成本、管理费用和相关税费，普通住宅长期租赁收益也很难覆盖资金成本和经营管理成本。对于商业银行而言，合理选择优质客户，把控业务风险，测算贷款偿还周期成为难点。

创新金融产品需要更多的政策空间。在推进市场发展过程中，需要对创新金融产品给予一定的政策支持和发展空间。目前适用于住房租赁市场特点的融资租赁、REITs等创新金融产品在实际业务推进中存在一定困难：一方面，融资租赁业务由于无法直接投资标的资产股权，而不可避免租赁住房资产交易和物权转移过程中的高额税费；另一方面，REITs业务在将标的资产置入SPV结构的过程中，将触发高额土地增值税，相较境外成熟的REITs免税或减税政策，我国市场的REITs融资成本较高，从而导致该类住房租赁创新业务的推进和落地难度较大。

住房租赁业务面临合规性风险。以集体建设用地兴建租赁住房为例，主要存在以下问题：一方面，相关法律法规还不明朗，合规性风险较大。目前国家仅允许在部分农村集体经营性建设用地上建设租赁住房，因此在实际业务时往往需要与地方主管部门沟通协调，明确相关政策及管理规定。另一方面，抵押权不明确，信用风险较大。对于银行来说，集体建设用地项目一般难以进行抵押，抵押物抵押权的管理规定不清晰，且目前国家对土地价值的评估和变现等方面并没有明确规定，导致租赁住房流通性较差，融资业务风险收敛程度有限，风险缓释措施较为欠缺。

三、多措并举促进住房租赁市场健康发展

我国住房租赁是一个正在培育和发展的市场，需要政府、监管、银行和企业等政银企多方合作，加快健全完善金融服务，促进住房租赁市场健康发展。

加强政策顶层设计。发展住房租赁市场的主要难题是项目预期收益率普遍较低，"经济账难算"，要激励更多银行发展住房租赁业务，关键要解决业务的"可持续发展"，即需要更多政策支持：一是地方政府或住房租赁市场主管部门应尽快制定和出台租赁市场相关管理规范，指导市场健康发展。着重维护承租人和出租人的合法权益，保护弱势承租者的权益，提高承租者的消费意愿。二是明确租赁住房相关财政、税收、资产流转等方面的配套政策，指导市场参与主体合理评价项目经济性，从而营造更加宽松的财税环境，有效推进更多企业积极加入住房租赁市场。三是严格控制租赁住房土地出让价格，甚至在部分区域对租赁住房融资给予专项贴息，使得重资产项目在持有方面实现成本可控。

加强业务监管指导。监管部门可加强对商业银行的业务指导，在商业可持续的前提下，从融资比例、业务期限、担保政策等方面，规范金融同业在统一标准下开展租赁住房金融服务，有序开展住房租赁融资业务。一方面，在住房租赁业务项下研究允许金融租赁公司持有项目公司股权的可行性，通过股权投资获得租赁住房所有权，避免租赁住房资产过户涉及的高额税费；另一方面，明确REITs发行机制和REITs产品的法律属性，借鉴国外成熟经验，完善基础配套税制，促进市场长效发展，更好发挥金融支持住房租赁市场的作用。

加强金融产品创新。住房租赁市场发展总体上可分为开发建设、运营维护、综合服务三个主要阶段，商业银行可针对不同阶段、不同主体的需求场景，专门开发设计不同的产品及服务，发挥金融支持住房租赁市场的魅力和意义。在前期开发建设阶段，要研发提供住房租赁开发贷款，支持政府重点扶持、租金回报稳定、现金流全覆盖的住房租赁开发项目，合理设置贷款金额；在中期运营维护阶段，针对轻资产模式的住房租赁企业，要探索提供房屋租金收益权质押贷款、流动资金贷款、债券投资等金融支持；在后期综合服务阶段，针对个人住房租赁贷款，要科学设计贷款对象、期限、金额、利率、担保方式等要素，实施优惠贷款利率，采取信用、担保等多种方式。

利用金融科技为业务赋能。随着银行业正在朝着数字化、智能化的方向发展，商业银行在产品设计、用户体验、智能决策、风险防控、精准营销、业务分析、运营监控等领域都离不开数据的支持。商业银行可围绕市场痛点，突破以往仅以信贷产品支持实体经济发展的思维局限，借鉴大数据思维，将住房租赁相关产品设计从"流程"核心转变为"数据"核心，应用大数据、区块链等金融科技，提高对数据的应用能力，并通过与业务场景结合在一起，改造传统金融服务体系和商业模式，最大化发挥数据的价值。

三、负债业务篇

　　2017 年，受经济增速放缓、监管趋紧、利率市场化提速、金融脱媒等因素影响，银行业负债业务增速继续放缓。截至 2017 年末，商业银行总负债为 182.06 万亿元，同比增长 7.99%。本外币各项存款规模稳步增长，存款结构基本稳定。非存款业务规范发展，同业和其他金融机构存放款大幅下降，同业存单余额有所回落，二级债发行总额大幅上涨。2018 年，银行业负债业务将持续适度增长，稳定资金来源的争夺将更加激烈，存款利率将实行更加灵活的差异化定价策略。为抓住发展机遇并应对挑战，银行业将持续推进经营转型和服务升级，提升金融科技水平，合理运用多元化负债工具，加强机构合作，推动负债业务的稳健发展。

第七章

存款业务发展压力犹存

2017 年银行业存款规模平稳增长，增速继续放缓。企业和个人人民币存款增长放缓，活期存款占比继续小幅回升。外币存款稳步增长。2017 年，受宏观经济增速继续放缓、货币政策稳健中性、利率市场化等因素影响，存款业务增长压力仍然存在。商业银行需要创新产品服务和手段，推动存款业务平稳发展。

一、本外币各项存款增速总体放缓

1. 各项存款增长平稳，增速继续放缓

2017 年 12 月末，金融机构本外币各项存款余额为 169.3 万亿元，比年初增加 13.8 万亿元，增速为 8.87%，比 2016 年下降 2.4 个百分点。其中人民币存款余额为 167.1 万亿元，比年初增加 8.65%。从各月份来看，除 2 月外，全年本外币各项存款增速基本呈现缓慢下降趋势。2 月，存款增速最快，达到 11.66%，12 月增速最慢，为 8.84%。

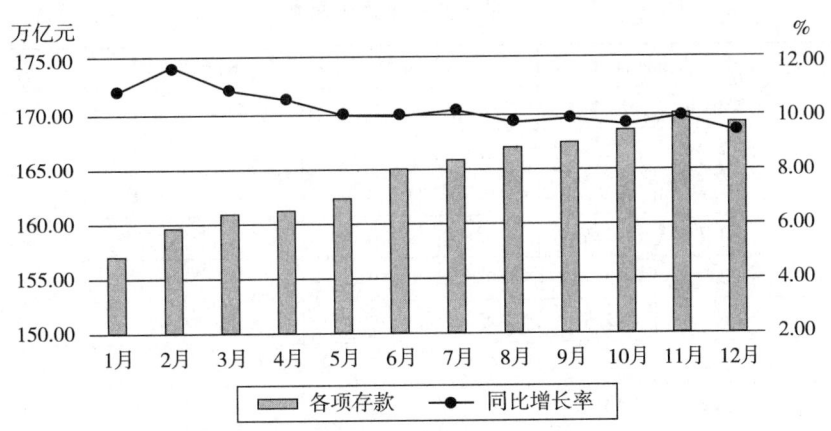

数据来源：中国人民银行。

图 7-1   2017 年金融机构本外币存款余额及同比增长情况

2. 存款结构基本稳定

2017 年，金融机构存款结构整体基本稳定。截至 2017 年末，金融机构本外币境内存款为 167.1 万亿元，占全部存款的 98.7%；本外币境外存款 2.2 万亿元，占比为 1.3%。其中，住户存款 65.2 万亿元，占全部存款的 39%；非金融企业存款 57.2 万亿元，占比 34.2%；政府存款 30.6 万亿元，占比 18.3%；非银行金融机构存款 14.2 万亿

元，占比 8.5%。

表 7-1 2017 年金融机构本外币存款结构状况　　　　单位：万亿元，%

境内存款		1 月	占比	12 月	占比
		155.2	98.8	167.1	98.7
其中	住户存款	63.8	41.1	65.2	39.0
	非金融企业存款	51.3	33.0	57.2	34.2
	政府存款	27.1	17.4	30.6	18.3
	非银行业金融机构存款	13.1	8.4	14.2	8.5
境外存款		1.9	1.2	2.2	1.3
各项存款		157.1	100.0	169.3	100.0

数据来源：中国人民银行。

3. 存款成本存在差异

2017 年，商业银行的存款成本整体有下降，但各行之间存在差异。从行业结构来看，大型商业银行存款成本率较低，且 2017 年个人定期存款平均成本率较 2016 年下降幅度明显优于部分股份制商业银行。主要由于大型商业银行在规模、渠道和信誉等方面上具有优势，在经营中为其带来了大量的低成本存款，拉低了其整体存款成本水平。

表 7-2 各行存款平均成本率情况　　　　单位：%

指标名称	个人定期存款		个人活期存款		公司定期存款		公司活期存款	
	2016 年	2017 年	2016 年	2017 年	2016 年	2017 年	2016 年	2017 年
工商银行	2.7	2.4	0.3	0.4	2.5	2.2	0.7	0.7
建设银行	2.4	2.3	0.3	0.3	2.4	2.3	0.7	0.7
农业银行	2.7	2.5	0.4	0.4	2.6	2.4	0.6	0.6
中国银行	2.9	2.7	0.6	0.6	3.0	2.7	0.6	0.6
大型银行小计	2.7	2.5	0.4	0.4	2.6	2.4	0.7	0.7
招商银行	2.3	2.1	0.4	0.4	2.4	2.5	0.7	0.7
浦发银行	2.2	2.7	0.3	0.3	2.6	2.4	0.7	0.8
中信银行	2.3	2.3	0.3	0.3	2.6	2.5	0.7	0.8
兴业银行	3.2	3.5	0.3	0.3	2.5	2.4	0.6	0.7
民生银行	2.2	2.3	0.4	0.5	2.5	2.5	0.7	0.9
平安银行	2.9	3.2	0.3	0.3	2.8	2.9	0.6	0.6
光大银行	2.8	2.8	0.4	0.4	2.7	2.7	0.7	0.7
华夏银行	3.0	2.9	0.3	0.3	2.2	2.3	0.7	0.7
股份制商业银行小计	2.6	2.7	0.3	0.4	2.5	2.6	0.7	0.7
上海银行	3.2	3.0	0.3	0.3	2.8	2.8	0.7	0.7
南京银行	3.6	3.4	0.8	0.7	2.6	2.7	0.7	0.8

续表

指标名称	个人定期存款		个人活期存款		公司定期存款		公司活期存款	
	2016 年	2017 年	2016 年	2017 年	2016 年	2017 年	2016 年	2017 年
宁波银行	3.3	3.1	0.4	0.3	2.2	2.2	0.9	1.1
成都银行	2.8	2.7	0.4	0.4	2.4	2.3	0.7	0.8
无锡银行	3.3	3.0	0.4	0.4	3.3	3.4	0.7	0.7
常熟银行	3.4	3.2	0.4	0.3	2.6	2.4	1.0	0.9
吴江银行	3.0	3.0	0.4	0.4	2.0	2.0	0.7	0.8
贵阳银行	3.2	3.2	0.4	0.4	2.6	3.1	0.6	0.6
城商行小计	3.2	3.1	0.4	0.4	2.6	2.6	0.8	0.8
上市银行合计	2.9	2.8	0.4	0.4	2.6	2.6	0.7	0.7

数据来源：根据各行年报整理，交通银行、北京银行、江苏银行、杭州银行、张家港银行和江阴银行未找到相关数据。

4. 存款"活期化"趋势明显

从 25 家 A 股上市银行年报数据看，2017 年末的活期存款占比与 2016 年同期相比高 1.5 个百分点左右，存款活期化趋势继续加强。大型商业银行中，除交通银行比 2016 年末下降 1.2 个百分点外，其他四家银行活期存款占比均有所上升。股份制银行中，除兴业银行和招商银行外，其他股份制银行均有所上升。城商行 2017 年活期存款占比基本也较 2016 年有所上升。

表 7-3　各行活期存款总额及占比情况　　　　单位：亿元，%

指标名称	2016 年			2017 年		
	活期存款	存款总额	占比	活期存款	存款总额	占比
工商银行	89920.6	178253.0	50.4	98902.0	192263.5	51.4
建设银行	81317.4	154029.2	52.8	88933.3	163637.5	54.3
农业银行	84278.7	150380.0	56	94383.1	161942.8	58.3
中国银行	61112.5	129397.5	47.2	65686.2	136579.2	48.1
交通银行	24481.7	47285.9	51.8	24978.8	49393.5	50.6
大型商业银行小计	341110.9	659345.6	51.7	372883.3	703816.5	53
招商银行	23928.4	38020.5	62.9	25540.9	40643.5	62.8
中信银行	19240.3	36392.9	52.9	18861.4	34076.4	55.4
民生银行	13087.8	30822.4	42.5	13700.2	29663.1	46.2
浦发银行	13761.5	30020.2	45.8	14706.4	30379.4	48.4
兴业银行	11849.6	26947.5	44.0	13106.4	30868.1	42.5
光大银行	8406.2	21208.9	39.6	9194.0	22726.7	40.5
华夏银行	6747.8	13683.0	49.3	7408.7	14339.1	51.7
平安银行	7978.7	19218.4	41.5	7976.0	20004.2	39.9

指标名称	2016 年			2017 年		
	活期存款	存款总额	占比	活期存款	存款总额	占比
股份制商业银行小计	13125.0	27039.2	47.3	13811.8	27837.7	48.4
上海银行	3548.3	8490.7	41.8	3814.8	9235.9	41.3
北京银行	5845.5	11509.0	50.8	6726.2	12687.0	53.0
江苏银行	3533.6	9074.1	38.9	4096.9	10078.3	40.7
杭州银行	2077.1	3683.1	56.4	2654.0	4486.3	59.2
南京银行	2302.9	6552.0	35.1	2895.2	7226.2	40.1
宁波银行	2612.1	5114.1	51.1	2971.8	5652.5	52.6
成都银行	1492.7	2710.1	55.1	1715.6	3128.0	54.8
无锡银行	275.4	954.6	28.8	342.7	1068.3	32.1
江阴银行	281.7	736.4	38.2	298.7	793.1	37.7
常熟银行	356.3	888.1	40.1	418.2	990.0	42.2
吴江银行	307.9	653.9	47.1	362.6	714.6	50.7
贵阳银行	1653.3	2630.0	62.9	2004.7	2975.3	67.4
城商行小计	1886.7	3992.9	46.1	2200.4	4450.7	48.3
上市银行合计	19452.7	38315.9	47.7	21149.2	40644.8	49.2

数据来源：根据各行年报整理，张家港银行未找到相关数据。

二、企业人民币存款增长减速

1. 对公存款稳步增长

对公存款分为非金融企业存款、政府存款、非银行业金融机构存款三个部分。2017年12月底，对公存款总额101.88万亿元，较1月底增长10.47万亿元，增长了11.45%，比2016年末增长9.38%。从季度数据来看，第二季度环比增速最快，达到4.1%，一季度环比增长速度最慢，仅比2016年第四季度合计增加0.1万亿元。从月份上来看，仅1月、9月、12月环比增长为负值，其他月份增速均为正值。

表7-4　2017年金融机构本外币对公存款情况　　　　单位：万亿元，%

	非金融企业存款	政府存款	非银行业金融机构存款	合计	非金融企业存款占比	政府存款占比	非银行业金融机构存款占比
1 月	51.26	27.07	13.09	91.41	56.08	29.61	14.32
2 月	52.10	27.88	13.77	93.76	55.57	29.74	14.69
3 月	53.51	27.82	13.09	94.42	56.67	29.46	13.87
4 月	53.59	28.67	13.62	95.88	55.89	29.90	14.21
5 月	53.67	29.53	13.72	96.92	55.37	30.47	14.15

续表

	非金融企业存款	政府存款	非银行业金融机构存款	合计	非金融企业存款占比	政府存款占比	非银行业金融机构存款占比
6 月	54.73	29.58	13.98	98.29	55.68	30.10	14.22
7 月	54.32	30.90	14.71	99.94	54.36	30.92	14.72
8 月	54.81	30.96	15.05	100.81	54.37	30.71	14.93
9 月	55.08	30.86	14.18	100.12	55.02	30.82	14.16
10 月	55.11	32.23	14.65	101.99	54.04	31.60	14.36
11 月	55.85	32.50	15.09	103.44	54.00	31.42	14.59
12 月	57.16	30.56	14.16	101.88	56.11	29.99	13.90

数据来源：中国人民银行。

2. 非金融企业人民币存款增速放缓

2017 年非金融企业存款增加放缓。截至 2017 年末，非金融企业存款 57.16 万亿元，同比增加 4.07 万亿，同比增长 7.67%，比 2016 年的同比增速降低近 9 个百分点。其中，活期存款同比增加 2.3 万亿元，同比增长 10.12%；定期存款增加 1.78 万亿元，同比增长 5.86%。非金融企业人民币存款增长速度比本外币各项存款整体增速低 1.21 个百分点。

3. 非银行业金融机构存款占比基本持平

2017 年末，非银行业金融机构存款余额 14.16 万亿元，比 1 月末增加了 1.07 万亿元，比 2016 年年末增加了 1.22 万亿元。2017 年末在对公存款中占比为 13.9%，基本与 2016 年末持平。从环比增长数据来看，非银行金融机构存款环比增长率波动较大，特别是在季度末波动性更大。

4. 政府存款增速继续回升

截至 2017 年末，政府存款 30.6 万亿元，比 2016 年年末增长 3.5 万亿元，同比增长 12.92%。其中，财政性存款增加 0.6 万亿元，同比增长 17.14%；机关团体存款增加 2.8 万亿元，同比增长 11.86%。全年财政性存款波动较大，1 月、3 月、4 月、5 月和 6 月财政性存款增速均出现负值。

表 7-5 2017 年金融机构本外币政府存款情况   单位：万亿元，%

日期	政府存款	财政性存款	机关团体存款	政府存款同比	财政性存款同比	机关团体存款同比
1 月	27.1	4.0	23.1	8.5	-0.1	10.1
2 月	27.9	4.1	23.7	13.7	9.4	14.5
3 月	27.8	3.4	24.4	11.0	-6.5	14.0
4 月	28.7	4.0	24.6	9.3	-11.6	13.7
5 月	29.5	4.6	25.0	9.5	-2.8	12.1

续表

日期	政府存款	财政性存款	机关团体存款	政府存款同比	财政性存款同比	机关团体存款同比
6 月	29.6	4.0	25.6	8.5	-9.6	12.0
7 月	30.9	5.1	25.8	10.7	5.2	11.9
8 月	31.0	4.7	26.2	10.2	0.9	12.0
9 月	30.9	4.3	26.5	10.9	1.0	12.7
10 月	32.2	5.4	26.8	11.9	8.3	12.7
11 月	32.5	5.3	27.2	13.2	14.1	13.0
12 月	30.6	4.1	26.4	12.7	16.6	12.2

数据来源：中国人民银行。

三、活期存款占比小幅回升

1. 个人存款增速放缓

截至 2017 年末，我国金融机构本外币住户存款余额为 65.20 万亿元，较 2016 年末增加了 4.5 万亿元，增幅为 7.41%，增速降低了 2.48 个百分点。其中，活期存款 25.26 万亿元，较 2016 年末增加了 1.59 万亿元，增幅为 6.72%，增速下降了 8 个百分点；定期及其他存款 36.94 万亿元，呈现负增长，较 2016 年降低了 0.05 万亿元。一方面，住户存款在总存款中占比较高，其增速放缓直接拉低了各项存款的增速；另一方面，从住户贷款数据看，2017 年住户贷款增长 7.15 万亿元，贷款增幅超过存款增幅，显示了住户部门加杠杆趋势。

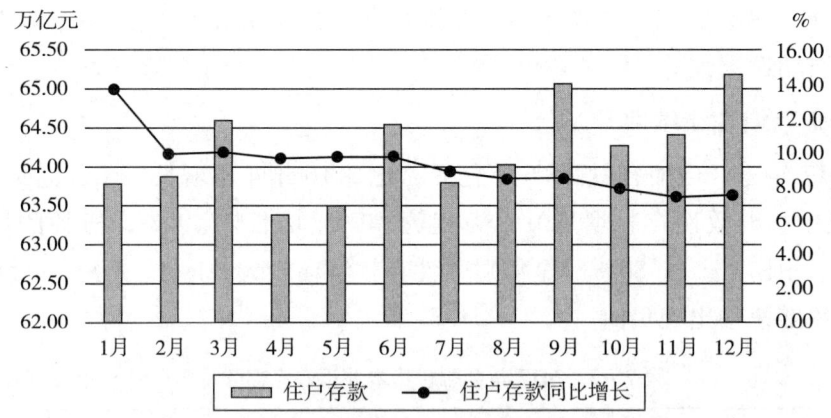

数据来源：中国人民银行。

图 7-2 2017 年金融机构本外币住户存款情况

2. 活期个人存款占比有所提高

2017 年末，金融机构本外币住户活期存款余额 25.26 万亿元，较 2016 年增加了

1.59 万亿元，增幅为 6.75% 。活期存款占整个住户存款的比例为 39.9% ，比 2016 年同期高 2.9 个百分点。

表 7 - 6　2017 年金融机构本外币活期、定期住户存款情况　　　单位：万亿元，%

月份	住户存款	活期存款	定期及其他存款	活期存款占比	定期存款占比
1 月	63.8	25.5	38.3	39.9	60.1
2 月	63.9	24.6	39.3	38.5	61.5
3 月	64.6	24.7	40.0	38.2	61.8
4 月	63.4	24.0	39.4	37.8	62.2
5 月	63.5	24.1	39.4	37.9	62.1
6 月	64.6	24.7	39.9	38.2	61.8
7 月	63.8	24.3	39.5	38.0	62.0
8 月	64.0	24.4	39.6	38.2	61.8
9 月	65.1	25.1	40.0	38.6	61.4
10 月	64.3	24.6	39.7	38.2	61.8
11 月	64.4	24.6	39.8	38.2	61.8
12 月	65.2	25.3	39.9	38.7	61.3

数据来源：中国人民银行。

四、住户外币存款稳步增长

1. 外币存款同比稳步增长

截至 2017 年末，金融机构外币存款余额为 7909.6 亿美元，较 2016 年增长了 790.78 亿美元，增幅为 11.11% 。全年各月份同比增幅均为正，呈现倒 "U" 型。2017 年 7 月同比增速最高，达到 23.11% ，12 月增速最低，为 11.11% .

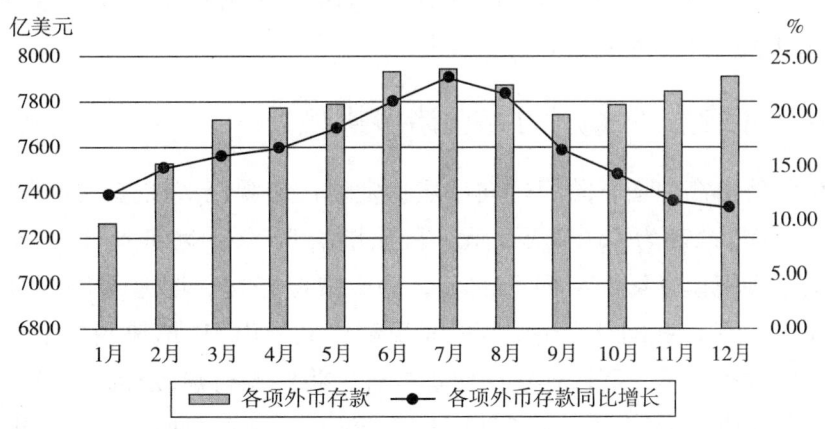

数据来源：中国人民银行。

图 7 - 3　2017 年金融机构外币存款情况

2. 住户外币存款略有下降，在外汇存款中占比下降

截至 2017 年末，住户外币存款 1257.35 亿美元，同比下降 7.05 亿美元；住户外币存款占比为 15.9%，同比下降了 1.9 个百分点。

表 7-7　2017 年外币存款占比情况　　　　　　　　单位：亿美元，%

时间	各项存款	住户存款	非金融企业存款	政府存款	非银行业金融机构存款	住户存款占比	非金融企业存款占比	政府存款占比	非银行业金融机构存款占比
1 月	7264	1284	4142	97	373	17.7	57.0	1.3	5.1
2 月	7526	1276	4384	96	371	17.0	58.3	1.3	4.9
3 月	7722	1268	4536	93	361	16.4	58.7	1.2	4.7
4 月	7775	1255	4596	90	354	16.1	59.1	1.2	4.6
5 月	7790	1255	4570	86	326	16.1	58.7	1.1	4.2
6 月	7931	1247	4625	89	320	15.7	58.3	1.1	4.0
7 月	7946	1253	4601	87	312	15.8	57.9	1.1	3.9
8 月	7876	1232	4504	78	313	15.6	57.2	1.0	4.0
9 月	7745	1228	4372	82	314	15.9	56.5	1.1	4.1
10 月	7788	1233	4396	89	325	15.8	56.4	1.1	4.2
11 月	7845	1234	4452	104	327	15.7	56.8	1.3	4.2
12 月	7910	1257	4474	109	308	15.9	56.6	1.4	3.9

数据来源：中国人民银行。

3. 非金融企业和非银行业金融机构外币存款占比下降

截至 2017 年末，非金融企业外币存款 4474.34 亿美元，同比增长 8.08%，占各项外币存款比重为 56.6%，占比与 2016 年末相比下降了 1.6 个百分点。非银行业金融机构外币存款 308 亿美元，同比下降 15.62%，占各项外币存款比重为 3.9%，占比与 2016 年末相比下降了 1.2 个百分点。

五、2018 年存款业务压力存在诸多挑战

随着我国经济由高速增长阶段转向高质量发展，宏观经济增速持续放缓。2017 年，广义货币供应量 M₂ 余额为 167.7 万亿元，同比增长 8.2%，增速比 2016 年降低 3.1 个百分点；社会融资规模存量 174.64 万亿元，同比增长 12%，增速比 2016 年降低 0.8 个百分点。2018 年，预计我国社会融资规模总量和广义货币 M₂ 增速基本平稳。积极财政政策叠加规范财政类存款，居民连续两年加杠杆，将给银行财政存款、社保存款、居民储蓄存款的增长带来较大压力。经济金融去杠杆深化，金融严监管深入，市场利率高企制约同业负债，资管新规限制理财资金，表外资产转表内占用资本和信贷规模，银行资产扩张速度降低，也将制约存款派生能力，人民币存款增速可能继续放缓，商业银行存

款的组织压力仍然存在。同时，金融脱媒深化、互联网金融持续渗透。2018 年存款业务应突出"稳"。商业银行应顺大势、抓主流，把握新市场环境下社会资金流动的规律，积极应对金融改革创新对银行存款的分流，以更开阔的视野和思路、更有竞争力的产品和服务模式，促进存款业务稳健发展。

第八章

非存款负债在监管规范中发展

2017 年，在去杠杆、防风险的大背景下，规范同业业务发展的各项监管政策陆续出台，银行业在巩固存款业务基础的同时，非存款负债业务进入调整期。2018 年，随着金融脱媒持续深化、利率市场化深入推进、互联网金融快速发展和竞争主体日趋多元化，以传统存款业务为主的负债管理模式持续受到挑战，银行业在合规经营前提下，将灵活运用多种非存款负债工具、强化非存款负债风险管理能力，转换思维、转型发展，稳步推进非存款负债业务的发展。

一、同业和其他金融机构负债大幅下降

1. 同业和其他金融机构存放款项大幅下降

2017 年末，26 家上市银行同业和其他机构存放资金为 136605.7 亿元，同比减少 11.68%。其中，大型商业银行的同业和其他机构存放资金 62591.09 亿元，同比减少 10.07%。股份制商业银行的同业和其他机构存放资金 63757.4 亿元，同比减少 13.32%。城市商业银行的同业和其他机构存放资金 10257.19 亿元，同比减少 10.96%。不同银行的流动性状况、流动性管理能力和流动性管理策略是造成分化的主要原因。

表 8 - 1　2017 年同业和其他金融机构存放款项情况　　　单位：亿元，%

银行机构	2016 年	2017 年	新增额	增长率
工商银行	15166.92	12146.01	-3020.91	-19.92
农业银行	11560.44	9747.30	-1813.14	-15.68
中国银行	14205.27	14252.62	47.35	0.33
建设银行	16129.95	13369.95	-2760.00	-17.11
交通银行	12539.87	13075.21	535.34	4.27
大型银行小计	69602.45	62591.09	-7011.36	-10.07
兴业银行	17210.08	14460.59	-2749.49	-15.98
浦发银行	13419.63	13143.18	-276.45	-2.06
民生银行	13076.22	11385.31	-1690.91	-12.93
中信银行	9814.46	7980.07	-1834.39	-18.69
光大银行	8303.54	5774.47	-2529.07	-30.46
招商银行	5556.07	4391.18	-1164.89	-20.97
平安银行	3923.51	4309.04	385.53	9.83

续表

银行机构	2016 年	2017 年	新增额	增长率
华夏银行	2251.33	2313.56	62.23	2.76
股份制商业银行小计	73554.84	63757.40	-9797.44	-13.32
上海银行	2820.16	3286.54	466.39	16.54
北京银行	3461.10	2983.00	-478.10	-13.81
江苏银行	3186.11	2280.62	-905.48	-28.42
杭州银行	644.60	906.63	262.03	40.65
南京银行	614.73	432.04	-182.68	-29.72
宁波银行	445.84	272.92	-172.92	-38.78
成都银行	61.06	42.74	-18.33	-30.01
张家港行	7.12	21.74	14.62	205.17
无锡银行	5.07	20.58	15.51	305.99
江阴银行	9.78	5.78	-4.00	-40.86
常熟银行	81.16	4.41	-76.75	-94.56
吴江银行	5.19	0.17	-5.01	-96.65
贵阳银行	177.44	371.03	193.59	109.11
城商行小计	11519.34	10257.19	-1262.15	-10.96
上市银行合计	154676.6	136605.7	-18071	-11.68

数据来源：根据各行年报整理。

2. 同业存单业务规范发展

2017 年末，同业存单市场余额为 8.03 万亿元，较 2017 年 8 月的最高点回落 0.41 万亿元。2017 年银行间市场发行同业存单 2.7 万只，发行总量为 20.2 万亿元，同比增长54.91%，二级市场交易总量为 112.9 万亿元。

同业存单发行量上涨，但余额呈现前高后低态势，受多方面因素影响。一是由于存款稳定性不断减弱，股份制商业银行和城商行对存单依赖度越来越高，2017 年上半年，同业存单余额稳步上升，同时价格也持续高位。二是 2017 年，为防范金融风险，有效配合金融去杠杆的进程，银监会先后下发"46 号文"、"53 号文"、"6 号文"、"7 号文"等多个文件，规范商业银行同业存单业务发展，受监管强化、金融体系去杠杆等因素影响，2017 年下半年，同业存单余额有所回落。三是中国人民银行强化 MPA 考核，压缩套利空间。2017 年第二季度《中国货币政策执行报告》指出，拟于 2018 年第一季度，对资产规模 5000 亿元以上的银行发行的一年以内同业存单纳入 MPA 同业负债占比指标进行考核，各商业银行重塑资产负债表，同业存单余额回落。

3. 拆入资金稳步增长

2017 年，26 家上市银行拆入资金总计 31790.32 万亿元，比 2016 年增加 4500.13 亿元，同比增长 16.49%。其中，大型商业银行拆入资金 18417.13 亿元，同比增长 10.59%。股份制商业银行拆入资金 10543.69 亿元，同比增长 19.63%。城商行拆入资金 2829.5 亿元，同比增加 1006.38 亿元，同比增幅 55.2%。

表 8 - 2　2017 年各行拆入资金情况　　　　　　　单位：亿元,%

银行名称	2016 年	2017 年	新增额	增长率
工商银行	5001.07	4919.48	- 81.59	- 1.63
交通银行	3542.67	4443.73	901.06	25.43
建设银行	3225.46	3836.39	610.93	18.94
农业银行	3020.21	2800.61	- 219.60	- 7.27
中国银行	1864.17	2416.92	552.75	29.65
大型银行小计	16653.58	18417.13	1763.55	10.59
招商银行	2488.76	2727.34	238.58	9.59
兴业银行	1300.04	1879.29	579.25	44.56
民生银行	1003.97	1774.62	770.65	76.76
浦发银行	971.32	1387.82	416.50	42.88
光大银行	955.01	1067.98	112.97	11.83
中信银行	837.23	775.95	- 61.28	- 7.32
华夏银行	731.30	650.45	- 80.85	- 11.06
平安银行	525.86	280.24	- 245.62	- 46.71
股份制商业银行小计	8813.49	10543.69	1730.20	19.63
宁波银行	348.33	946.06	597.73	171.60
上海银行	493.71	518.01	24.30	4.92
北京银行	347.69	495.33	147.64	42.46
杭州银行	241.99	325.69	83.70	34.59
江苏银行	286.83	282.40	- 4.43	- 1.55
南京银行	28.77	142.57	113.80	395.55
贵阳银行	49.50	109.43	59.93	121.07
成都银行	9.04	5.72	- 3.31	- 36.65
张家港行	4.11	2.00	- 2.11	- 51.32
常熟银行	2.80	1.30	- 1.50	- 53.57
江阴银行	0.35	0.72	0.37	107.27
吴江银行	—	0.26	—	—
无锡银行	10.00	—	—	—
城商行小计	1823.11	2829.50	1006.38	55.20
上市银行合计	27290.18	31790.32	4500.13	16.49

数据来源：各行年报整理。

4. 二级市场资本债发行额大幅上升

商业银行二级资本债，是指商业银行发行的、本金和利息的清偿顺序列于商业银行其他负债之后、先于商业银行股权资本的债券，是补充二级资本相对有效、使用较为普遍的手段。2017 年，商业银行二级资本债发行只数为 126 只，总额为 4804.23 亿元，同比增长 111.31%。2017 年，无论从发行只数还是发行总额上，二级资本债均大幅上涨，这主要是由于在严监管的背景下，商业银行对于资本补充的需求愈发迫切，一方面，要支持业务正常的发展；另一方面，要补齐过去粗放发展阶段遗留下来的短板。二级资本债作为固定收益类的资本工具，发行相对便利，是各类型金融机构补充二级资本的有效方式，未来发行量可能会进一步增加。

5. 向央行借款持续增长

央行借款主要包括再贷款、再贴现等业务，解决银行短期资金融通需求。2017 年上市银行向央行借款余额为 47085.6 亿元，比 2016 年增加 9249.87 亿元，同比增长 24.45%。部分城商行向央行借款规模增长数倍。

6. 卖出回购金融资产增速呈现分化

2017 年，商业银行卖出回购业务出现分化。部分大型银行和部分股份制银行卖出回购金融资产维持正增长，其他商业银行的卖出回购金融资产规模则出现了不同程度的下滑。分化的原因可能是商业银行根据经营策略对相关业务进行调整导致的。

二、非存款负债将注重合规和稳健发展

1. 非存款负债将稳步增长

非存款负债业务具有主动性、灵活性和针对性的特点，有利于拓宽资金来源，满足银行日常的流动性需求；有利于锁定利差收益，增强盈利的可预见性；有利于提升资产和负债的匹配度，防范利率波动、期限错配和其他风险。2018 年，随着利率市场化影响逐步加深、金融市场竞争主体的多元化和互联网金融的蓬勃发展，商业银行将灵活运用多种非存款负债工具、强化非存款负债风险管理能力，稳步推进非存款负债业务发展的步伐。

2. 同业存单整体发行规模增长将有所放缓

2018 年 1 月，央行重新设定了对同业存单的年度发行额度备案要求，将 2018 年各行的备案额度限定在去年 9 月末总负债的 1/3 扣减同业负债以后的余额。截至 3 月中旬，已有 435 家银行披露 2018 年同业存单发行计划，合计备案总额达 13.61 万亿元，较去年多出 705.1 亿元，同比增幅 0.52%，远低于 2017 年 65% 水平，同业存单备案额度剧增的势头有所扭转。未来，在系列监管政策下，同业存单将回归到流动性管理的本源，便于银行根据自身业务发展需要在金融市场上进行资金余缺的调剂。在金融去杠杆深化推

动商业银行资产端逐步调整，以及 MPA 考核和备案新规的严监管环境下，同业存单市场发行规模增长将有所放缓，不同银行之间的分化格局将会延续。对于中小银行来说，过去利用扩大同业存单的发行来增加负债以支撑资产规模扩张的模式已经难以为继。

3. 大型商业银行同业存单发行量快速攀升

2018 年以来，大型商业银行同业存单发行量快速攀升，第一季度大型商业银行同业存单发行量高达 4238 亿元，而 2017 年，大型商业银行全年发行量只有 3655.1 亿元，在同业存单市场逐渐由资金融出方转为融入方。无论是发行计划还是实际发行量，2018 年以来大型商业银行同业存单发行放量，与其负债端压力逐步增大有一定关系，同时也有条件发行，其存单规模远低于监管指标的要求。

三、非存款负债管理能力不断增强

1. 灵活运用各类非存款负债工具

在监管限制银行资产无序扩张、引导资金脱虚向实、继续推进金融去杠杆的大背景下，商业银行非存款负债业务发展将受到一定影响。在合规管理的前提下，未来商业银行要根据自身的资产负债结构，灵活运用多种非存款负债工具。首先，在主动负债策略下，发行债券的自主性很强，其融资规模、融资期限、成本都能由银行自主确定，使银行能够根据其经营情况来决定债券的发行，调整负债结构，主要用于吸收中长期资金，改善"借短贷长"的现象，减少期限错配程度，降低流动性风险与利率风险。其次，对央行负债主要用于银行的短期流动性支持。最后，对同业负债包括同业拆借、大额存单、商业票据、回购等。在主动负债模式下，该渠道在筹集资金方面，价格更透明，更便捷，违约概率较小。但当市场流动性紧缺时，易形成系统性风险。因此，商业银行将灵活运用多种非存款负债工具，开拓资金来源，主动管理流动性，也为主动风险管理提供条件。

2. 持续增强非存款负债管理能力

商业银行将持续提升对非存款负债业务的分析和预判能力，对全行非存款负债实行统筹管理。首先，根据外部经营形势预判，综合考虑战略导向、经营目标、资产负债业务发展水平和结构情况，确定吸收非存款负债的业务种类、规模、成本区间和时间窗口；其次，加强成本核算，健全内部市场化资金使用机制，将获取的高成本主动负债资金在全行范围内根据资产收益率标准进行再分配，促进整体息差水平的稳定；最后，强化非存款负债的风险管理，增强全面风险管理能力，针对市场利率波动进行提前预判，提高非存款负债的多元化和稳定程度，适当安排流动性。

3. 持续完善专业人才队伍建设

非存款负债业务具有较强的专业性和创新性，商业银行将积极培养专业人才队伍，打造能够对行业发展态势作出前瞻性判断的研究人员队伍，构建具有先进水准从事非存款负债管理工具设计和发行的专业人员队伍。保持非负债业务人员队伍稳定性，减少业务实施过程中的操作风险。

专栏 8－1　商业银行积极拓展多元化负债来源

2017 年末，商业银行总负债增速只有 8.4%，较 2016 年同期增速 16% 相比，下降近一半。特别值得关注的是存款增速下滑明显，从 2017 年 1 月的 10.4% 持续下滑至 12 月的 9%。存款增速下滑的原因主要有三点：（1）金融去杠杆的着力点在于压缩金融机构的资产，将同业资产、委外资产等挤压至表内，广义上的总资产增速必然受到限制，与之对应的负债端也受到压力。（2）金融监管致力于斩断同业、委外、通道业务的资金链条，相关业务都受到了明显约束，资产派生存款的能力有所下降。（3）居民借贷消费意识明显增强，居民储蓄存款增长率多年来首次为负数。

在党的十九大报告"守住不发生系统性金融风险的底线"的总体要求下，货币政策将继续保持稳健中性，货币供给的总闸门继续偏紧。随着金融去杠杆的深化推进和金融监管政策的层出不穷，金融机构多种业务形态受到约束，叠加互联网金融及非银金融机构的资金分流，未来一段时期内，商业银行负债环境难言宽松，甚至可以说是严峻。负债管理将成为商业银行经营发展的核心驱动，拓展负债多元化渠道来源成为商业银行亟待解决的重要难题。

当前形势下，商业银行可着重从以下几个方面拓展负债来源，加强负债管理。

一是推进经营转型和服务升级，全力增加核心负债。一方面，商业银行将面临个人、企业等主体存款的逐步被动减少、分流，商业银行应不断提升服务水平，通过多种方式，抓住存款"回流"的一些特殊时点；另一方面，商业银行在深度挖掘、密切跟踪财政、大中型企业等客户定期化资金回流与资金盈余情况基础上，加速现金管理业务发展，推动存款增加。更为重要的，商业银行应加快通过推动网点软、硬件转型，加大零售客户、小微企业客户营销力度和服务水平，提升核心负债来源的稳定性和持续性。

二是善用多元化负债工具，优化负债结构。结合商业银行发展实际，在满足监管要求的前提下，推进大额存单、协议存款、结构性存款以及合理化同业负债等多元化负债产品和工具的运用。金融机构开展资产管理业务时不得承诺保本保收益，出现兑付困难时，金融机构不得以任何形式垫资兑付，这会对银行表内理财，也就是保本理财业务形成冲击，应未雨绸缪，为表内理财业务谋求转型。如结构化存款是将部分资金投向衍生产品，从而获取比普通存款更高收益的存款产品，且产品设计上灵活多变，受客户欢迎，同时也相对有利于银行降低负债成本，因此规范发展的结构性存款对银行理财业务转型具有非常积极意义。

三是推进"＋互联网"模式，提升金融科技水平。金融科技对商业银行经营发展的重要作用已毋庸置疑。同样，在拓展负债来源方面，也要加快推进"＋互联网模式"，提升负债管理水平和丰富负债来源渠道。一方面，推进战略定位由"业务战略主导、技术战略配合"向"业务和技术融合"转变，科技组织架构由"适合科技作为服务提供者的集中化管理组织架构"向"适合科技作为价值共同创造者的敏捷组织架构"转变，加大长期投入，通过内外部双向开放、多消费场景连接、生态体系闭环打造，构建自身的金融科技发展优势，进而创新负债产品，拓展负债渠道，提升负债管理水平。另一方面，在自身实力不足或者时机不成熟情况下，可先行通过与市场主流互联网科技企业合作，加强负债产品创新和渠道扩展。

四是提升负债定价水平，并能够进行灵活调整。一方面，不断提升负债定价的差异化和灵活性，要在利率、期限、额度上做文章，制定更具灵活性和针对性的定价细分策略，改变"一浮到顶"的做法，按客户、按期限、按额度确定灵活性和差异性负债利率；另一方面，负债的定价调整要兼具前瞻性和平衡性，要不断加强市场资金供需的研判，在市场要素变化时，迅速制定应对措施，更要平衡好负债成本与市场竞争力的关系。

五是资产业务带动负债，机构间合作增加资金沉淀。商业银行在与各类客户广泛开展业务合作的同时，要顺势带动负债业务的有效跟进。一方面，在推进贷款等核心资产业务的同时，发挥其负债带动作用和优势，实现"以贷引存"。例如，可完善对公贷款利率定价机制，实现企业贷款利率定价的差异化和灵活性，实行贷款客户的存款与贷款利率挂钩。个人贷款和信用卡业务参数设置也可参照此执行；另一方面，加大力度与证券、基金、信托等各类非银金融机构以及互联网金融机构合作，通过托管、结算、代理等业务，撬动低成本资金沉淀。

六是用好主动负债各项金融工具，增加负债来源及其稳定性。央行规定，资产规模超过5000亿元的银行，其同业负债占总负债的比率不能超过1/3。对于大行来说，同业负债（含同业存单）占总负债的比率远低于红线水平，所以大行有充足的空间去提升同业负债。而对于股份行和城商行而言，同业存单计入核心负债有助于提升部分股份制银行和中小银行的核心负债依存度，在一定程度上改变核心负债依存度较低的局面，有利于提升中小银行整体的市场声誉。因此，要积极用好时间窗口，用好同业存单和金融债等主动负债金融工具，以调整银行自身负债总量和结构，降低负债的集中度，增加负债来源的稳定性。

以上所述商业银行拓展多元化的负债来源举措中，既包含短期的、仅涉及存量要素调整、投入不大的方式，也包含长期的、涉及增量拓展、需长期投入的方式。在当前金融外部环境剧烈转向、防风险深入推进的态势下，在保证合规优先的基础上，商业银行可根据自身发展实际和负债需求情况，进行综合运用和组合实施。

四、中间业务篇

2017 年，受行业监管政策趋严、债券和资本市场波动、同比高基数等因素影响，商业银行中间业务发展呈现稳中略降的态势。14 家主要上市银行手续费及佣金净收入规模总体保持稳定，但收入增速下滑。传统中间业务收入维持稳定，业务发展差异化特征明显。新型中间业务收入增长乏力，进入负增长区间。预计今后一段时期，在中国经济由高增速进入到高质量发展、金融监管步入新阶段、金融竞争环境变化的大背景下，商业银行中间业务面临转型的要求，但中间业务发展对于银行的战略价值仍然显著。预计2018 年，商业银行传统中间业务收入将进一步改善，新型中间业务发展将以规范稳健为主旨，各项业务分化态势也会进一步延续。

第九章

传统中间业务仍占据主导地位

2017 年，受行业监管政策趋严、债券和资本市场波动、营改增实施、降费让利、同比高基数等因素影响，14 家主要上市商业银行①的中间业务收入②增速下滑。除部分商业银行中间业务收入占营业收入比重下降外，大部分商业银行中间业务收入占营业收入比重基本持平。传统中间业务仍占据主导地位，各机构发展重点出现分化，各分项业务发展差异化明显。预计 2018 年，传统中间业务增速将进一步改善。

一、2017 年商业银行中间业务收入增长稳中略降

国内商业银行中间业务已经经历了一个快速发展的阶段，但与国际先进商业银行的中间业务发展模式相比，受业务发展环境影响集中于支付结算、银行卡、担保承诺及代理等传统业务，以投资银行、财富管理和资本市场等业务为代表的高技术含量、高附加值的创新型中间业务仍未成为支柱业务。因此，中间业务若要获得长足发展，也面临转型和调整。

2017 年，受监管政策趋严和市场波动冲击、税收政策影响和营改增政策实施的客观影响，商业银行中间业务收入增长承受较大压力，中间业务收入整体呈现稳中略降的态势。14 家主要上市商业银行共实现手续费及佣金净收入 7950.97 亿元，比 2016 年略增 4.46 亿元。从增速来看，手续费及佣金净收入增速由 2016 年的 7.24% 下降为 2017 年的 0.06%，且中间业务收入增速低于营业收入增速，未能继续跑赢"大市"。从占比来看，2017 年 14 家主要上市商业银行手续费及佣金净收入对营业收入的占比为 20.56%，比 2016 年略有减少。

分银行类别看，在绝对量上，大型商业银行③手续费及佣金净收入总额为 4723.05

---

① 大中型商业银行开展的中间业务种类较为全面，基于业务数据可比性和业务发展代表性等因素的考虑，本报告选取 6 家大型商业银行（工行、农行、中行、建行、交行、邮政储蓄银行）及 8 家全国性股份制商业银行（中信、光大、招商、浦发、民生、华夏、平安、兴业）作为样本，进行分析。
② 传统中间业务包括支付结算类、银行卡类、担保承诺类（承兑汇票、信用证、保理）、代理委托类（基金和保险代销）等业务。后文的新型中间业务包括理财业务类、托管类、投行（咨询与顾问）类业务。其余新型中间业务开展时间较短，且业务占比较小，暂不列入本篇统计范围。由于各行年报"手续费及佣金净收入"项下的"其他"项目未作具体披露，故两项业务收入占比之和略小于1。
③ 本篇所指大型商业银行包括：中国工商银行、中国农业银行、中国银行、中国建设银行、交通银行、中国邮政储蓄银行。

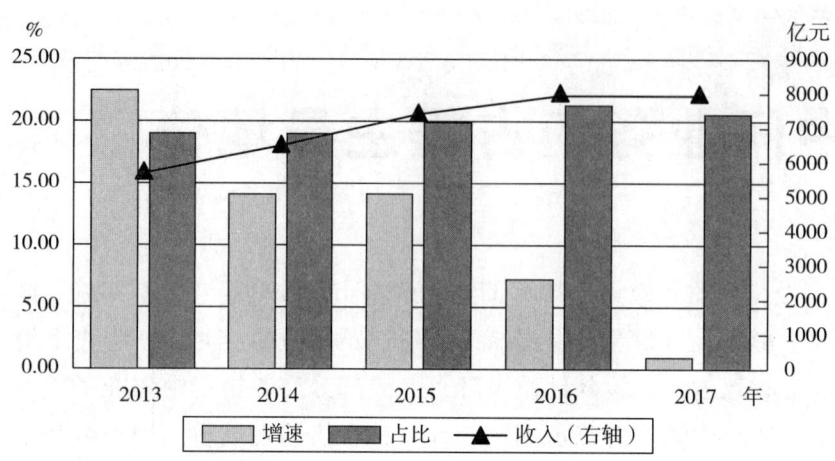

数据来源：根据各行年报整理。

图 9 - 1　14家主要上市商业银行手续费及佣金净收入、增速和占比

亿元，同比减少 190.69 亿元；全国性股份制商业银行①手续费及佣金净收入总额为 3227.92 亿元，同比增加 195.15 亿元。从占比看，2017 年大型商业银行和全国性股份制商业银行的中间业务收入占营业收入的比重平均分别为 17.04% 和 29.49%。部分大型商业银行中间业务收入占营业收入比重出现 2 ~ 4 个百分点的下降，全国性股份制银行中间业务收入占营业收入比重基本持平。与大型商业银行相比，全国性股份制商业银行整体中间业务的发展势头仍相对强劲。

表 9 - 1　14家主要上市商业银行手续费及佣金净收入增长情况　单位：亿元，%

项目 银行	手续费及佣金净收入总额			手续费及佣金净收入占营收比重		
	2016 年	2017 年	增速	2016 年	2017 年	增量
中国工商银行	1449.73	1396.25	- 3.69	21.45	19.22	- 2.23
中国农业银行	909.35	729.03	- 19.83	17.97	13.57	- 4.40
中国银行	886.64	886.91	0.03	18.33	18.35	0.02
中国建设银行	1185.09	1177.98	- 0.60	19.59	18.95	- 0.64
交通银行	367.95	405.51	10.21	19.05	20.07	1.02
中国邮政储蓄银行	114.98	127.37	10.78	6.85	6.31	- 0.54
大型银行平均	4913.74	4723.05	- 3.88	18.67	17.04	- 1.64
中信银行	422.80	468.58	10.83	27.49	29.90	2.41
光大银行	281.12	307.74	9.47	29.89	33.50	3.61
招商银行	608.65	640.18	5.18	29.12	28.98	- 0.14
浦发银行	406.92	455.8	12.01	25.31	27.03	1.72

①　本篇所指全国性股份制商业银行包括：中信银行、光大银行、招商银行、浦发银行、民生银行、华夏银行、平安银行、兴业银行。

续表

项目 银行	手续费及佣金净收入总额			手续费及佣金净收入占营收比重		
	2016 年	2017 年	增速	2016 年	2017 年	增量
民生银行	522.61	477.42	-8.65	33.67	33.09	-0.58
华夏银行	146.56	184.07	25.59	22.89	27.73	4.84
平安银行	278.59	306.74	10.10	25.86	29.00	3.13
兴业银行	365.52	387.39	5.98	23.27	27.65	4.38
全国性股份制商业银行平均	3032.77	3227.92	6.43	27.53	29.49	1.96
全体行平均	7946.51	7950.97	0.06	21.29	20.56	-0.72

数据来源：根据各行年报整理。

二、传统中间业务差异化特征显著

1. 传统中间业务仍占据主导地位

2017 年，商业银行传统中间业务收入仍是最大的中间收入业务来源，而新型中间业务收入增长乏力。从绝对量看，2017 年 14 家主要上市银行传统中间业务收入 5480.3 亿元，同比增加 317.61 亿元；新型中间业务收入 2828.87 亿元，同比减少 46 亿元。传统中间业务收入的总量和新增量均远高于新型中间业务。从占比看，2017 年 14 家主要上市银行传统中间业务收入占手续费及佣金收入的 60.8%，比 2016 年提高约 2 个百分点。从增速看，2017 年 14 家上市银行传统中间业务收入增速为 6.15%，增速与 2016 年持平。新型中间业务收入变动则由增转降，同比减少 1.6%。

分银行类别看，大型商业银行合计实现传统中间业务收入 3271.27 亿元，占中间业务比重为 60.17%，两项较 2016 年差异不大。全国性股份制商业银行实现传统中间业务收入 2209.03 亿元，较 2016 年增长 22.94%，收入占中间业务比重上升 6.8 个百分点至 61.76%。

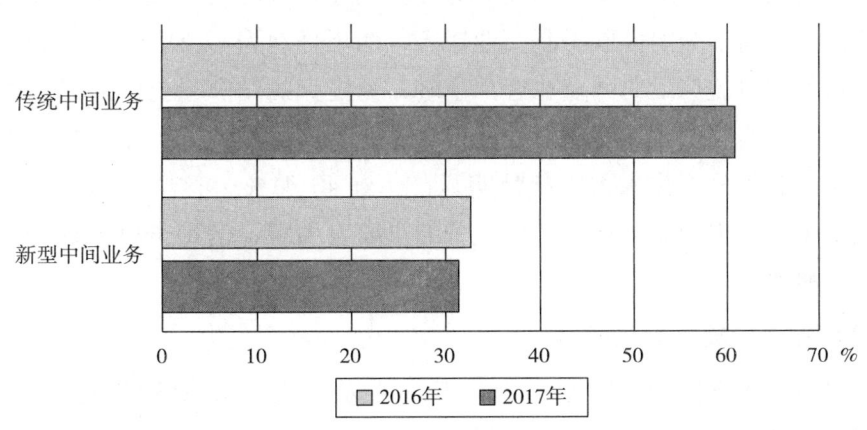

数据来源：根据各行年报整理。

图 9-2 14 家主要上市商业银行传统、新型中间业务收入占比对比

2. 银行卡类业务保持领先水平

从各分项收入的占比来看，银行卡类业务在传统中间业务中依然处于绝对领先水平，2017年14家主要上市商业银行的银行卡类业务收入占中间业务收入的比重为33.16%，比2016年增加了6.24个百分点；代理委托类业务由于绝对收入下降，占中间业务收入比重较2016年下降3.68个百分点至12.47%；支付结算类和担保承诺类业务收入占中间业务收入比重分别为10.04%和5.14%，相较2016年变化不大。

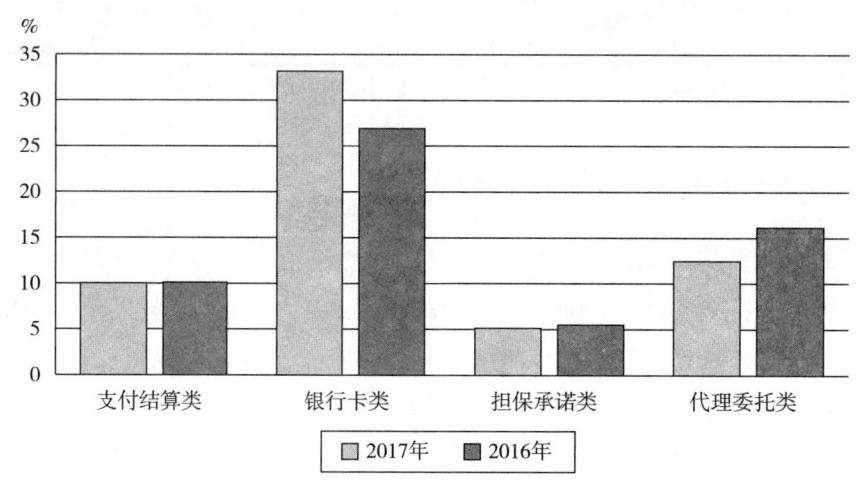

数据来源：根据各行年报整理。

图 9-3 14家上市商业银行传统中间业务收入分项占比

3. 各机构发展重点出现分化

2017年，中间业务分项发展出现变化，优势业务在各行之间出现分化。通过收入占比来看，大型商业银行的结算及清算类业务优势明显，代理委托类业务分项收入占中间业务收入的比重也高于全国性股份制商业银行，两项分别为12.89%和13.11%，主要是大型商业银行具有覆盖广泛的网点和客户基础，为庞大的结算量打下基础，再依托丰富的产品体系，带动消费金融、线上消费支付结算业务的持续发展。全国性股份制商业银行则在银行卡类业务分项收入占比优势明显，达到40.41%，这主要是由于全国性股份制商业银行集中把信用卡业务作为零售业务的重要发力点，信用卡刷卡佣金及商户分期收入快速增长所致。

4. 各分项业务发展差异化明显

银行卡类业务保持较快发展。2017年，14家主要上市银行银行卡类业务收入2988.53亿元，同比增加621.03亿元，增速为26.23%。这主要得益于一方面，商业银行抓住消费金融发展契机，在向零售板块倾斜资源；另一方面，强监管导致理财等新型中间业务收入增长乏力，因此，不少银行策略上主动提升银行卡业务领域投入。商业银

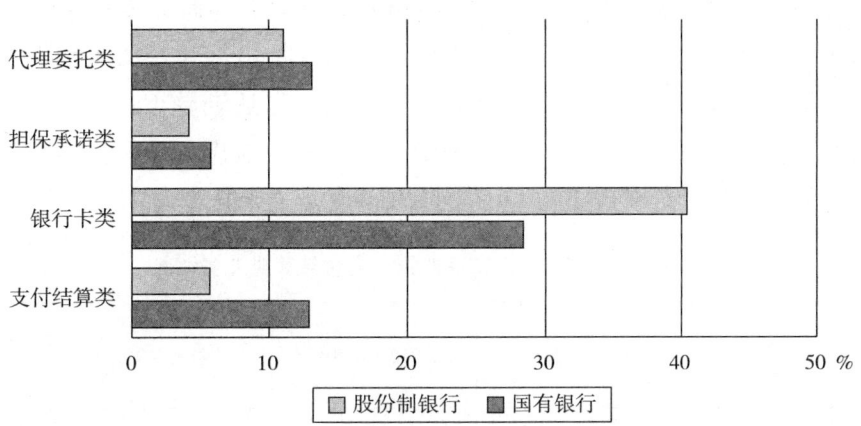

数据来源：根据各行年报整理。

图 9 - 4   2017 年各类型商业银行传统中间业务收入分项占比

行通过借助获客速度不断增快、智慧化的风控、多元化的营销以及智能化的客服等多种
手段，实现信用卡分期业务和收单业务收入增加。

表 9 - 2   14 家主要上市商业银行银行卡类业务情况　　　　　　　单位：%

项目 银行	2017 年占比	2016 年占比	占比变化	增速
中国工商银行	24. 39	22. 87	1. 52	2. 71
中国农业银行	26. 62	19. 94	6. 68	12. 89
中国银行	25. 59	24. 47	1. 13	7. 25
中国建设银行	32. 17	29. 44	2. 72	12. 20
交通银行	36. 92	30. 25	6. 67	34. 83
中国邮政储蓄银行	36. 56	27. 41	9. 15	49. 71
大型银行平均	28. 38	24. 85	3. 54	12. 39
中信银行	58. 92	42. 60	16. 32	57. 59
光大银行	61. 69	47. 48	14. 21	43. 34
招商银行	20. 04	16. 79	3. 25	26. 42
浦发银行	34. 89	29. 30	5. 59	39. 83
民生银行	40. 71	29. 87	10. 84	30. 95
华夏银行	40. 25	31. 00	9. 24	64. 61
平安银行	51. 82	39. 61	12. 21	49. 27
兴业银行	31. 48	20. 54	10. 93	66. 45
全国性股份制商业银行平均	40. 41	30. 42	9. 99	45. 34
全体行平均	33. 16	26. 92	6. 24	26. 23

数据来源：根据各行年报整理。

支付结算类业务收入基本持平。2017 年，14 家主要上市商业银行支付结算和清算类业务收入 904.67 亿元，与 2016 年基本持平。这主要是由于在经历了前两年监管规范收费业务收入下降的过程后，银行支付结算类业务收入已逐渐趋于稳定。除部分商业银行积极担当社会责任，继续加大结算类业务优惠力度外，进出口贸易回暖以及银行加快布局电子支付领域是该项业务收入保持平稳增长的主要有利因素。

表 9 - 3　14 家主要上市商业银行支付结算类业务情况　　　　单位：%

项目 银行	2017 年占比	2016 年占比	占比变化	增速
中国工商银行	16.90	15.85	1.05	2.73
中国农业银行	13.03	16.58	-3.54	-33.51
中国银行	12.23	11.30	0.92	10.89
中国建设银行	10.06	9.86	0.20	4.75
交通银行	4.28	4.32	-0.04	9.41
中国邮政储蓄银行	20.14	26.84	-6.70	-15.76
大型银行平均	12.89	13.37	-0.48	-5.15
中信银行	2.35	3.08	-0.73	-12.97
光大银行	3.23	3.12	0.11	14.13
平安银行	6.70	7.08	-0.38	7.94
招商银行	14.70	9.89	4.81	57.42
民生银行	5.60	4.27	1.33	26.01
全国性股份制商业银行平均	7.35	5.89	1.47	33.39
全体行平均	11.27	11.09	0.18	0.79

数据来源：根据各行年报整理。

代理委托类业务明显收缩。2017 年，14 家主要上市银行代理委托类业务收入1124.18 亿元，比 2016 年减少 296.47 亿元，降幅为 20.87%。统计中有 12 家商业银行的代理委托类业务收入占中间业务收入比重较 2016 年出现下降。这主要是由于在保险产品监管规范下，中短期投资理财保险、万能险、财险公司投资理财保险等高现价、高收益的趸缴保险产品大规模停售或限售，银保渠道畅销产品供给量下降，给银保渠道代理保险业务的保费增长带来压力。此外，由于受到第三方基金代销机构等渠道低价抢客等因素的影响，部分银行推出了网上银行、手机银行基金申购费率的优惠活动，也影响了代理类业务收入增长。

表9-4　14家主要上市商业银行代理委托类业务情况　　　　单位：%

项目 银行	2017 年占比	2016 年占比	占比变化	增速
中国工商银行	1.14	1.16	-0.02	-5.35
中国农业银行	26.71	39.06	-12.35	-42.17
中国银行	23.13	24.59	-1.47	-3.59
中国建设银行	12.38	15.66	-3.28	-18.82
交通银行	7.30	11.62	-4.32	-30.63
中国邮政储蓄银行	16.66	18.42	-1.75	1.58
大型银行平均	13.11	17.01	-3.90	-24.15
中信银行	8.77	13.51	-4.74	-26.01
光大银行	8.07	6.19	1.88	43.74
招商银行	18.06	19.88	-1.82	-3.76
浦发银行	3.35	4.48	-1.13	-12.28
民生银行	21.54	27.82	-6.27	-25.58
华夏银行	7.55	11.40	-3.85	-16.00
平安银行	9.38	9.60	-0.22	11.48
兴业银行	7.28	11.73	-4.45	-32.58
全国性股份制商业银行平均	11.50	14.70	-3.21	-14.45
全体行平均	12.47	16.15	-3.68	-20.87

数据来源：根据各行年报整理。

担保承诺类业务收入持续下降。2017 年，14 家主要上市银行担保承诺类业务收入462.92 亿元，同比减少21 亿元，已连续两年收入下降。这主要是大部分商业银行继续加大对企业收费的优惠减免力度，取消与贷款相关的部分担保承诺类收费，以及银行真实贷款议价能力有所减弱等因素影响。

表9-5　14家主要上市商业银行担保承诺类业务情况　　　　单位：%

项目 银行	2017 年占比	2016 年占比	占比变化	增速
中国工商银行	1.14	1.16	-0.02	-5.35
中国农业银行	26.71	39.06	-12.35	-42.17
中国银行	23.13	24.59	-1.47	-3.59
中国建设银行	12.38	15.66	-3.28	-18.82
交通银行	7.30	11.62	-4.32	-30.63
中国邮政储蓄银行	16.66	18.42	-1.75	1.58
大型银行平均	13.11	17.01	-3.90	-24.15
中信银行	8.77	13.51	-4.74	-26.01

续表

项目 银行	2017 年占比	2016 年占比	占比变化	增速
光大银行	8.07	6.19	1.88	43.74
招商银行	18.06	19.88	－1.82	－3.76
浦发银行	3.35	4.48	－1.13	－12.28
民生银行	21.54	27.82	－6.27	－25.58
华夏银行	7.55	11.40	－3.85	－16.00
平安银行	9.38	9.60	－0.22	11.48
兴业银行	7.28	11.73	－4.45	－32.58
全国性股份制商业银行平均	11.50	14.70	－3.21	－14.45
全体行平均	12.47	16.15	－3.68	－20.87

数据来源：根据各行年报整理。

三、传统中间业务收入将企稳改善

在中国经济由高增速进入到高质量发展时代、金融监管步入新阶段、金融竞争环境变化的大背景下，商业银行中间业务面临转型的要求，但中间业务发展对于银行的战略价值仍然显著。未来一个时期，我国直接融资步伐将进一步加快，乡村区域、新兴产业和中西部地区融资需求提升，"一带一路"区域以及自贸港将成为金融服务的重要增长点。这些长期、积极因素的出现，将为商业银行创造支付结算、担保承诺、银行卡等业务机会。商业银行将继续深入推进"轻资本"的内涵式转型发展，持续加大中间业务布局和发展力度。从银行业自身发展看，商业银行将继续发挥服务实体经济的作用，一方面，继续把公司业务置于商业银行发展的重要位置，客户群体向小微客户、农村区域、中西部地区和新兴行业倾斜；另一方面，在新金融条件下，商业银行也将持续调整业务结构，加大零售板块投入力度，服务的对象也将更多倾向于个人客户和小微客户。预计2018 年，商业银行传统中间业务总体发展将保持平稳增长。

1. 银行卡类业务收入将保持快速增长

银行卡类业务主要受渠道竞争和政策影响下费率变化的影响。央行推行的个人银行账户分类制度改革，要求银行业金融机构为个人开立银行结算账户的，同一个人在同一家银行只能开立一个Ⅰ类账户，此规定将推动个人归并多余账户，继而直接导致银行卡开卡量缩减。而在支付工具选择多样化下，消费者也正逐步降低对银行卡支付的依赖程度，"去银行卡化"和"支付去现金化"，都将改变商业银行传统发卡揽客的行业发展模式，银行卡类业务手续费面临缩减。但积极的因素是我国消费金融正蕴含巨大机遇，商业银行纷纷转型以消费金融为重心做强零售业务。未来将有更多的资源投入零售业务发展，主动对接消费者多层次金融需求，持续创新和丰富消费金融产品，通过线上与线下融合的业务模式，大力发展零售业务，显著提升零售业务的规模和业务收入。信用卡收入作为消费金融的重要载体仍将保持快速增长，未来其占中间业务收入比重将进一步提高。

2. 电子支付结算类业务增长前景看好

结算业务主要受支付渠道转型和进出口贸易环境影响。在多元化非现金支付方式的推广使用下，传统的缴费、结算、理财业务正向电子渠道大量分流，未来银行新增账户体系将由线下主导变为线上主导，银行电子账户迎来发展契机，商业银行加快布局电子支付领域布局，把拓展电子账户功能作为银行增强获客和经营能力的重要途径，将使电子结算收入保持较快增长。国际结算业务手续费则依赖外贸业务形势与人民币汇率走势。从2018年第一季度看，当前内需基本保持平稳，外贸平衡发展政策鼓励先进技术装备和日用消费品进口，预计2018年我国进口将保持较快增长。中美贸易摩擦对当前进出口贸易影响有限，第一季度我国对美国出口增长14.8%，进口增长8.9%，贸易顺差582.5亿美元。如果贸易保护主义持续升温，中美贸易争端升级，将有可能影响下半年出口增长，国际结算收入存在不确定性影响。

3. 代理类业务收入或将恢复正增长

代销手续费主要受代销的基金、保险、信托产品规模以及费率的影响。受"134号文"及其他保险业监管文件的影响，此前热销的短期理财型保险减少，其次受高收益银行理财产品的冲击，保险产品失去竞争力，银保渠道产品销售难度加大，加之"双录"等一系列严监管措施的出台，均给银保渠道保费增长带来压力。2018年，随着保险新政的不断消化及金融市场的稳定，代销保险手续费收入将逐步恢复正增长。但目前除银行代销渠道外，还有基金公司直销、券商渠道及其他财富管理机构等销售渠道，对银行代销规模有一定程度挤压。为了减少不利因素的影响，商业银行正加强金融科技运用，促进银行保险创新发展，实现线上线下融合；深化银行业和保险业的合作，为下一步银行保险的发展提供根本支撑；进一步发挥行业平台作用，助力银行保险转型升级。此外，银行在基金代销领域的优势也仍旧非常突出，银行代销基金绝对量比较稳定。银行代理信托类产品销售额也保持稳定增长。综合来看，预计2018年，代理类业务手续费收入将逐步恢复正增长。

第十章

新型中间业务发展缓中规范

新型中间业务①在过去几年间业务总体保持平稳较快发展。近年来在去杠杆、去泡沫、去通道、防止脱实向虚和整治违规乱象的背景下，商业银行新型中间业务发展面临较大的挑战，新型中间业务收入进入负增长区间。今后一个时期，新型中间业务发展将以规范稳健为主旨，理财业务逐渐回归资产管理本质，投行业务需求增加企稳可期，托管业务增长渠道有待开辟。

一、新型中间业务增长明显放缓

投行、理财托管等新型中间业务的轻资产、轻资本特征契合了商业银行的转型方向，已逐渐培育成为商业银行中间业务增长的着力点和驱动力，在过去几年间新型中间业务总体保持平稳较快发展。近年来在去杠杆、去泡沫、去通道、防止脱实向虚和整治违规乱象的背景下，监管部门加大了对商业银行同业业务和理财业务的管控，加之市场环境的变化，商业银行新型中间业务发展面临较大的挑战。

1. 新型中间业务收入现负增长

2017 年，商业银行在主动降费让利的同时，受税收政策、行业监管政策趋严、债券和资本市场波动、营改增实施等因素影响，投融资顾问、债券发行与承销、资产管理等业务收入相应减少，新型中间业务手续费与佣金收入增长表现乏力，进入负增长区间。

2017 年，14 家主要上市银行共实现新型中间业务收入 2828.87 亿元，同比减少 46 亿元，较 2016 年下降 1.60%。其中，投资银行（咨询顾问）类业务收入从 2016 年的 871.59 亿元减少至 2017 年的 784.59 亿元，下降 9.98%，延续 2016 年的下降态势；托管类业务实现收入 932.90 亿元，同比增长 17.48%，但增幅较 2016 年有所减少；理财类业务转为负增长，收入为 1111.38 亿元，同比减少 8.09%。

2. 业务发展速度出现分化

2017 年，商业银行的新型业务收入增速分化明显。投行业务方面，除极小部分全国性股份制商业银行加大投行业务的机制创新和产品力度，投行业务继续保持稳中有进之外，其余大部分商业银行投行业务收入均较 2016 年有所减少。这一方面是在实体经济

---

① 新型中间包括理财业务类、托管类、投行（咨询与顾问）类业务。其余新型中间业务开展时间较短，且业务占比较小，暂不列入本章统计范围。

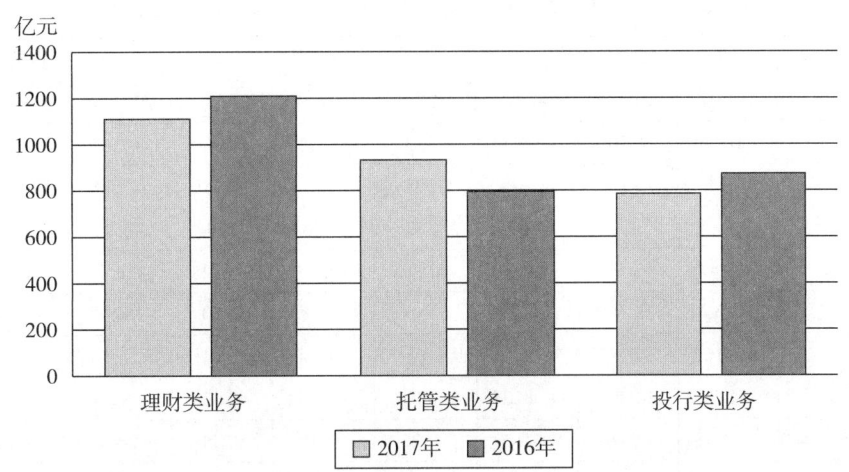

图10-1　14家上市银行新型中间业务发展比较

融资需求疲弱的影响下，客户的发债意愿降低，全市场债券发行规模与承销费率出现双降，导致与融资相关的债券承销、财务顾问等投行类收入继续下降。据统计，2017年商业银行债券承销规模为74218.85亿元，比2016年全年承销规模减少24.3%，银行债券承销规模明显下降。

托管业务方面，作为一项无资本消耗、中间业务收入持续稳定、综合派生效益高的新兴业务，此前在新型中间业务中发展相对较快。且托管业务的收入主要依靠规模经济效应，大中型商业银行相对更具有优势。然而，在资管行业监管趋严的形势下，受托理财规模减少，市场竞争日趋加剧下，商业银行阶段性调降费率，从而导致托管及其他受托业务佣金收入虽然整体规模仍保持稳定，但收入增幅相比2016年减少约3个百分点。

理财业务规模和占比同步收缩。披露理财收入的4家全国性股份制商业银行，2017年理财收入同比减少23.37%，增速变动幅度达38.55%。理财业务收入减少的原因，一方面在于银行理财市场的同业竞争较为激烈，银行调降销售管理费率提高支付收益率留住客户。更重要的是，受到MPA考核和监管严查同业、理财、表外等业务影响，投资理财产品需要穿透到底层资产，按照基础资产进行资本计提，同时其资金不得流向"两高一剩"和房地产行业，原有资产流转模式受限，对底层资产为非标资产的理财产品形成较大的挑战。2017年，商业银行持续推进产品净值化转型，严控理财投资非标债权资产比例，在压降金融杠杆的政策导向下控制理财规模增长。据统计，截至2017年末，全国银行业理财产品存续余额为29.54万亿元，较年初增加0.49万亿元，同比增长1.69%，增速同比下降21.94个百分点。商业银行理财规模增速放缓直接影响了理财业务手续费收入的增长。

表 10 -1　14 家主要上市商业银行新型中间业务增速及其变动　　　单位：%

项目 银行	理财类			托管类			投行类		
	2017 年	2016 年	增速变动	2017 年	2016 年	增速变动	2017 年	2016 年	增速变动
工商银行	-10.74	7.10	-17.84	-2.35	24.33	-26.68	-7.33	-6.60	-0.74
农业银行	—	—	—	7.98	9.17	-1.19	-7.18	1.27	-8.46
中国银行	—	—	—	3.83	-7.61	11.44	-1.51	-0.97	-0.54
建设银行	-2.42	42.06	-44.48	6.11	12.39	-6.28	-12.86	-16.75	3.89
交通银行	19.56	28.93	-9.36			0.00	-14.85	-28.99	14.14
邮储银行	10.16	-8.54	18.70	1.04	-4.30	5.34	—	—	—
大行平均	-4.02	14.82	-18.84	3.56	10.95	-7.38	-8.54	-9.85	1.31
中信银行	-22.18	22.49	-44.67	24.75	15.17	9.58	-26.24	-17.14	-9.10
光大银行	-54.50	3.02	-57.52	4.28	-7.24	11.52	11.23	-4.63	15.86
招商银行	—	—	—	-2.44	25.28	-27.72	—	—	—
浦发银行	—	—	—	249.57	92.83	156.74	-5.17	15.06	-20.23
民生银行	—	—	—	-13.18	27.73	-40.91	-33.23	-78.27	45.04
华夏银行	19.54	7.53	12.01	8.88	-14.59	23.46	—	—	—
平安银行	-28.67	39.50	-68.17	—	—	—	-32.90	-24.51	-8.39
兴业银行	—	—	—	-6.49	0.67	-7.16	-5.43	15.11	-20.54
股份制商业银行平均	-23.37	15.17	-38.55	24.08	25.58	-1.50	-12.62	-6.94	-5.68
全体行平均	-8.09	14.89	-22.98	17.48	20.47	-2.99	-9.98	-8.85	-1.14

数据来源：根据中国银行业发展报告课题组根据各行定期报告整理。

3. 业务收入贡献有所下降

2017 年，14 家主要上市银行新型中间业务收入平均占中间业务收入比重为 31.38%，较 2016 年减少 1.3 个百分点。其中，托管业务收入占比从 2016 年的 9.03% 上升至 2017 年的 10.35%，是新型业务中唯一占比上升的业务；投行（咨询顾问）业务收入占比从 2016 年的 9.91% 降至 2017 年的 8.7%；在 8 家披露理财业务收入的上市商业银行中，理财业务收入占中间业务的比重从 2016 年的 13.75% 下降至 2017 年的 12.33%，但其收入占比的绝对值在新型中间业务中仍位居首位。

表 10 -2　14 家主要上市银行新型中间业务占比及其变动　　　单位：%

项目 银行	理财类			托管类			投行类		
	2017 年	2016 年	占比变动	2017 年	2016 年	占比变动	2017 年	2016 年	占比变动
工商银行	32.67	35.25	-2.59	4.24	4.18	0.06	14.61	15.19	-0.58
农业银行	—	—	—	3.95	3.09	0.86	9.80	8.93	0.87
中国银行	—	—	—	3.50	3.46	0.04	5.57	5.80	-0.23
建设银行	15.26	16.06	-0.80	9.03	8.74	0.29	7.54	8.89	-1.35

项目 银行	理财类			托管类			投行类		
	2017 年	2016 年	占比变动	2017 年	2016 年	占比变动	2017 年	2016 年	占比变动
交通银行	33.93	31.35	2.58	—	—	—	10.25	13.30	-3.05
邮储银行	20.50	20.89	-0.39	4.10	4.55	-0.45	—	—	—
大行平均	16.86	17.28	-0.42	4.86	4.62	0.24	9.49	10.21	-0.72
中信银行	10.71	15.68	-4.97	6.19	5.66	0.54	8.24	12.74	-4.49
光大银行	10.30	24.96	-14.67	5.10	5.39	-0.30	4.86	4.82	0.04
招商银行	—	—	—	32.60	35.39	-2.79			
浦发银行	—	—	—	41.46	13.93	27.53	6.93	8.59	-1.65
民生银行	—	—	—	24.20	26.79	-2.59	0.76	1.10	-0.33
华夏银行	34.14	36.22	-2.08	4.74	5.52	-0.78			
平安银行	9.98	15.97	-5.99	—	—	—	7.44	12.66	-5.21
兴业银行	—	—	—	9.67	11.23	-1.57	34.30	39.41	-5.10
股份行平均	5.45	7.78	-2.33	18.69	16.48	2.21	7.51	9.41	-1.89
全体行平均	12.33	13.75	-1.42	10.35	9.03	1.32	8.70	9.91	-1.21

数据来源：根据中国银行业发展报告课题组根据各行定期报告整理。

比较各商业银行新型业务收入占中间业务比重发现：在 11 家披露投行（咨询顾问）业务收入的上市银行中，只有 2 家商业银行的该项业务收入占比小幅上升，其余各商业银行收入占比均呈现不同程度下降，但下降幅度普遍不大；理财业务方面，2017 年理财业务成为重点监管规范领域，业务发展势头减弱，公布数据的 8 家银行收入占比均有下降，降幅最大的一家商业银行该项业务收入占比减少达到 14.67 个百分点；在托管业务方面，在 12 家披露托管业务收入的上市银行中，有 6 家商业银行的该项业务收入占比下降，占比下降幅度控制在 3 个百分点以内，其余商业银行该项业务收入占比保持稳定。

二、各机构业务发展出现差异

1. 不同类型银行业务发展速度差异明显

全国性股份制商业银行新型业务收入下滑幅度超过大型商业银行。从投行（咨询顾问）业务和理财业务收入增速变动来看，大型商业银行分别为 1.31% 和 -18.84%，而全国性股份制商业银行分别为 -5.68% 和 -38.55%。原因在于，此前全国性股份制商业银行新型中间业务规模扩张较快，在宏观环境和监管新规要求下，受到的影响相对于大型商业银行更大，所以新型中间业务收入增速下滑也更为明显。

2. 不同类型银行细分业务侧重不同

不同类型商业银行对新型中间业务的依赖度不同，大型银行偏重投行业务和理财业务，而全国性股份制商业银行则偏重托管业务。投行和理财业务方面，大型商业银行的收入占中间业务比重分比为 9.49% 和 16.86%，高于全国股份制商业银行的 7.51% 和 5.45%。托管业务方面，全国性股份制商业银行的收入占中间业务收入比重为 18.69%，高于大型商业银行 4.86% 的占比。

3. 不同类型银行的业务发展稳定性不同

总体来看，2017 年 14 家主要上市商业银行的新型中间业务收入的平均规模和占中间业务比重均出现下降。但大型商业银行各类新型中间业务规模和占比的下降幅度均低于股份制商业银行。这表明，大型商业银行对外部环境变化的抵抗能力较强，整体业务发展速度和占比保持相对稳定，全国性股份制商业银行则刚好相反。2017 年大型商业银行投行类和理财类业务收入较 2016 年下降 8.54% 和 4.02%，而全国性股份制商业银行的下降幅度分别达到 12.62% 和 23.37%，业务发展的稳定性还不够。

三、新型中间业务将稳健规范发展

党的十九大以后，中国加快推进高质量发展，推动"中国制造"向"中国创造"转变，"中国速度"向"中国质量"转变，"制造大国"向"制造强国"转变，为商业银行结构调整和转型发展提供广阔的空间。今后一个时期，商业银行仍将保持传统动能改造提升和新动能培育壮大双管齐下，为巩固多源动力、多点支撑的盈利增长格局创造条件。新型中间业务基本属于轻资本业务，几乎不占用风险资本，受风险影响较小，可降低商业银行对高资本消耗业务的依赖，是商业银行向"低资本消耗、可持续增长"转型的重要通道和盈利引擎。

展望 2018 年，"防风险、强合规"将成为金融业经营管理的重点，监管机构将会继续加强对整个金融体系监管的专业性、统一性和穿透性。商业银行新型中间业务也将顺应监管要求和环境变化，预计总体发展将以规范稳健为主旨。其中，理财业务逐渐回归资产管理本质、投行业务需求增加企稳可期、托管业务增长渠道有待开辟。

1. 理财类业务逐渐回归资产管理本质

针对资产管理行业近年来高速增长所暴露出的部分业务发展不规范、多层嵌套和刚性兑付等问题，监管部门基于统一监管原则提出了有针对性的监管措施，方向符合资产管理业务发展规律，举措贴近业务发展实际，将在推动商业银行资产管理业务回归业务本源、规范资产管理业务发展、化解银行资产管理业务风险、引导资产管理业务更好地服务实体经济等方面发挥重大的积极作用。但资管新规细则的发布及落实推进的程度将直接决定理财业务及部分代销业务手续费收缩的压力，未来将对各家银行资产管理业务的转型发展和收入增长带来挑战。一方面，资管新规推动资管业务回归代客理财本源，资管业务面临规模受限、盈利收窄的双重挑战，银行面临非标转标的转型；另一方面，2018 年即将对资管业务征收增值税，加大理财的税收成本，这也在一定程度上压缩理财业务的利润空间。预计 2018 年，理财资管业务在中间业务收入中的占比可能进一步下降，但仍然是重要的中收来源。

2. 投行类业务需求增加企稳可期

投行业务方面，党的十九大为我国新时代确立了新的方向，科技创新、乡村振兴、经济绿色发展、脱贫攻坚、养老保障等方面将是政府政策的重要着力点。今后一个时期，商业银行在科技金融、绿色金融、普惠金融、扶贫项目、PPP 项目、新型资产证券化产品等仍具有相当多的投资银行业务开展机遇。并且在国有企业"去杠杆"背景下，大型客户因产业链条长、业务涉及面广、跨区域跨行业经营，也将在现金管理、资产托管、国际业务、金融市场、并购融资、银行担保等方面产生较大需求。此外，随着企业"走出去"需求日渐强烈，催生相应的财务咨询、并购咨询等业务需求。预计 2018 年商业银行投行业务收入将企稳增长。

3. 托管类业务增长渠道有待开辟

资产托管作为"资本节约型"业务，能够为银行带来稳定的中间业务收入和沉淀存款。资产托管是商业银行涉及领域最广、专业化和综合化经营特征最为明显的中间业务之一，能够带来多方客户资源，成为银行与各金融子行业开展交流与合作的有效平台。近年来托管资产规模的增长也伴随着托管品种逐渐多样化。托管的产品从最初的公募基金逐步拓展到银行理财产品、社保基金、QDII、QFII、保险资产、信托资产、企业年金、ABS、集合资产管理计划、专项资产管理计划、私募股权基金托管等。托管业务不仅面临业务种类的扩充，托管提供商也逐渐扩充了其他非银机构，托管费率面临更激烈的竞争，商业银行选择错位经营、探索差异化竞争道路显得尤为必要。面对竞争，商业银行正加快养老金、资产证券化、产业基金、基金外包等托管产品的研发推广，做好产品和服务对接，积极推动资产托管业务向综合化、多元化发展。此外，资产托管属于技术密集型行业，商业银行纷纷加大科技投入，特别是大数据、云计算、区块链、人工智能等高新技术的应用，建设集信息交互、业务处理、板块间关联支撑、增值服务等一体的综合托管平台。未来金融安全需要托管行业保驾护航，信用体系建设需要托管制度添砖加瓦，资本市场快速发展需要托管服务支持，资管行业迅速发展、银行业持续转型、金融创新层出不穷、跨境资本流动日益频繁，这些都催生了多元化的资产托管需求。预计 2018 年，商业银行托管类业务将回到正增长区间内。

专栏 10 - 1 强监管下中间业务机遇和挑战并存

近年来，在内外部压力的驱动之下，我国商业银行的中间业务增长势头迅猛，尤其是新型中间业务的发展给商业银行带来了较为可观的收益。发展中间业务是推进商业银行转型升级的重要途径，是提升金融服务的重要手段，也是整合资源优势的重要纽带，进而更好地满足客户多样化的金融服务需求。然而，伴随着商业银行各类中间业务规模的发展，其带来的市场风险、信用风险等不确定因素亦在不断提高，政府和监管部门对商业银行中间业务的规范和监管持续加强。比如，监管部门从流动性角度，考虑了商业银行部分新型中间业务对银行所可能造成的流动性风险，并重点关注部分业务存在期限错配的问题；从统计端口入手，对商业银行部分中间业务相关状况统计更加明确清晰，这也对银行中间业务进行了比较详细和完整的分类；从风险控制、银行考核入手，对商业银行的中间业务有了较为明确的规范，限制了商业银行部分中间业务的资金流向，一定程度上起到了规范的作用。

监管部门陆续发布、修订了多项针对中间业务的规定，意在遏制部分中间业务的过度扩张并控制业务风险以免对商业银行乃至金融行业造成巨大的冲击。因此，商业银行需要在新监管形势下探索中间业务发展可能出现的新变化和新趋势，积极抓牢发展的机遇，直面各项挑战。

一是主动建设品牌，制定符合自身特点的中间业务发展方式。强监管背景下商业银行中间业务的发展需要把规范经营放在首位，在此前提下突出自身的品牌效应。强化品牌建设一方面能够帮助商业银行资金的融通和进行市场拓展，另一方面也有利于商业银行稳定经营。管理推动品牌建设，对于大型商业银行来说内部管理结构更优，在创新方面占据一定优势；股份制商业银行应把握机会，在管理创新上做出特色，利用管理创新创造出更多的利润；城市商业银行及其他金融机构则可以用产品来占取先机，研发质量高、风险小的产品，将产品创新与品牌开发同步进行。在产品创新过程中，需要注意到以下几点：第一，创新走向要紧跟实体经济；第二，产品的研发需要多个部门紧密合作，要有政策研究部门作为基础，研发出产品以后还需要审核部门进行严密的审核，经过营销部门进行包装和策划之后方能问世；第三，银行研发出的产品必须脱离现在产品同质化的情况，争取做到较低的可复制性。

二是调整业务结构，发展重点向高附加值业务转移。在强监管以及客户需求不断多样化的双重背景下，各商业银行需主动调整业务结构，加快中间业务转型和创新，抢抓发展机遇。随着中间业务市场的不断细分，精细化服务逐渐填补市场缝隙，价格战最终将转向价值战。随着行业竞争的加剧和发展的日趋成熟，中间业务的发展重点将从账户管理、支付结算等传统业务向高附加值业务转移。基础性业务是体现商业银行服务能力必不可少的组成部分，但其盈利性价值将逐渐被高附加值业务超越，高附加值型业务将成为中间业务重要的盈利来源。

三是充分运用金融科技，着力推进中间业务的深层次开发。随着监管措施的不断加强，相关衍生类中间业务规模扩大速度将得到遏制，商业银行需着力推进既有中间业务的深层次开发。各商业银行可以致力于中间业务大数据的挖掘，充分运用大数据这一项技术对中间业务数据的价值进行更深层次的开发，实现更加精确的营销和个性化服务，推进中间业务顺利进入大数据云时代。一方面，在线上经营理财产品、投融资服务；另一方面，在客户端添加旅游、票务、金融专业设备购买服务，满足客户所有的服务需求，以此吸引更多的客户，形成360度的金融生态体系，增强核心竞争力。

四是重点发展中间业务相关的移动金融，提供全天候服务。移动设备已经充分融入我们的生活中，大部分人已经习惯使用手机进行日常金融活动，在强监管背景下抢抓中间业务相关的移动金融业务应是商业银行的未来发力点之一。移动客户端不但可以弥补传统金融机构营业时间的限制，形成24小时在线服务，而且不受地域限制，全球范围内都可以进行业务办理。实现全线上、自动化、智能化的过程设计，为客户提供快速、准确、安全的会计、估算、结算等服务，提高各环节的自动化率。与此同时，移动金融不但为客户提供基金、证券等投融资业务，还为客户提供生活及信息服务。

强监管背景下发展中间业务也具有一定的挑战。

一是完善内部控制机制和防范金融风险任务仍旧艰巨。随着中间业务规模的进一步发展，监管部门的各项规定对商业银行的内部控制以及风险防范提出了更高的要求，为了中间业务能够健康稳定的发展，必须提高风险控制能力。商业银行要将风险防范纳入日常的工作范围，构建科学完善的内部控制机制，由于中间业务有着技术复杂，风险隐蔽性强等特点，各商业银行还需尽力避免出现管理盲区等问题；针对各个方面的风险做好相对应的人力和资源上的准备，以防止发生风险给银行带来损失，制定相应的风险管理措施，将风险控制在最小范围内。

二是专业化人才队伍的建设具有现实紧迫性。目前从事商业银行中间业务的从业人员诸多，然而拥有专业技能的高级人才却相对匮乏，这从一定程度上影响了中间业务的发展。只有中间业务人才的不断积累，才能促进其业务的持续壮大。尤其是投资银行、私人银行、财富管理等中间业务对高级专业技能的精英需求更为明显。当然，发展中间业务不仅是要有丰富的金融知识人才，也要有掌握电脑、财务、法律和企业经营等多方位的全能型人才。因此，一方面，各商业银行应形成系统、长效的员工栽培措施，建立完善的培训机构来提升银行从业人员的能力，不断促进新知识的积累，保障员工与当前社会发展方向不脱轨，实现理论与具体实践的有效结合；另一方面，制定公正合理的激励考核措施，积极发挥员工的工作热情和创造力，防止优秀人才的流失。

三是中间业务发展地位亟待提升。我国商业银行长期以来都以存贷业务作为发展的重心，收入的主要来源也是依靠存贷利差，因此发展中间业务的过程中经营理念的转变是一项重要挑战。从中长期来看，中间业务可以成为商业银行获取显著利润的一种有效途径，不仅可以使商业银行实现收益的突破，同时也可以让商业银行在市场竞争中取得优势地位。各商业银行应当加强对中间业务的管理和运营力度，在经营上给予中间业务和传统存贷款业务一样的重视程度。使中间业务和传统业务相辅相成，互相带动，巩固发展。

五、风险管理篇

　　2017 年，面对复杂多变的经济环境和日趋激烈的市场竞争，商业银行严守风险底线，扎实推进信贷结构调整，提高信贷基础管理水平，完善长效机制建设，丰富信用管理工具，加大信用风险化解力度，信贷资产质量稳中向好。与此同时，"去杠杆"、严监管对市场流动性影响有所增加，超储率水平较低，资金面受各种因素扰动较大，商业银行市场风险和流动性风险压力较大，但总体依旧可控。2018 年，随着宏观环境趋于稳定和经济结构调整效果继续显现，商业银行潜在信用风险释放压力减缓，虽然局部领域潜在的风险可能会产生一定负面影响，但商业银行信贷资产质量有望继续保持稳中向好的趋势。然而，金融市场不确定性依旧很大，商业银行市场和流动性风险管理将面临新的挑战。

第十一章
信用风险依然面临挑战

2017 年，商业银行积极贯彻落实国家宏观调控政策，完善信用风险管理体系建设，持续优化信贷结构，加强重点领域风险防控，及时化解各类风险隐患，拓宽不良贷款清收处置渠道，促进资产质量稳中向好。2018 年，国内外经济金融形势依然复杂多变，银行业信用风险管理仍将面临诸多挑战，但商业银行信贷资产质量有望继续保持稳中向好的趋势。

一、总体风险状况稳中向好

2017 年，银行业不良贷款余额上升势头减弱，不良贷款率企稳。总体来看，我国商业银行不良贷款水平与国际同业相比仍处于相对低位，风险抵补能力较强，且资产质量情况与我国经济追求高质量发展的宏观目标相匹配，总体稳中向好。

1. 信贷资产质量稳步改善

中国经济由高速增长向高质量转变，结构性改革深化，产业转型加速，叠加金融监管趋严，货币政策收紧，部分行业和企业资金链紧张，偿债能力下降，导致银行业资产质量管控承压。但银行转型发展成效逐渐显现，风控意识进一步增强，加之不良资产证券化、市场化债转股、不良资产收益权转让、地方资产管理公司扩容等不良资产处置渠道的拓宽，商业银行对信用风险的消化能力有所增强，这些因素共同促使银行资产质量稳中向好。2017 年末，商业银行（法人口径，下同）不良贷款余额 17057 亿元，较 2016 年末增加 1935 亿元；不良贷款率 1.74%，与 2016 年末持平。

表 11－1　2017 年商业银行主要监管指标情况　　　　单位：亿元

类别	2016－12	2017－3	2017－6	2017－9	2017－12
贷款损失准备	26676	28236	28983	30133	30944
拨备覆盖率	176.40%	178.76%	177.18%	180.39%	181.42%
资本充足率	13.28%	13.26%	13.16%	13.32%	13.65%
一级资本充足率	11.25%	11.28%	11.12%	11.19%	11.35%

数据来源：中国银保监会。

2. 2017 年不良贷款率企稳

自 2011 年以来，中国银行业不良贷款余额和不良率"双升"的态势已持续五年，2017 年不良贷款率上升的趋势得到有效遏制，2017 年末商业银行不良贷款率为 1.74%，与 2016 年末持平。不良贷款率的企稳与中国经济的回暖关系密切。2017 年，GDP 同比增长 6.9%，实现七年来首次回升，实体经济稳中向好，企业盈利能力逐步好转，尤其是汽车、钢铁等基础行业的逐步回暖是银行资产质量得以好转的前提。商业银行在逐步"脱虚向实"、有效服务实体经济的同时，自身加大了坏账核销力度，运用不良资产证券化、"债转股"等创新方式处置不良资产，保证了不良率的平稳态势。

3. 风险抵补能力进一步增强

2017 年末，商业银行（不含外国银行分行）加权平均核心一级资本充足率为 10.75%，加权平均一级资本充足率为 11.35%，加权平均资本充足率为 13.65%，资本较为充足。2017 年商业银行对信用风险计提减值准备同样较为充足。2017 年末商业银行贷款损失准备余额为 30944 亿元，较 2016 年末增加 4268 亿元；拨备覆盖率为 181.42%，较 2016 年末上升 5.02 个百分点；贷款拨备率为 3.16%，较 2016 年末上升 0.08 个百分点。除核心一级资本充足率保持不变外，其他各项指标均不同程度提升，行业整体风险抵补能力进一步增强。

二、信用风险防控能力持续增强

2017 年，面对复杂多变的经营环境和依然严峻的风险形势，银行业不断完善信用风险管理组织架构，健全信用风险政策制度体系，加强信贷基础管理，调整优化信贷结构，提升风险管理的主动性与前瞻性，加大信用风险防控和化解力度，整体贷款质量保持稳定。

1. 积极推进信贷结构调整

2017 年，商业银行积极跟进经济转型升级，大力支持实体经济发展，优化信贷资源配置，推进信贷结构优化调整。紧紧围绕供给侧结构性改革和国家重大发展战略，加大重点领域、重点区域、民生领域和薄弱环节信贷投放力度，重点支持"稳增长、惠民生"项目、消费金融、普惠金融、先进制造业和现代服务业发展，坚决压降过剩产能和高风险行业用信额度，加大个人贷款投放力度，稳定信贷资产质量，大力推进绿色信贷战略实施，促进信贷业务可持续发展。

2. 持续加强信贷政策制度体系建设

2018 年以来，银行业持续完善统一授信、并表授信管理制度，严格把控客户融资风险总量。根据市场形势变化和新的风险特征修订信贷产品制度办法，加强并购类投融资、项目贷款等产品的风险控制。进一步规范押品管理制度，优化完善抵质押操作流程，强化押品风险缓释能力。完善评级、调查、审查、审批制度流程，推进信贷业务流程整合。加强关键环节风险管控，强化贷前尽职调查环节的风险识别和防范能力，提升放款审核效率和质量，完善贷后决策机制。优化考评督导体系，加大监督检查力度，强化贷后检查监督。

3. 持续完善类信贷业务管理体系

结合监管新规，商业银行持续加强类信贷业务管理，将类信贷业务管理纳入统一的信用风险管理体系。严格类信贷业务和信贷业务准入的统一管理，规范类信贷业务授权、分类、授信、审批、投后管理、风险监控、责任认定管理，避免客户在信贷业务和类信贷业务之间制度套利，加强投前准入和投后监测管理，进一步加强履约保障。对类信贷业务按照风险穿透管理原则，透过交易结构设计，分析资金流向，追溯最终债务人，加强对最终债务人的管理，高度重视和防范不同市场的风险交叉传染。

4. 依法合规开展地方政府信用业务

在国家严控政府债务的背景下，银行业严格执行国家政策和监管规定，积极对地方政府信用业务展开清理，区分风险程度分类施策，积极化解风险，依法、合规开展政府信用类业务。对不完全符合国家政策的存量项目，积极与地方政府沟通，督促客户整改合规，采取提前收贷、变更项目运作模式以及增加担保、补充还贷来源等增信措施，特别是对层级低、实力弱、债务率高的区域和客户，多策并举、制定预案，前瞻性、主动性化解风险。

5. 稳步推进产能过剩行业有序退出

商业银行持续保持结构调整的战略定力，对煤炭、煤电等产能严重过剩行业，进一步严格限额管控，控制风险敞口。在坚决压降行业整体用信的基础上，积极支持行业龙头企业兼并重组、技术改造、扩大优质增量供给，对有市场、有竞争力的优质骨干企业，积极满足企业合理资金需求。坚决退出资产负债率高、经营持续亏损、产能利用率低的企业，积极稳妥退出相关贷款。加强常态化风险排查和定期信用监测，高度关注污染防治任务升级对企业的影响，提前识别预警风险，及时采取应对措施。

6. 加强房地产风险管控分类指导

2017年以来，商业银行全面贯彻落实中央"房子是用来住的，不是用来炒的"的定位，不断加强房地产风险管控。调整优化房地产区域分类管理要求，在信贷授权、项目准入、业务办理条件上加大按区域、客户、产品实施差异化管理的力度，积极支持重点区域、优质客户、租赁住房等优质项目融资需求，审慎介入库存消化周期较长的三四线城市新增住房开发融资，从严控制商业用房开发融资。严格执行房企资质审查、项目合法性、最低资本金比例、资本金真实性审查等监管规定，严禁违规发放或挪用信贷资金进入房地产领域。强化贷后管理和资金监管，关注大型房企多元投资、过度融资、集团组织架构过于复杂、内部担保占比过高等风险特征，加强对集团内部关联交易的跟踪监测。

7. 切实抓好国企"去杠杆"风险防控工作

严格管住增量风险，对以产业基金、市场化债转股等方式介入支持国企"去杠杆"

的项目，严格准入标准，严控负债率。真实反映存量风险，对已实施"去杠杆"的客户，认真分析"去杠杆"各项措施的交易结构和实际性质，对于"名股实债"等实际并未减少企业杠杆率甚至增加杠杆率的情况，在信贷决策中准确评估、真实反映企业负债水平，审慎决策。对不同类型的客户采取差异化的"去杠杆"策略，强化客户分类管理，坚持审慎授信策略，分类施策强化用信管理。妥善处理"僵尸企业"债务问题，进一步防范化解"僵尸企业"金融风险，减少无效资金占用，提高金融资源配置效率。

8. 加强集团客户风险管控

加强大额集团客户管理，增强贷款集中度管理，控制融资同业占比，对风险程度较高行业客户，特别是产能严重过剩行业和高风险行业，市场份额占比控制在合理水平，对比重过高的逐步压缩。优化集团成员授信结构，授信主体向集团主业及核心成员集中，严控非主业、低层级成员的增量授信，优化用信的产品结构和期限结构，着力提高有效担保占比，增强风险缓释的可靠性。抓好隐性集团客户治理，严查隐性集团客户，严格执行集团客户实际控制人追溯要求，真实、全面、准确地掌握集团客户信用风险。

9. 不断丰富信用管理工具

引入互联网、大数据、人工智能等新技术手段，实施金融科技与风险管理体系的深度融合，实施产品创新、流程再造、智能风控，逐步实现业务办理自动化、决策支持智能化、风险识别控制精准化。推进基于大数据应用的信用风险智能监控体系建设，完善风险预警监控系统功能，丰富预警指标，优化预警模型，实现对客户风险的全方位、多角度、不间断监控，进一步提升风险识别和预警的自动化和智能化水平。提炼重点行业、区域、业务及新兴领域的风险特征，总结风险演变规律，构建风险分析模型，实现大数据应用在信用监控中取得新突破。

10. 持续做好不良资产清收处置

加大不良贷款清收处置力度，在坚持自主清收、加快核销的基础上，积极拓宽处置渠道，开展不良贷款批量转让，推进不良资产证券化和市场化债转股。调整优化不良资产经营架构，明确不良资产经营策略，分级分类制定经营目标，强化对重点区域、重点客户把控。以回收价值最大化为目标，推进精细化管理，提升批量转让成交率和回收率，已核销资产现金回收显著提高。

三、商业银行信用风险依然不容忽视

2018年，中国经济转入高质量发展阶段，将为商业银行改革发展带来难得的市场机遇。随着宏观环境逐步企稳以及经济结构调整效果进一步显现，2018年，商业银行资产质量有望继续保持企稳态势。但当前国内外经济社会发展还面临较多矛盾，部分领域的潜在风险仍不容忽视。

1. 经济金融领域结构性矛盾依然存在

中央政治局在研究部署 2018 年经济工作时指出，要推动经济增长从高速度向高质量转变。短期内，经济工作仍将以深化供给侧结构性改革中的"降杠杆"、"去产能"、"调结构"为主。未来随着降杠杆的逐步推进和新一轮"僵尸企业"处置工作的启动，部分潜在风险将逐步暴露。同时，当前经济仍处于新旧动能转换阶段，部分传统行业将面临更加严峻的内外部发展环境，新动能的替代效应尚未完全体现，商业银行信贷结构调整、新增贷款投向选择及信贷资产存量风险管控仍面临一定压力。

2. 下游行业盈利能力下滑蕴含潜在风险

随着供给侧结构性改革的深入推进，上游行业供需状况改善，价格有所回升。然而从当前 CPI 的运行情况看，虽然非食品行业价格也有所上扬，但上游产品价格的上涨并未有效地向下游传导。未来一段时间内，PPI 的回落有望使这一状况得到一定改善，但 CPI 涨幅低于 PPI 的现象仍有可能持续，下游企业盈利水平也会继续受到一定的负面影响。此外，在未来稳健中性的货币政策环境下，货币市场利率抬升可能对贷款利率产生影响，导致企业融资成本上升，进一步压缩企业利润空间。在下游行业利润水平相对有限，尤其是部分中小型企业抗风险能力相对较弱的情况下，盈利能力进一步下滑可能会增加这些企业经营的不确定性，对商业银行资产质量形成压力。

3. 房地产行业信用风险需加以关注

2017 年以来，监管部门对房地产的调控不断加码，随着房地产市场步入调整期，行业政策持续收紧，房地产市场销售步入下行通道，部分企业资金回笼速度开始减慢。同时，房企在国内的融资也受到了较为严格的限制，增量资金的来源受到较大影响。习近平总书记在党的十九大报告中指出"坚持房子是用来住的、不是用来炒的定位"，预计未来热点城市限购、限贷、限价等政策短期内不会放松，短期内市场景气程度改观的余地不大，2018 年房地产企业资金链压力加大，潜在风险有所上升。

4. 部分区域资产质量运行态势仍不明朗

在商业银行不良贷款整体向好的同时，全国不良贷款区域呈现不均衡状态，不良贷款增速呈现出东南沿海地区低，东北和西部内陆地区高的态势。从不良贷款率变动情况来看，浙江、江苏等东部地区信用风险前期暴露相对充分，经过一段时间调整，目前不良贷款率已经开始明显下降。而在经济基础较为薄弱、落后产能相对较多、国企改革难度较大的东北地区信用风险释放仍将持续，不良贷款率上升压力较大。同时受到煤炭等资源型产品价格波动影响，对自然资源依赖度较高的西部地区而言，资产质量运行态势仍不明朗。

5. 企业过度融资问题有所显现

伴随我国多层次金融市场的发展，各类企业呈集团化发展趋势，企业融资渠道、融资方式日益多元化，商业银行对企业过度融资的把控面临一定压力。为企业提供融资的机构涵盖银行、信托、保险、基金、小贷公司、资管公司等众多金融和非金融机构，企业融资总量难以摸清底数。随着企业集团化发展，集团内企业股权关系复杂，集团各层级融资主体偿债能力差异较大，关联增信带来的或有负债难以评估，企业关联关系难以梳理清晰。商业银行资金支持的部分股权投资业务、债转股业务，在交易结构中会增加股东回购、收益承诺等安排，表面上增加了企业股本规模，降低了财务杠杆，但本质是财务杠杆转移，反而增加企业隐性债务。一旦企业资金链发生断裂，很容易形成连锁反应，导致信用风险扩大和蔓延。

6. 市场风险与信用风险可能产生的交叉传染加大风控压力

伴随我国直接融资市场的发展，股票、债券、期货、外汇等金融资产的价格波动，对企业日常经营活动与现金管理的影响日益显著，各类金融市场风险逐渐成为企业偿债风险的重要诱发因素，多层次金融市场关联性导致信用风险的诱发因素多元化。如债券发行失败导致再融资断档、股票市场波动导致押品价值缩水、期货爆仓导致套保失败、汇率波动导致资金成本飙升等，都会直接或间接导致企业发生信用风险。在综合化经营背景下，商业银行经营范围及管理架构日趋复杂，针对同一客户的融资需求，可能涉及银行内部多个业务条线，和多个境内外分行、子公司，各种投资及融资产品风险特征不完全相同，信用风险与市场风险相互交织，管理难度有所上升。

第十二章

市场与流动性风险总体可控

　　2017 年，去杠杆、严监管对市场流动性影响较大，金融机构超储率水平较低，资金面受各种因素扰动明显，商业银行市场风险和流动性风险压力上升，但总体较为可控。2018 年及未来一个时期，国内外宏观经济环境和金融市场不确定性依旧较大，商业银行仍面临一定压力；但利率市场化的逐步推进和央行货币政策弹性加大，在一定程度上有助于降低商业银行流动性风险。

一、2017 年市场和流动性风险总体可控

1. 利率和汇率波动风险上升，但总体可控

　　2017 年资金面最为显著的特征是波动加大。如图 12－1 所示，DR007 和 R007 在 2017 年整体中枢抬升，且波动加大。出于对严监管去杠杆的配合，监管部门在 2016 年 8 月开始逐步抬高货币市场利率，进而推高商业银行负债成本，以切断滚隔夜加杠杆的产品链条，并后续通过一系列包括"三三四"检查等政策，压缩资金空转，银行体系中流动性明显收紧。

　　资金利率特别是非银机构融资利率波动性显著增强，机构对流动性容易出现一致预期。资金利率波动率加大导致机构加杠杆难度增加，市场波动加剧倒逼部分机构收缩头寸直至主动退出市场。资金和资产收益率波动率双双上升，有可能导致流动性压力最为突出的机构出现风险事件，或者主动退出市场。

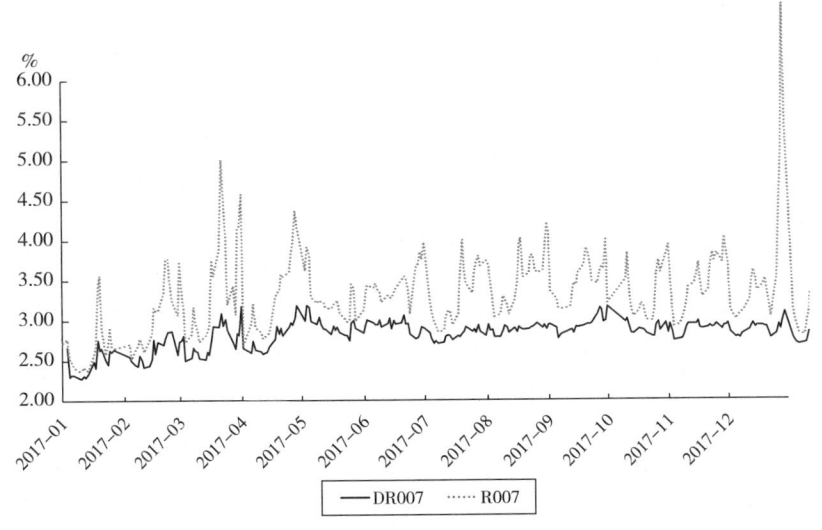

数据来源：Wind。

图 12－1　近期 DR007 和 R007 变动

在"不松不紧"的主旨下，央行"削峰填谷"操作的娴熟度与准确度越来越高：从 DR007 的运行区间看，央行保持 DR007 在 2.8% ~ 3.0% 区间运行，当 DR007 低于 2.8% 时，央行明显加大资金回笼力度，DR007 位于 3% 附近时则加大投放力度。在稳 DR007 的同时，央行对 R007 采取放任的态度，部分非银机构依旧能感受到资金面的波动情况，但商业银行受到的影响相对可控。

2016 年 11 月底，人民币跌破 6.90，在市场预计要跌破 7 的时候政府出台一系列规范企业海外并购的条文，同时对个人用汇加强了统计申报管理，加之引入逆周期调节因子，这些政策的出台促使了人民币回升。从 2017 年 5 月开始，人民币持续升值，一举突破 6.60 和 6.50 的关口，人民币汇率中间价大幅上调，最高升到了 6.43。随着央行在 9 月 11 日取消外汇风险准备金，人民币再次跌回 6.50，并且从 10 月到 2017 年底在 6.50 和 6.70 之间震荡，人民币汇率波动率变大，双向波动的特征明显增强（见图 12 - 2）。

汇率风险主要源自外汇敞口遭受汇率波动风险，如外汇资产和负债之间的币种结构不平衡以及自营及代客外汇交易的交易性风险等。2017 年，尤其是 9 月以来，人民币汇率波动震荡，使得部分外币净负债敞口的商业银行出现汇总损失。但总体来看，我国商业银行在外币资产负债方面呈净资产敞口，而且相对于庞大的总资产，商业银行外币资产占比较小，因此，汇率波动整体影响较为有限。汇率波动加大，无论是银行还是企业规避汇率风险和对冲需求均增加，银行外汇交易业务收入增加，但相应的交易业务风险也有所上升。

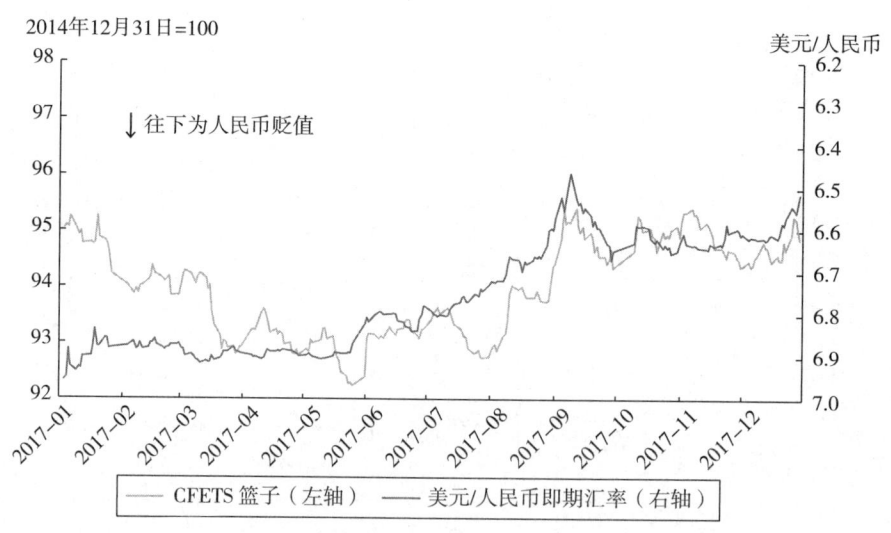

数据来源：Wind。

图 12 - 2　人民币汇率随时间变化走势

2. 金融机构之间摩擦加大，非银机构承压

2017 年市场和流动性的另一个明显的特征是金融机构间的交易摩擦加剧。具体体现为流动性分层更为显著，大行—中小行—非银机构融资成本差异拉大。从 R 系列利率和 DR 系列利率价差看，每逢季末月中小银行和非银机构融资面临"融资贵"的问题。不仅是价，从资金融入量来看，相比去年同期非银机构资金融入量出现明显萎缩。这意味着，一方面，中小银行和非银等机构要承受更高的融资成本；另一方面，流动性压力持续存在。

市场摩擦的加剧事实上形成了流动性结构性短缺的格局，这种格局的形成一方面来自于央行精准的流动性投放操作，另一方面来自于市场机构的自发行为。从央行角度看，政策目标是保证市场流动性基本稳定而非所有机构流动性充裕，这是市场摩擦形成的第一层原因。从市场角度看，由于不同机构在流动性相对短缺环境下风险水平出现分化，资金融出意愿的下降是市场摩擦形成的第二层原因。

较为典型的案例是 2017 年 12 月非银机构的流动性紧张。虽然央行投放、财政存款投放以及银行存款增长均有助于市场流动性改善，但银行类机构资金融出意愿大幅下降，非银机构头寸难平成为阶段性常态。这意味着，今后对流动性分析，一方面要看名义供给量，另一方面更需要关注机构的资金融出意愿；两者结合才是各类机构真正可得的资金供给。

3. 商业银行流动性水平整体稳健

虽然 2017 年资金利率波动有所加大，但央行实施稳健的货币政策，通过多种机制和工具保持银行体系流动性合理充裕，商业银行流动性水平整体稳健。2017 年第一季度至第四季度，商业银行流动性比例分别为 48.74%、49.52%、49.17% 和 50.03%，整体较 2016 年有所提高。人民币超额备付金率分别为 1.65%、1.65%、1.42% 和 2.02%，整体水平下降，但仍保持平稳。央行在《2017 年第二季度货币政策执行报告》中就指出，要客观认识最近几个月 M_2 处于低位以及超储率的趋势性下滑的现象，这与支付体系现代化和金融市场的发展有关。

4. 市场与流动性风险管理能力稳步提升

2017 年以来，市场利率有所上升，流动性趋紧，商业银行流动管理压力有所增加。而随着利率汇率市场化程度的进一步提高，金融市场利率水平及其结构变动加大，商业银行面临的市场风险有所加大。商业银行紧跟政策和市场变化，持续提高前瞻性研判，积极应对市场和流动性风险加大的挑战。

商业银行合理管控市场风险。一是进一步完善市场风险管理体系，优化市场风险管理策略、政策和流程。二是根据市场形势动态调整贷款定价策略，提高精细化定价水平，持续加强对宏观经济金融形势和利率走势的研判，前瞻性调整再定价周期策略。三

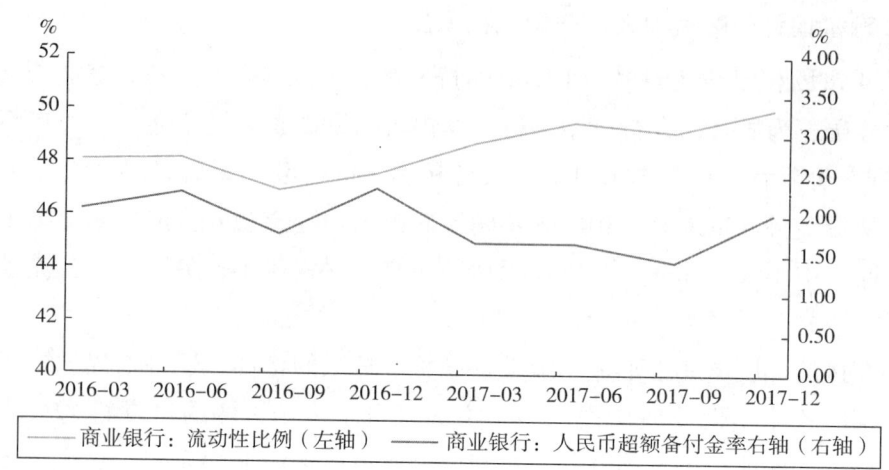

数据来源：Wind，兴业研究。

图12-3 2017年商业银行流动性水平整体稳健

是合理控制外币资产负债错配程度，有效控制外汇敞口，加强对汇率走势的前瞻性研判，通过多种工具，有效管控汇率风险。

商业银行积极应对流动性风险。一是不断完善流动性管理体制，加强对本外币、境内外流动性的集中统一管理，提高流动性风险管理效率。二是进一步加强对宏观经济金融形势、央行货币政策、资金市场动态的分析和研判，提高流动性管理的前瞻性。三是强化流动性限额管理，合理匹配资产负债，开展流动性成本的计量和分摊，强化核心负债、流动性覆盖率、流动性比例等量化指标管理，持续加强流动性管理。

二、2018年市场和流动性风险展望

2018年及未来一个时期，国内外宏观经济环境和金融市场不确定性依旧很大，中美贸易摩擦升级，会直接冲击到国内宏观基本面，进而影响到国内利率和汇率走势；美国经济稳步复苏，美联储加息进程加快，逐步上行的美国基准利率和国债收益率也给国内货币政策带来压力；利率上行可能导致资金面紧张，部分过度依赖批发融资，而客户基础及存款基础相对薄弱的中小银行面临的挑战较大。但利率市场化的逐步推进和央行货币政策弹性加大，又在一定程度上减轻了商业银行流动性风险。与2017年相比，市场和流动性风险管理上将面临新的挑战，但总体可控。

1. 利率市场化进一步推进有助于缓解流动性风险

2018年4月11日，央行行长易纲在博鳌亚洲论坛2018年年会分论坛"货币政策正常化"发表讲话指出，"中国正继续推进利率市场化改革。目前中国仍存在一些利率双轨制，一是在存贷款方面仍有基准利率，二是货币市场利率是完全由市场决定的。目前我们已放开了存贷款利率的限制，也就是说商业银行存贷款利率可根据基准利率上浮和

下浮，根据商业银行自身情况来决定真正的存贷款利率。其实我们的最佳策略是让这两个轨道的利率逐渐统一，这就是我们要做的市场改革"。这表明央行将进一步放松对存贷款利率的限制，推进利率市场化向前，当前更可能采取的方案是放开存贷款利率浮动区间。

存贷款利率彻底市场化意义重大。首先，存贷款利率市场化有助于弥合"存款—货币市场"利率相对割裂的格局，促进达成金融稳定的目标。过去影子银行体系利用存贷利率和金融市场利率之间的套利空间实现扩张，由于其没有央行流动性支持和存款保险制度保护，金融体系稳定性明显下降。特别是在存款—货币市场利差收窄时，金融机构往往大幅度提升主动负债占比、加大错配，进一步加剧了金融体系的脆弱性。其次，利率市场化的推进有望实现存款回表和影子银行体系的良性互动，缓解金融市场、金融机构的流动性风险。

2. 货币政策灵活性增强，流动性有望维持稳定

2018 年以来，资金面紧张情况有所缓解，市场能明显感觉到货币政策的弹性。以春节期间的"临时准备金动用安排"和 4 月初的降准为标志，央行逐步注重稳定市场流动性预期，降低市场波动。

2017 年 12 月 29 日，央行建立"临时准备金制度"以保障货币市场在春节前后平稳运行。与 2017 年央行公布的"临时流动性便利"相比，本次操作可释放的流动性规模更大，接近 2 万亿元。此外，资金成本更低，毕竟 TLF 需要银行提供抵押品，同时银行还要支付资金使用成本；而此次央行的操作相当于临时性的定向降准。最后，从受益银行群体来看，与 2016 年央行定点投放相比，此次受益面更广，除了传统的五大行，股份制商业银行也包括在内，且是按需分配，更为精准。

总体来说，此次央行支持的力度更大，从实施效果来看，也比 2017 年春节前后更好。如图 12 – 4 所示，从前几年的经验来看，由于春节前公司和居民个人对现金需求较大，会造成银行资金面剧烈波动。每年春节前 12 个交易日到前 2 个交易日，都会出现流动性大幅收紧的情况；但就 2018 年情况来看，由于央行"临时准备金动用安排"释放的资金规模充分且价格低，春节前并未出现往年（包括 2017 年在内）的资金利率的大幅波动。

4 月 17 日央行公布："从 2018 年 4 月 25 日起，下调大型商业银行、股份制商业银行、城市商业银行、非县域农村商业银行、外资银行人民币存款准备金率 1 个百分点。央行降准的一个目的在于置换 MLF，充裕了银行流动性，降低金融机构融资成本。央行下调了五类金融机构 1 个百分点的准备金率，幅度罕见，经央行测算可释放 1.3 万亿元流动性。1 年期 MLF 利率为 3.3%，而法定存款准备金利率为 1.65%，简单计算，用商业银行 9000 亿元的低成本资产（法定准备金）来置换同等规模的高成本负债（MLF），降低了商业银行约 150 亿元融资成本，间接对降低实体经济融资成本起到一定作用。

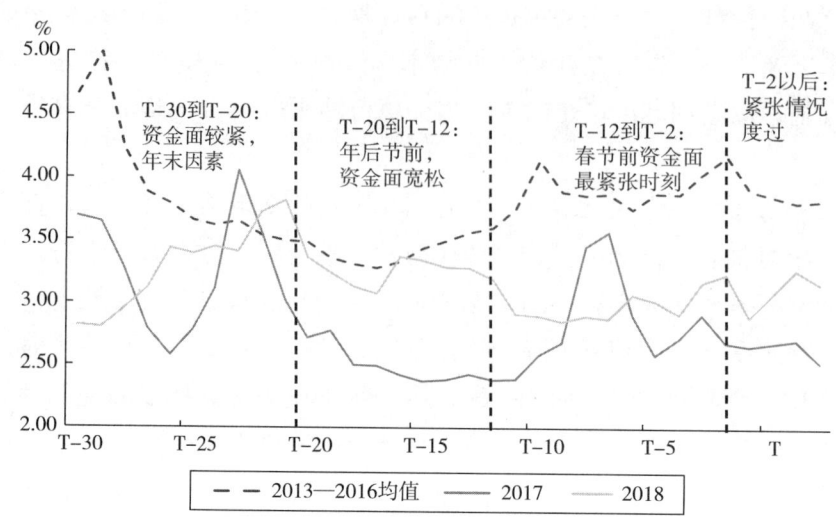

数据来源：Wind，兴业研究；T 代表春节日期。

图 12 - 4　春节前后资金面波动（R007）

此外，此举稳定机构流动性预期，保障银行资本。截至 2018 年 6 月底，到期的 MLF 规模有 8900 亿元，接近央行公布的 9000 亿元。央行让商业银行用降准资金来置换 MLF，直接的效果是大幅缓解资金波动，稳定商业银行流动性预期。通过 OMO 和 MLF 等结构性货币政策工具调控，一方面，成本较高（高于存准率很多）且需要不断续作；另一方面，同时对多个期限进行利率调控，特别是通过 MLF 对相对较长期限（6M 甚至 1Y）资金进行调节，反而加大了短端利率的波动。

最后，此次降准或许意味着逐步对结构性货币政策工具的摒弃，将为金融机构提供更低成本的资金，同时给金融机构更加稳定的流动性预期。如前所述，央行用降准来提到 MLF 作为新的流动性释放方式，可能意味着逐步对 OMO 和 MLF 等结构性货币政策工具的摒弃。事实上，当前超高的存款准备金率，是为了对冲过去外汇占款大幅的结果，而目前人民币已经主要由市场决定，结售汇大致平衡，外汇占款在 0 附近波动。高存准率的历史使命早已完成，后续仍有准备金率下调空间。

3. 对流动性风险管理的要求提高

监管部门对流动性风险管理要求提高。2017 年政府工作报告就明确指出，我国非金融企业杠杆率较高，要在控制总杠杆率的前提下，把降低企业杠杆率作为重中之重。金融体制改革要防止脱实向虚。在去杠杆和防风险背景下，相关业务的金融监管也将加强，尤其是对影子银行、表外理财等监管趋严趋紧，进而可能对银行体系流动性带来一定影响。MPA 考核正式实施，其中，有关银行资产负债情况、资本充足率、流动性覆盖率、净稳定资金比例等考核指标都对银行流动性有着直接影响。部分银行为满足考核要求，可能被动调整资产负债表，甚至影响银行体系整体流动性状况，尤其是季末资金面阶段性紧张或将常态化。银监会规定，商业银行的流动性覆盖率应当在2018年底前达到100%。2017年12月，银监会公布了《商业银行流动性风险管理办法（修订征求意见稿）》，从不同资金来源和不同资金运用的权重设置来看，本次新规旨在降低银行资产负债错配，并倒逼银行做到资金属性和资产属性相匹配。总体来看，监管政策对流动性管理趋严。

4. 市场和流动性风险总体可控

2018年以来，资金面紧张情况有所缓解。就2018年情况来看，虽然宏观经济形势不确定性依旧很大，但利率市场化进一步推进有助于缓解流动性风险。存贷款利率市场化有助于弥合"存款—货币市场"利率相对割裂的格局，促进达成金融稳定的目标。此外，从一季度来看，货币政策灵活性增强，流动性有望维持稳定，市场风险相对可控。

专栏 12 – 1 流动性新规对银行的影响

中国银保监会于2018年5月发布《商业银行流动性风险管理办法》（以下简称"新规"），这是监管机构贯彻落实第五次全国金融工作会议和党的十九大会议精神的重要举措，是监管机构在流动性风险防范方面的具体部署，是我国银行业在防风险、降杠杆道路上再迈出的坚实一步，有利于商业银行的长期健康发展。

为实体经济服务是金融业的本职所在。此次新规将有助于商业银行进一步"回归本源，服从服务于经济社会发展，把为实体经济服务作为出发点和落脚点，全面提升服务效率和水平，把更多金融资源配置到经济社会发展的重点领域和薄弱环节，更好满足人民群众和实体经济多样化的金融需求。"与此同时，新规也有助于对商业银行流动性风险进行早识别、早预警、早发现、早处置，是监管机构强化流动性风险监管、提高防范化解金融风险能力的重要体现。

此次修订变化的主要内容包括：一是进一步丰富和完善商业银行流动性风险的监管指标体系，有效约束商业银行期限错配。在原有流动性比例和流动性覆盖率两大流动性监管指标的基础上，新引入三个量化的监管指标，即净稳定资金比例、流动性匹配率和优质流动性资产充足率。其中净稳定资金比例要求执行之日起不低于100%，优质流动性资产充足率应于2018年底前达到80%、2019年6月底前将达到100%，流动性匹配率在2020年前暂为监测指标，2020年起将正式成为监管指标。新规正式颁布后，资产规模不小于2000亿元人民币的商业银行流动性监管指标包括流动性比例、流动性覆盖率、净稳定资金比例和流动性匹配率四大监管指标；资产规模小于2000亿元人民币的商业银行流动性监管指标包括流动性比例、优质流动性资产充足率和流动性匹配率三大监管指标。此外，新规中仍沿用9大监测指标，包括流动性缺口、流动性缺口率、同业融入资金比例、存贷比、超备率、核心负债比例、重要币种的流动性覆盖率、最大十户存款比例、最大十家同业融入比例等，但在同业融入资金比例和最大十家同业融入比例的计算中明确增加发行同业存单，并扣除结算性同业存款，更加体现监管的协调性和一致性。二是加强对同业批发性融资的控制，强调对商业银行同业资产负债管理。新规中要求商业银行加强同业业务流动性风险管理，提高同业负债的多元化和稳定程度，优化同业资产结构和配置，强化同业资产负债期限错配管理，对不同期限的同业批发融资分别设定限额。三是对商业银行流动性风险管理的要求更加精细化。新规中进一步细化对商业银行的日间流动性管理要求，加强压力测试的实际应用，并且对同业融资增幅和存贷比异动等实施横向比较，明确要求将流动性风险监测指标也全部纳入内部流动性风险管理框架。

因此，总体而言，新规更加强调对商业银行流动性风险的全面管理，更加突出对同业批发性融资的限制和同业业务流动性风险的管控。新规进一步引导商业银行夯实业务基础，加强期限错配管理，将有效约束商业银行依赖短期批发性资金支撑资产扩张，有助于提升商业银行流动性风险管控水平，提升商业银行对实体经济的服务能力。

流动性风险是现代商业银行管理的核心风险之一，在商业银行日常经营管理中具有举足轻重的作用。2007年爆发的国际金融危机表明，尽管一些商业银行监管资本充足率能够满足监管要求，但由于其未能审慎管理流动性，在危机中仍遭受重创，甚至破产。此次危机也促使国际银行业普遍提高对流动性风险的认识，更加重视对流动性风险的管理，加强流动性风险监管也成为国际金融监管改革的重要方向。

随着我国经济发展全面步入新常态，商业银行面临的外部经营环境已发生深刻变化，特别是随着利率市场化进程明显加快，商业银行市场化竞争日趋激烈；与此同时，互联网金融影响加深，跨界竞争格局日益显现，金融脱媒现象也日趋明显。利率市场化与金融脱媒双重冲击，加大了商业银行资产负债的内在不稳定性，同期同业市场上批发性的资产负债业务规模急剧上升，使得商业银行流动性管理的难度和复杂性趋于上升，有必要对商业银行的流动性进行更加科学和精细化的管理，防范流动性风险，确保流动性安全。

近年来，中国金融改革不断深化，金融市场快速发展，市场波动加大，监管理念和实践也在与时俱进，监管机构日益重视商业银行流动性风险管理，要求商业银行建立健全流动性风险管理体系。此次新规也正是我国监管机构在流动性监管方向上所作出努力的重要体现，实际上也是基于利率市场化背景下商业银行的发展规律和发展趋势考虑，新规中所体现出来的监管导向有助于加强我国银行业的整体流动性风险防控。

对商业银行而言，新规指标的设计具有较为明确的业务导向性，意味着商业银行同业资产负债快速扩张时代已经结束。商业银行负债端方面，新规更加突出银行核心客户和核心存款的重要性，更加鼓励银行拓展稳定、有业务关系的客户存款，更加注重零售和小企业客户业务的拓展，引导商业银行重心进一步下沉；同时明确限制商业银行过度依赖同业和市场批发性资金，意在强化商业银行降低对同业负债的依赖，防止商业银行出现激进的期限错配情况，防范可能出现的系统性市场风险。商业银行资产端方面，新规要求商业银行进一步做好优质流动性资产的储备和管理，加大对实体经济支持，鼓励传统信贷资金投放，明显限制商业银行非标投资，限制低流动性的长期限资产投放。因此，新规将有助于遏制商业银行资金在金融体系内空转，进一步体现要求商业银行降杠杆、去通道、去空转的监管思路，新规更加体现了商业银行业务发展的均衡性和稳健性，提高流动性风险抵御能力，防范流动性风险。

从长远上看，新规将有助于进一步提升我国银行业整体抵御流动性风险的能力。新的流动性监管指标实施也将意味着商业银行既有一些业务的风险收益将发生变化，原有的业务发展模式也将要随之相应调整。商业银行应当结合监管精神和自身资产负债结构特征加强对流动性风险的管理，保障流动性安全。具体而言：

一是高度重视流动性风险管理，提高流动性风险防范意识。在原有利率管制下，存贷利差基本锁定，我国商业银行偏向于信用风险防范，对流动性风险的认识和重视程度总体上较为薄弱，特别是在国家"隐性担保"模式下，我国商业银行对流动性风险长期存有"政府兜底"的心理。但随着存款保险制度推出，利率市场化相关制度不断完善，原先隐藏的流动性风险将逐渐显现，商业银行要紧跟新时代，结合新形势和监管新要求，更加重视流动性风险防范，提高流动性风险管理的精细化水平。二是加强对新监管指标的研究与理解。在金融降杠杆的政策环境下，商业银行要主动适应新的监管形势和监管要求，加强对监管要义的研究，进一步消化吸收监管指标，真正做到"内化于心、外化于行"，将外部的监管指标转化为商业银行提升资产负债管理水平的内在动力，提高流动性风险防控能力，从而保持资产负债各项业务均衡平稳健康发展。三是依据监管导向，回归本源，积极主动调整优化资产负债业务结构，全面加强流动性风险管理。在负债端上，要进一步夯实客户基础，真正做到以客户为中心，转变传统的关系式营销方式，着力依靠产品创新和服务创新来满足客户多样化的金融需求，持续加强稳定性强的核心负债和业务关系存款的拓展，主动降低对短期批发性融资的依赖，提升负债稳定性；在资产端上，不仅要合理规划好优质流动性资产的规模与结构，提升对流动性风险的应对能力，更要主动适应经济新常态和金融去杠杆趋势，积极配合监管相关要求，更加强调服务实体经济，将稀缺的信贷资源投放到高端装备制造、绿色金融、健康养老等实体领域。只有高度重视流动性风险管理，商业银行才能行稳致远，才能确保自身资产负债结构更加稳健均衡，流动性平稳运行，各项业务持续健康发展。

专栏 12 - 2　主动合规是银行业高质量发展的基石

一、2017 年强严监管年剑指合规经营

1. 2017 年为银行业强监管、严监管年

为适应金融机构资产、负债多元化发展趋势，进一步完善中央银行宏观调控手段，中国人民银行宣布从 2016 年起将差别准备金动态调整与合意贷款管理机制升级为"宏观审慎评估体系（MPA）"，将更多金融活动和资产扩张行为纳入宏观审慎管理。自 2017 年第一季度评估时起已将表外理财纳入广义信贷指标范围，还将在 2018 年第一季度把同业存单纳入同业负债占比指标。

2017 年，中国银监会深入整治银行业市场乱象。3 月底至 4 月，银监会连续下发文件，启动"三三四十"（三违反、三套利、四不当、十乱象、十风险）等系列专项治理行动。"三三四"专项治理是银监会提出的一系列专项治理行动的简称。3 月开始，银监会组织开展了"三违反"（违反金融法律、违反监管规则、违反内部规章）、"三套利"（监管套利、空转套利、关联套利）、"四不当"（不当创新、不当交易、不当激励、不当收费）专项治理，同时实施治乱象（十乱象）、防风险的综合治理方案，坚决打击违法违规行为，督导金融机构严守市场秩序、依法合规经营。

2017 年，银监系统共作出行政处罚决定 3452 件，其中处罚机构 1877 家，处罚责任人员 1547 名，对 270 名相关责任人取消一定期限直至终身银行业从业和高管任职资格，全年罚没近 30 亿元。

2018 年 1 月，中国银监会发布《关于进一步深化整治银行业市场乱象的通知》（银监发〔2018〕4 号）、《进一步深化整治银行业市场乱象的意见》和《2018 年整治银行业市场乱象工作要点》，连续 3 道文件，银行业强监管力度继续延续。

表1　2017 年以来央行、中国银监会针对商业银行的主要监管文件及其核心指向

名称	文号	主要内容	所针对的主要业务领域
央行宏观审慎评估体系（MPA）		自第一季度起，将表外理财纳入广义信贷	理财、金融市场
《关于开展银行业"违法、违规、违章"行为专项治理工作的通知》	银监办发〔2017〕45 号	涉及制度建设、合规管理、"三违反"突出领域等六个方面	同业、理财、金融市场、银行卡
《关于开展银行业"监管套利、空转套利、关了套利"专项治理的通知》	银监办发〔2017〕46 号	涉及监管套利、空转套利、关联套利三大方面	金融市场、理财同业
《关于开展银行业"不当创新、不当交易、不当激励、不当收费"专项治理工作的通知》	银监办发〔2017〕53 号	"四不当"共 11 方面整治内容	同业、理财、金融市场

续表

名称	文号	主要内容	所针对的主要业务领域
《关于集中开展银行业市场乱象整治工作的通知》	银监发〔2017〕5号	涉及业务、产品、机构及高管等十个方面	投行、理财
《关于进一步深化整治银行业市场乱象的通知》	银监发〔2018〕4号	涉及公司治理、违法、违规展业等八大方面22条	同业、理财、表外、金融市场

2. 强监管的核心与主要领域

2017年针对银行业的强监管严监管措施，可以说涉及银行经营的方方面面，上到股权结构、公司治理，下至员工从业行为，都是被整改、提升的对象。但就所涉及的主要业务类型来看，则主要集中于下列几个方面：

（1）理财业务

央行及中国银监会的系列整治文件，针对理财其要旨是：一是引导理财产品更多地投向标准化金融资产；二是要求理财产品与所投资产建立对应关系，单独管理、单独建账、单独核算；三是严控期限错配和杠杆投资，不得开展滚动发售、混合运作、期限错配、分离定价的资金池理财业务；四是严格控制嵌套投资，加强银行理财对接资管计划和委外投资的监管，强化穿透管理，缩短融资链条。

2017年11月17日，中国人民银行等5部门发布《关于规范金融机构资产管理业务的指导意见（征求意见稿)》，重点针对资管业务存在的多层嵌套、杠杆不清、监管套利、刚性兑付等问题，设定统一的标准规制。我国资管行业将首次迎来统一的监管标准。

新规对银行理财影响深远，一方面，理财产品的风险溢价会上升；另一方面，银行理财的业务转型也将迫在眉睫。

（2）同业业务

主要是恢复其短期资金融通的本质属性，避免资金在银行体系内部循环，形成"同业空转"，而不流入实体经济领域。同时要求同业融入资金的期限、比例等合乎规定。

（3）金融市场业务

健全债券交易内控制度，避免高杠杆，杜绝通过重分类债券投资调整利润，杜绝债券投资未准确估值或提足拨备；避免"票据空转"；杜绝未经批准擅自设立异地事业部、业务部、管理部和业务中心、客户中心及其分部、分中心；代表处及办事处等。

（4）投资银行业务

是否违反落实新预算法和国务院关于地方政府性债务管理的有关要求，通过产业基金、委托贷款等方式提供融资放大政府性债务，通过产业基金等进行非标资产投资等；未经批准擅自设立分支机构、网点，包括异地事业部、业务部、管理部和业务中心、客户中心及其分部、分中心；未经批准设立代表处、办事处；分支机构或专营机构超法定范围开展业务等。

通过以上系列的严厉整治，依法处理不法金融机构和非法金融活动，违法违规和监管套利大幅减少，经营行为趋于理性规范。商业银行同业资产负债自2010年来首次收缩，同业理财比年初净减少3.4万亿元。银行理财少增5万多亿元，通过"特定目的载体"投资少增约10万亿元，表外业务总规模增速逐月回落。100多家银行主动"缩表"，资产负债双缩。但这种被动的合规，代价是巨大的，整个行业付出了约30亿元的罚没成本，更有1500多名相关责任人员遭到监管处罚。

二、合规风险是其他一切风险的基础

银行业是规章、制度建设相对较为健全的一个行业，这是由它的行业属性所决定的。实际操作中，银行很多很好的制度未能得到遵循。反观银行业风险的发生，无论是信用风险、市场风险、流动性风险，还是操作风险，其实都是违背了相关合规制度的必然结果。合规风险是其他风险特别是操作风险存在和表现的重要诱因。简单将合规风险等同于操作风险是不全面和不准确的。只要遵守合规操作，银行的绝大多数风险都能得以避免或得到有效控制，管理好合规风险将为其他风险管理奠定坚实的基础。

2017年第二季度起，中国银监会相继发布"三三四十"专项治理文件及《关于银行业风险防控工作的指导意见》（银监发〔2017〕6号），要求各银行结合市场乱象评估工作，围绕合规制度完备性、合规职能充分性、合规管理有效性、业务管理合规性、经营活动合规性、创新业务合规性、风险处置妥善性等七方面，细化"弥补合规短板"的问题清单，明确制度制定、修订计划，提出活动开展中哪些制度需要修订、哪些机制需要完善、哪些职责有待明确、哪些岗位需要充实、哪些规定执行必须强化等问题，并明确整改工作措施和时间表。这是对合规管理工作的一次全面"体检"，再次从监管的角度明示合规风险管理的极端重要性。

在合规风险管理方面，要求银行业金融机构高度重视合规管理体系建设，补齐规制的疏漏，加强日常合规管理，强化合规资源配置，加大对执行力度的检查，真正使机构形成"不敢违规、不能违规、不愿违规"的合规文化。对于违规行为，坚持双线问责，强化高管责任。坚持"一案三问"，发生案件的，坚决问责经办人、相关人和负责人；贯彻"一险三问"，造成风险的，严格惩处业务发起人、业务审批人和机构负责人。同时，坚持"上追两级"，推行"双线问责"，情节严重的，坚决顶格处罚。推动建立银行从业人员黑名单制度，对于严重违规违纪、被机构开除的责任人员，一律列入"黑名单"，实施行业禁入，防止高管带病流动、提拔。

三、主动合规经营是银行基业长青的根本保证

1. 违规代价会愈益沉重

2017 年的强严监管环境，使银行机构付出了前所未有的沉重代价。这促使我们深刻认识违规带来的惨痛代价，树立依法经营、合规经营、安全经营创造效益的理念，使金融法律、监管规则、内部规章都成为带电的高压线。就监管角度来讲，违规成本会极其高昂。监管机构会视违规程度分别采取经济处罚、责令暂停业务、停止批准开办新业务、停止批准增设分支机构、责令处理责任人员、调整董事及高管等审慎监管措施，并会影响银行的监管评级。就银行内部经营来讲，违规将带来重大财务损失、声誉损失甚至面临法律制裁，从成本效益核算看，必定是亏本的买卖。

2. 落实好三道防线

银行要认真落实内控合规三道防线体系，使其切实发挥出梯度防控风险的职能与作用。第一道防线布于业务部门和基层机构，履行经营过程中的制度建设与执行、业务检查、控制缺陷报告与组织整改等自我风险控制职能。各级机构的内部控制及合规管理职能部门是内控合规的第二道防线，负责合规管理及内部控制的统筹规划、组织实施和检查评估，负责识别、计量、监督和控制风险。合规部门应在组织结构上保持独立性，并拥有向最高领导层自由汇报的权力。审计部门、纪检（监察）部门是内控合规的第三道防线。审计部门负责对内部控制和合规管理的充分性和有效性进行内部审计。纪检（监察）部门负责履行员工违规违纪处理及案件查处、管理问责等职能。

3. 合规文化与理念的长期培育

健全合规体系，是服务于业务发展，提升核心竞争力的需要；是主动顺应监管变化，满足监管要求的需要。但这样一个体系要真正发挥作用，合规文化与理念的灌输必不可少。文化的浸润是一个长期的过程，理念的形成更需要时间的打磨。要注重合规文化与理念的培养，加强合规培训与教育，提高全员合规意识和执行力。特别是高管人员、关键岗位人员的合规意识要到位。商业银行的绩效考核应体现倡导合规和惩处违规的价值取向，应建立有效的合规问责制度，严格对违规行为的责任认定与追究，并采取有效的纠正措施。只有真正建立起合规经营的理念，制度体系才能不被逾越，从而真正发挥出作用。

六、改革转型篇

　　随着中国经济进入高质量发展阶段，银行业必须加快改革转型才能尽快确立在新时代的竞争优势。面对经营环境的深刻变化，2017年，银行业金融机构进一步深化体制机制改革，围绕供给侧结构性改革加快推进公司、零售和金融市场业务发展方式及经营模式转变，强化集约化、轻型化发展，充分激发经营活力，提升服务实体经济质效。2018年，银行业金融机构将继续稳步推进体制机制改革和经营模式创新，在资产管理业务、数字化转型等领域加快改革转型，推动实现高质量发展。

第十三章

银行业改革转型成效显著

2017 年，随着国内外经济进入结构调整的深化期，中国银行业也处在了变革的关键时期。银行业发展模式更多地从"重资产"向"轻资产"转变、从"做大"向"做强"转变、从简单融资向"融资 + 融智"并举转变。中国银行业全面贯彻落实党的十九大和全国金融工作会议精神，着力提升服务实体经济和供给侧结构性改革质效，回归本源、专注主业，加快公司、零售和金融市场业务转型，推进综合化、特色化、轻型化、智能化发展，增强服务实体经济能力，保持盈利稳定增长和风险可防可控，改革转型取得丰硕成果。

一、战略转型稳步推进

未来几年，市场服务深化、金融监管趋严、金融科技挑战等外部环境约束逐步强化，服务实体经济、防范金融风险和深化金融改革任务艰巨，银行业的内外部经营环境将发生巨大变化。与此同时，我国经济正在走出下行压力，迎来消费增长拉动经济、经济结构持续优化的新发展阶段，零售及网络金融服务日益成为银行结构转型、服务重塑和追赶超越的新机遇和主战场。面对行业形势的新变化，大部分银行针对自身发展特色和转型需求，制定了新的战略规划，主要特点有：

1. 高度重视战略的引领作用

站在新的历史方位和时间坐标下，各大银行确立了新的发展愿景，以新的发展规划为抓手，明确了服务本源、转型升级、创新领跑、风控提升等战略任务。银行业坚持战略导向，战略定位清晰且专注，聚焦"服务实体经济、防控金融风险、深化金融改革"三大核心任务，以坚持为人民创造更美好金融生活和服务实体经济为己任，坚定不移地推进战略转型。

2. 着力实现高质量的发展

面对国内外经济形势的深刻复杂变化，银行按照"轻资本、轻资产、轻成本"导向，打造经营模式，努力提升价值创造能力，实现从高速发展向高质量发展的转变。坚定推进轻型化发展，加强成本管控，重视"轻资产、轻资本"业务的发展，追求更少的资本消耗、更集约的经营方式和更灵巧的应变能力，资源重点向资本消耗少、使用效率高、价值创造多的区域、行业和业务配置。

3. 打造鲜明的业务特色

顺应国家战略和经济金融形势，深入推进综合化、特色化、轻型化和智能化发展。加快公司、零售和金融市场业务转型，全面推进智能化零售银行转型，推进公司业务从规模驱动的外延式增长向价值与质量驱动的内涵式增长转型，严密防控各类金融风险，提升服务实体经济的能力。

表 13 – 1   上市商业银行的战略转型一览表

银行名称	战略转型目标	具体方向
工商银行	打造"价值卓越、坚守本源、客户首选、创新领跑、安全稳健、以人为本"具有全球竞争力的世界一流现代金融企业	提出五大战略：实施服务实体本源的战略；实施全面客服的战略工程；进一步实施转型升级战略工程；实施创新领跑工程；实施风控提升工程
农业银行	建设经营特色明显、服务高效便捷、功能齐全协同、价值创造能力突出的国际一流商业银行集团	一是坚持回归本源，有效服务实体经济；提升服务实体经济的效率和水平。二是打造服务三农新优势；三是持续深化改革，推动业务转型发展；四是抓好重点领域风险管理
中国银行	建设新时代全球一流银行	坚持科技引领；坚持创新驱动；坚持转型求实；坚持变革图强；坚持党的领导
建设银行	建设最具价值创造力的国际一流银行集团	贯彻新发展理念，聚焦服务实体经济，坚持稳健合规经营，重点推进以下工作：一是加强全面风险管理；二是优化资产负债结构；三是为供给侧结构性改革重点目标任务提供金融解决方案；四是实施金融科技战略
交通银行	走国际化、综合化道路，建设以财富管理为特色的一流公众持股银行集团	以高质量发展为主线，以"增有效客户、增核心负债、增转型收入，降风险成本、降资本占用、降营运成本"为经营管理的重点方向
中信银行	努力建设最佳综合金融服务企业	业务定位（由"一体两翼"逐步向"三驾齐驱"转变）；区域定位（坚持差异化、梯次化发展）；行业定位（有进有退、有扶有控，积极拓展轻经济周期的行业）；客户定位（高价值客户回报于普惠服务并举）；产品定位（"固本"与"强新"并重）；渠道定位（线上、线下、客服、跨界"四位一体"）
光大银行	建设中国一流商业银行	有情怀（用10年的时间重整雄风，打造一流的商业银行）；有质量（实现流动性、盈利性和安全性的统一）；有特色（突出财富管理特色，做优做强优势板块）；有创新（不搞规避监管的创新，实行移动优先策略，加大与领先的互联网公司在资本、产品上的合作，围绕接口、界面、流量来打造金融服务场景，加大云缴费的竞争能力）；有底线（长期并将继续坚持稳健方略，将流动性风险、信用风险、操作风险等各种风险纳入管理当中）；有口碑（以客户为中心，按照"三名"、"四精"、"五要"为要求）；有活力（突出"六能"要求）；有责任

银行名称	战略转型目标	具体方向
民生银行	成为民营企业的银行、科技金融的银行、综合服务的银行	构建"3+3+4"实施路径：做强直销银行、小微金融、投资银行三大创新业务；做实信用卡、供应链金融、资产管理三大中坚业务；稳步提升公司金融、零售金融、金融市场、综合化经营四大传统业务
招商银行	创新驱动、零售领先、特色鲜明的中国最佳商业银行	直面形势挑战，持续深耕"轻型银行"；发展特色业务，不断强化"一体两翼"；明确金融科技银行定位
华夏银行	努力建设成为"大而强""稳而优"的现代金融集团	推动金融科技创新、强化零售业务发展、完善综合化经营布局、建设"京津冀金融服务主办行"、深化"中小企业金融服务商"和打造绿色金融特色业务
兴业银行	建设商业银行与投资银行双一流银行集团	按照"轻资本、高效率"的转型方向，发挥集团牌照比较齐全的优势，核心是通过投资型、交易型、结算型"三型"银行建设，以服务客户为中心，以综合金融为主导，加快商业银行和投资银行的融合
平安银行	坚定"科技引领、零售突破、对公做精"十二字方针	以"零售战略转型"为核心，以"科技引领"为引擎，持续推动"对公做精"和"双轻"战略转型目标的进一步实现。围绕集团"汽车、房产、医疗健康、智慧城市、金融机构"五大生态圈战略，加快战略转型，防范金融风险，全面提升服务实体经济的能力
浦发银行	建设具有核心竞争优势的现代金融服务企业	围绕"以客户为中心，科技引领，打造一流数字生态银行"的战略目标，坚持"回归本源、突出主业、做精专业、协调发展"的经营理念，努力实现高质量的发展

资料来源：根据中国银行业发展报告课题组根据各行定期报告整理。

二、经营模式持续创新

1. 轻型化发展进一步加强

2017年，为了有效应对国内外市场环境的变化，银行业加快由速度型效益向质量型效益转变，"轻型银行"战略转型向纵深推进。

一是各大银行持续推进零售优先战略。将信贷资源向零售业务倾斜，大类资产配置更趋合理。消费成为推动中国经济转型增长的主要动力，为商业银行零售业务快速发展创造了广阔的空间。从银行业务角度上看，由于资本约束和信贷规模扩张有限的因素，银行对公业务增长乏力；受央行MPA考核、银监会"三三四"专项治理影响，银行同业业务的大规模扩张受到制约，零售业务由于其占用风险资本较少的"轻资本"优势，成为银行资本充足率面临较大压力时的利润增长点。2017年，各大银行持续推进零售优先战略，抓住居民消费结构升级和需求扩大的时机，积极运用互联网思维，探索大数据、人工智能等新科技与银行传统业务的深度融合，全力推进零售银行智能化转型升级。在零售优先战略的引领下，零售业务加快发展，零售业务对营业收入的贡献度持续提升，财富管理、消费金融和小微贷款将作为三大引擎带动商业银行零售业务迎来新一轮增长。

二是统筹做好资产的存量调整和增量优化，推动资产业务轻型发展。在监管持续趋严、市场不确定性仍然较大的环境下，非息业务发展将继续承受较大压力，但同时金融科技给银行提供了越来越多轻型服务工具，银行业仍坚定推进"轻型银行"战略，保持非息业务稳定发展。通过金融科技技术探索客群经营新模式，适应互联网时代客户主体、客户分布和客户行为模式的变化；通过打造金融科技创新产品，不断提升专业化水平，为客户提供更具个性化的资产配置服务；通过全面提升资产管理、投资银行、资产托管、交易银行等业务经营水平，积极把握市场发展机遇，提高综合收益。

三是主动调整资产扩张速度，负债结构得到进一步优化。银行业顺应市场和形势变化，主动调降规模增速，持续压降产能过剩行业贷款规模，降低对同业负债依赖，标准化资产比重不断提升，逐步构建起资本消耗少、风险权重低、风险可控的资产与业务体系，对其营业收入、息差表现、资本消耗和价值创造能力等产生了正面效应。

2. 综合化经营进一步深入

在供给侧结构性改革持续深入的背景下，产业升级和行业重组的加快将为投资银行、并购贷款等业务的发展提供更大机遇，客户"信贷＋非信贷"等多元化的金融需求也为银行业加快综合化经营提供了新动能。2017 年，银行业坚持深化改革，持续扩大综合经营版图，提升子公司综合竞争力，综合化经营进一步深入。

一是在银行主业稳健发展的同时，综合化经营版图持续扩张。2017 年，我国大型银行均成立了金融资产投资管理公司，开始以市场化、法治化为原则进行债转股探索。例如交通银行的交银投资成功筹建，综合化发展再添新军。交银国际在香港联交所主板成功上市，成为首家在港上市的中资银行系券商。

二是为客户提供更高品质的综合服务。对已搭建起综合化经营平台的银行，业务覆盖基金管理、证券及投行、金融租赁、人寿保险和债转股等各项业务，持续推进综合化经营战略实施。以多元化的金融控股集团或综合化经营平台为依托，有效整合内部资源，为客户提供全方位、多元化、高附加值的综合金融服务。

三是综合化经营的协同效应逐步显现。银行集团内部各种联动将持续向纵深推进，通过公私联动、总分联动、内外联动、母子联动、子子联动等横向和纵向合作集团综合化经营的协同效应逐步显现。

3. 国际化战略进一步推进

随着"一带一路"建设、人民币国际化等进程加快，国家新一轮高水平对外开放不断深入，银行业将主动融入全面开放新格局，国际化战略进一步推进，国际竞争力逐步增强。

一是银行海外布局有序推进,境外机构网络建设取得新进展。大型商业银行稳步拓展海外机构布局,持续推进海内外一体化发展,全球服务和保障能力进一步增强,市场竞争力持续提高。紧跟全球客户金融服务需求,加快完善在"一带一路"沿线国家的机构布局,在已设立机构的国家进一步增加经营网点数量,全球服务网络进一步完善。深耕企业跨境服务,持续加强海外本土客户拓展,进一步完善全球客户分层服务体系和跨境融资产品服务体系建设,全球服务网络日趋完善。

二是完善全球人民币业务服务网络,持续推动人民币国际化进程。大型商业银行不断完善跨境人民币清算体系,服务网络覆盖六大洲和全球重要国际金融中心,跨境人民币清算网络拓展至全球多个国家和地区。推动当地人民币市场发展,努力提高清算服务的质量和效率,跨境人民币业务量持续提升。

三是构建"一带一路"金融大动脉,推动国际金融交流与合作。大型商业银行切实贯彻落实国家战略部署,积极响应"一带一路"倡议,加快构建"一带一路"金融大动脉。为中国内地企业"走出去"、外资企业"引进来"和沿线国家当地企业提供更全面的配套服务,打造"一带一路"人民币国际化业务主渠道,完善在沿线国家的机构网络,引导"一带一路"建设向纵深发展,同时也带动各银行国际竞争力的增强。

4. 信息化和智能化进一步加快

金融科技正在不断重塑银行的经营发展模式和市场竞争格局。大数据、云计算、区块链和人工智能等新兴技术将持续推动银行数字化转型。银行业以金融科技创新为助推器,加快数字化转型,深度拓展"互联网+"概念,重塑金融服务模式,推进深层次的产品创新和服务创新,实现转型发展、创新发展。

一是银行与科技公司的合作将更加紧密。银行业积极拓展互联网企业、通讯公司及金融机构业务合作,加快发展移动支付业务,构建跨境业务综合化服务平台。

二是全面推进智慧银行建设。银行业紧跟人工智能、生物识别、大数据、区块链、云计算等前沿科技,加大科技投入,以科技创新引领全面创新。部分银行明确金融科技银行定位,举全行之力打造"金融科技银行",推动自身经营模式的转型。

三是强化金融科技创新,提高客户服务效率。银行业不断加大金融科技创新力度,运用大数据分析及场景应用,为客户提供更加便捷和安全的金融新体验。大力发展网络金融服务,打通线上线下,通过智能化产品和服务,营造更佳客户体验。以金融科技的理念和方法,转变经营管理模式等,加强科技能力建设,推动科技与业务融合,以科技敏捷促进业务敏捷。

三、体制机制改革加快实施

1. 以事业部制改革为主线,打造普惠金融服务体系

2017年,银行业持续完善事业部经营架构和模式,增强事业部直接经营、专业化服务能力，促进"分行＋事业部"双轮驱动发展，事业部已成为集团的重要利润增长极。尤其是，2017年响应政府关于鼓励大中型商业银行设立普惠金融事业部的号召，我国大型银行普惠金融事业部均已正式挂牌，开始从战略定位、组织架构、体制机制、资源配置、模式创新等多个方面探索普惠金融发展的新路径。深化服务体制机制改革，建立普惠金融事业部垂直化管理体系，在总分行建立普惠金融事业部，推进普惠金融业务可持续发展。大型银行发挥集团化经营优势，以事业部制改革为主线，打造具有中国特色的普惠金融服务体系。加强综合化服务平台联动，加大在产品、渠道、人员等方面的协同和支持力度，形成层次丰富、覆盖广泛、合作良好的"大普惠"金融机构服务体系。

2. 创新业务管理模式，打造金融特色服务专营机构

部分银行开展金融特色服务体系创新，加大对科技金融、绿色金融和文创金融的支持力度，打造品牌化、多元化、全方位的金融特色服务专营机构。部分银行全面推广小微金融业务中心专营模式，采用批量化、标准化、一站式服务方式，提升服务效率和水平，并依托大数据加强精细化管理，努力实现"精准滴灌"。部分银行为了提升业务竞争力，不断优化业务管理模式，创新业务体制与流程。

3. 公司治理日臻完善，形成了中国特色的商业银行公司治理机制

银行业"三会一层"（股东大会、董事会、监事会和高级管理层）公司治理架构不断健全，形成了中国特色的商业银行公司治理机制，实现各治理主体权责明确、有效制衡和协调运作，推动银行服务实体经济、防控金融风险、深化金融改革。上市银行数量不断增多，截至2017年末，共有41家中资银行实现A股或H股上市。大型银行积极探索完善中国特色大型商业银行公司治理模式，将坚持中国共产党的领导与完善现代公司治理机制有效融合。从制度上明确党组织在公司治理结构中的法定地位，"党委领导核心、董事会战略决策、高管层授权经营、监事会依法监督"的中国特色大型银行公司治理机制日臻完善。

四、运营管理体系全面优化

1. 持续优化网点结构布局，运营渠道逐步轻型化

银行业加快对物理网点的轻型化、智能化改造，将科技创新优势与线下网点服务优势相结合，实现渠道运营的全面升级优化。一是大型商业银行持续优化网点结构布局，持续提升网点资源与客户需求、金融资源的匹配度，增强对重点区域及主要客群的服务供给能力。二是全面推广网点标准化管理，继续开展低效网点"瘦身"，激发网点经营活力。三是全面推广网点智能服务模式。稳步实施网点智能化改造，持续完善智能服务流程和功能，推动网点营销服务转型。深入推进网点线上线下一体化转型，构建线上线下互联互通的立体营销新模式。

2. 积极构建大服务体系，做"金融服务的资源整合者"

银行业为坚持以服务实体经济为核心，不断提高金融服务实体经济的能力和水平，提升综合金融服务能力成为商业银行推进战略转型、培育核心竞争力的重点发展方向之一。

一是银行持续完善"人工网点＋电子银行＋客户经理"的"三位一体"服务网络。实现线上和线下双线一体协同，全能型"大服务"格局逐步形成。面对金融科技带来的机遇和挑战，银行依托优质高效的传统线下渠道，通过金融科技引领革新，打造"线上＋线下"一体化、全渠道轻型智能服务新模式，将大数据、移动互联和人工智能等技术应用于精准营销和业务发展，一体协同的优势日渐凸显。

二是从单纯的"资金中介"向综合型"服务中介"转型。将金融服务嵌入客户服务生态圈，完善业务体系和产品体系，提高融资服务能力和现金管理服务能力，通过综合化金融解决方案，为客户提供"商行＋投行"、"股权＋债权"为一体的综合化服务。

三是着力加快组织架构整合、产品服务整合、各类资源整合，做"金融服务的资源整合者"。提升综合化金融服务能力和创利能力，支持银行规模和效益的持续增长。银行不再仅仅作为基金公司、证券公司和信托公司的一个销售渠道，而是要顺应新的资产配置需求，提高自身的产品设计能力，更好地满足客户的资产配置需求，同时加强对上中下游的金融机构的服务整合能力。

3. 不断优化业务运营体制，提高业务运作效率

为深化加强管理效能，国内商业银行积极推进理念观念、体制机制、管理流程以及运营渠道等方面的创新，提升包括自身组织架构、业务模式、产品服务等在内的全方位协同创新能力。越来越多的商业银行开始重视对管理模式进行优化，推动管理扁平化、运营集中化以及业务专业化。

一是管理扁平化成为经济新常态下银行业发展趋势。商业银行着手推进扁平化管理，减少管理层次，将原来金字塔式的组织形式"压缩"成扁平结构的组织形式，通过缩减管理层次、优化整合业务流程和管理流程，从而实现资源优化配置，提高银行的工作效率。国内银行业管理体系逐步向扁平化调整，以适应日趋个性化、差异化和复杂化的市场需求，建立起以客户为中心、高效率、高效益、富有竞争力和活力的新型组织机构。部分银行开始精简组织架构，向扁平化转变，将以往的条线垂直管理调整为大条线、大板块管理。

二是持续加大业务集中化管理，不断优化统筹管理模式。银行近年来通过实施集中化运营改革，初步建立起了新型作业模式和风险集中管控模式，在提高柜面服务效率、防范运营风险等方面，发挥了明显作用。部分银行加快集中运营体系建设，国际业务运营中心、财务共享中心等集中运营项目相继建成，相关业务一体化格局初步形成。围绕建设现代商业银行运营体系理念，实现运营管理由注重业务操作、风险控制向服务保障和价值创造型的根本转变，为内外部客户提供优质作业服务，有效控制操作风险和节约运营成本。

三是以客户为中心进行业务流程再造，专业化服务能力大大增强。随着客户金融需求呈现个性化、综合化、场景化趋势，金融资产之间的流动转换将更加频繁，银行业以客户为中心再造业务流程、管理流程，进一步提升服务精准化、专业化水平，投行、资管、交易银行和投贷联动等转型创新稳步推进，为客户提供专业化的综合金融服务。

专栏 13 - 1　商业银行多渠道创新资本补充模式

近年来，国内商业银行，特别是中小银行面临的资本补充压力显著上升。压力主要来自两个方面：一是监管达标的要求。依据《商业银行资本管理办法（试行）》附表中提出的分年度资本充足率要求，到 2018 年底，我国系统重要性银行核心一级资本充足率、一级资本充足率及资本充足率应分别达到 8.5%、9.5% 和 11.5%，非系统性重要银行应分别达到 7.5%、8.5% 和 10.5%。二是银行资产结构调整的需要。2017 年以来，监管部门对银行表外资产、非标业务的监管不断加强，随着银行相关资产加速"回表"，部分银行的资本消耗也明显加快。若不考虑资本补充模式的持续拓展，很难保证 2018 年及以后我国商业银行还能继续保有当前较为充足的资本水平。

一、传统资本补充模式渐遇瓶颈

传统上，我国商业银行的资本补充模式包括内源性和外源性两大类。其中，内源性资本补充主要来自于银行内部的留存盈余和一般风险准备金。近年来，在银行息差收窄、不良率相对较高和净利润增速总体下降等趋势下，银行自我"补血"的能力正受到影响。

外源性资本补充模式包括大股东和战略投资者注资、公开发行股票、定向增发、发行优先股、可转债和二级资本债券等。外源性融资虽有供给量较大、补充方式相对多元化等优势，但也存在融资成本较高、可能稀释股权等缺陷。同时，无论是哪种外源性资本补充模式，或多或少都存在一定的准入门槛，难以在短时间内解决众多银行的资本补充需求。例如，2017 年境内 A 股市场 16 家银行排队，最终仅有成都银行一家成功过会。

目前，我国上市银行资本管理普遍存在核心一级资本充足率持续下降、资本结构欠合理、资本补充模式较为单一等问题。从 2017 年上市银行的资本补充模式来看，多数银行已发行或计划发行外源性资本补充工具，但仍以传统工具为主。其中优先股和二级资本债券发行频率最高，其次为可转债。发行规模上，2017 年 A 股与 H 股 41 家上市银行累计发行优先股约 1699.21 亿元，累计发行二级资本债券约

2320亿元，累计发行可转债400亿元，非公开发行股票181亿元。股息则介于4.5%至5.45%之间，二级资本债券的发行利率介于4.45%至5%之间，大型银行的发行成本显著低于中小银行。

不同类型银行补充资本的模式也存在一定差异。大型银行主要发行二级资本债券；股份制银行除首发上市外其他方式均有涉及；城商行扎堆发行优先股；农商行则较少使用资本工具。此外，A股和H股上市银行的再融资方式也不尽相同。2018年共8家A股上市银行计划发行可转债，H股银行近两年来都未发行可转债，2018年仍以发行优先股为主。

二、银行迎来创新资本补充工具

从巴塞尔协议Ⅲ规定和国际先进银行的实践来看，我国推出创新资本工具已势在必行。2018年1月，银监会等五部委联合发布了《关于进一步支持商业银行资本工具创新的意见》，明确支持四类新型资本补充工具。2018年2月，人民银行发布2018年3号文，鼓励银行业金融机构发行具有创新损失吸收机制或触发事件的资本补充债券。相关意见中涉及的创新工具主要包括：

一是无固定期限资本债券。该类工具实际上是国外较为流行的永续债。该类债券具有无固定期限、非累积、设置损失吸收条款等特征，可计入权益项补充其他一级资本，提升一级资本充足率。2018年3月，哈尔滨银行公布了发行不超过150亿元减记型无固定期限资本债券的计划。该行拟发行债券的基础期限不少于5年，在一个利率调整期内以约定的票面利率支付利息，随后每隔一定时间重置一次。损失吸收机制设定为，当核心一级资本充足率降至5.125%及以下时，或二级资本工具触发事件发生时，银行有权在无需获得债券持有人同意的情况下，将债券进行不可撤销的全额或部份本金减记。

二是转股型二级资本债券。目前我国商业银行发行的二级资本补充工具以减记型二级资本债券为主。转股型二级资本债券与其类似，但在损失吸收方式中加入了强制转股。对投资者来说，实施减记意味着本金和利息的收益权立即消失，但实施转股后还可拥有相应的股东权利。该类工具的缺点是流程更复杂，涉及多个监管部门。债券持有人行权期需提交股东资格审查资料，若股权变更涉及上市股权，还应符合所对应的监管机构、上市场所的要求。2016年，嘉兴银行曾发行全国首笔带转股条件的二级资本债。损失吸收机制为，触发事件发生后，债券持有人可选择将债券转为普通股股份，若不行使转股权则实施减记。

三是含定期转股条款资本债券。该类资本债券与普通转股型资本债券相比，附加了一定时期后按照一定比例强制转换为普通股的条款，可作为其他一级资本和二级资本补充工具。例如，澳大利亚银行业通常发行附有定期转股条款的优先股，一般在发行后8年左右强制转为普通股。该类优先股也同时设置了损失吸收、赎回限制、股息可取消等核心条款。赎回条款一般将可选择赎回日设定为强制转股日的前两年。除强制转股日和选择赎回日，若触发事件发生，优先股可提前转为普通股。此外，为了防止转换基价过低影响原股东权益，或转股数量超过最大转股量导致不能全部转股而对优先股持有人造成损失，澳大利亚优先股针对转股日前后一段时期的股价设置了转股条件。

四是总损失吸收能力债务工具。根据二十国集团 2015 年出台的《处置中的全球系统重要性银行损失吸收和资本结构调整能力原则》中的相关规定，总损失吸收能力（TLAC）是指当全球系统重要性银行进入处置程序时，能够吸收银行损失的各类资本或债务工具的总和。TLAC 具体包括两类，一类是符合巴塞尔协议Ⅲ要求的资本；另一类是具有减记或转股条款、原始期限小于 5 年且剩余期限大于 1 年的无担保债务资本。

三、进一步优化银行资本补充的建议

一是创新更多有助于结构优化的资本补充工具。尽管从表面数据看，截至 2017 年末，我国商业银行核心一级资本充足率、一级资本充足率、资本充足率分别为 10.75%、11.35%、13.65%，高于监管标准 2~3 个百分点。但也存在着明显的结构性失衡，如一些中小银行的核心一级资本充足率和一级资本充足率数据一致或者几乎一致，表明这些银行一级资本中的"其他一级资本"严重不足。为此，今后监管部门有必要进一步推出更多能补充"其他一级资本"的创新资本工具，助力实现银行资本结构的长期健康稳定。

二是支持银行进军更广阔的境内外资本市场。除境内 A 股、"新三板"和香港的 H 股市场外，未来监管部门也可考虑支持商业银行登陆更广泛的境内外资本市场，扩展资本补充来源。例如，比照高科技"独角兽"公司的待遇，适时推动一批公司治理完善、经营稳健的中资银行赴位于德国法兰克福的中欧国际交易所发行 D 股，或为 H 股中资银行回流 A 股、CDR 融资提供便利条件。同时，积极支持中资银行探索赴伦敦、新加坡、迪拜等国际金融中心发行以人民币计价的境外优先股、伊斯兰债券等资本补充工具。

三是银行既要重视资本补充，更要重视资本管理。除内源性、外源性资本补充等分子策略外，商业银行还应重视运用分母策略和"分子+分母"综合策略。分母策略即风险加权资产管控策略，通过资产结构和总量优化、市场风险模型优化等方式来限制信用风险加权资产、市场风险加权资产和操作风险加权资产的增长速度。"分子+分母"策略是指运用风险调整后资本收益率（RAROC）、经济增加值（EVA）等工具全面提升资本效益。通过三种策略的综合运用，建立起一个资本、风险、收益动态匹配的资本管理框架。

第十四章
公司业务转型注重提质增效

公司业务转型创新是商业银行在新时代实现可持续发展的重要手段。商业银行通过差异化转型适应经济结构调整，逐渐改变同质化经营模式，由资源过度集中于少数优质大型客户向依托核心企业的广大上下游中小企业延伸，由传统行业为主向传统与新兴行业并重转变，加大对高端制造业、农业现代化等领域的深耕拓展，由单一金融产品定价向综合服务定价转变。同时搭建基于客户的整体金融服务框架，更加重视信息化平台搭建和移动终端使用。

一、公司业务转型创新是大势所趋

长期以来，商业银行公司银行业务承担了金融支持实体经济发展主力军的职责。目前，我国经济、金融环境正以前所未有的速度发生着深刻变革。从宏观经济层面看，中国经济正处于转变发展方式、优化经济结构，以及转换增长动力的攻关期，由高速增长阶段转向高质量发展阶段。经济发展方式将发生根本转变，过去依靠资源和低成本劳动力要素投入的粗放型发展方式将被绿色、创新、高效的效益型发展方式所取代。

这种外部市场环境的变化要求商业银行适应三大趋势，持续推进公司业务转型。一是适应金融改革深化趋势。利率市场化、人民币国际化与多层次资本市场发展等金融体制改革持续深化，新的金融业态和产品不断涌现。在监管政策框架逐渐清晰的背景下，商业银行具有更为明确的创新方向和手段，对公业务的营销方式和服务工具更加丰富和开放。二是适应客户需求多元化趋势。经济发展方式的转变会逐步改变企业的经营方式，产能整合和技术创新成为企业转型升级的两大主题。随之而来的企业客户金融需求也在不断发生变化，直接融资比重不断提升，基于行业和企业生命周期的个性化金融需求不断涌现，需要银行迭代创新公司业务模式加以满足适应。三是适应市场参与主体多样化趋势。在银行同业竞争加剧的同时，非银行金融机构、互联网金融企业的经营范围和服务能力进一步扩大，业务跨界经营，相互渗透，银行的市场竞争主体不断增多。同时，金融科技的大规模运用既加速了市场竞争格局的分化，也为商业银行对公业务转型提供强大创新动力。

公司业务转型创新是商业银行在新时代实现可持续发展的重要手段。面对市场变化，商业银行通过差异化转型适应经济结构调整，逐渐改变同质化经营模式。在客户选择方面，由资源过度集中于少数优质大型客户向依托核心企业的广大中小上下游企业延伸；在行业选择方面，由传统行业为主向传统与新兴行业并重转变，加大对高端制造业、农业现代化等领域的深耕拓展；在盈利模式方面，在保持净利差合理水平的基础上扩大对公业务的中间业务收入；在定价策略选择上，由单一金融产品定价向综合服务定价转变，实现基于客户的整体金融服务框架；在渠道运用选择上，更加重视信息化平台搭建和移动终端使用，对公客户提供更为高效的个性化线上服务。

2017年，回归本源是商业银行对公业务转型的重要指导原则。当年金融机构投向非金融企业及机关团体的人民币新增贷款6.7亿元，同比多增6088亿元。各家商业银行都不同程度地加大了对公客户特别是制造业客户的资源投放力度。回归本源并不仅是简单回归到传统的信贷业务上，而是通过对公业务的转型更好地提升服务实体经济的能力。各家商业银行大多从战略高度出发，做好顶层设计，进一步明确公司业务的战略定位、目标和实现路径，用创新推动业务转型发展。

其一，聚焦深化资产结构调整，通过资产负债表的重塑推动业务转型。商业银行遵循市场规律，顺应经济发展和结构调整方向，结合自身战略目标、资源禀赋和客户结构特点，合理配置资产，有针对性地开展业务，主要聚焦四大领域：一是围绕重大国家战略以及城镇化带来的基础设施投资的金融服务；二是制造业转型升级带来的传统产业设备升级更新和并购重组的金融服务；三是现代服务业领域的金融支持，特别是现代物流、电子商务等生产性服务业以及文化、教育等消费性服务领域；四是围绕新产业、新业态和新企业家对科技型企业和新兴行业进行金融服务。

其二，聚焦优化经营模式，通过服务手段和商业模式的创新推动业务转型。一是通过"商行＋投行"模式，形成多层次、多元化、高灵活性的产品体系，依托综合服务体系经营客户，深耕市场。二是通过"债券＋股权"模式，在发挥债权传统业务优势的同时抓住多层次资本市场发展契机创新业务模式，构建符合未来经济导向的主流客户群。三是通过"境内＋境外"模式，把握"一带一路"建设及人民币国际化带来的海外金融需求机会，打通境内和境外金融市场，形成体系化产品帮助跨境客户管理利率和汇率风险，提高服务附加值。

二、公司业务转型创新提升质效

1. 为实体经济提供金融活水，质效提升明显

实体经济与金融共生共荣。支持实体经济是银行业生存发展之本。脱离了实体经济，银行业的发展将成为无源之水、无本之木。近年来，商业银行公司贷款规模持续增长，客户结构不断优化，相关产品不断迭代创新，有效地满足实体经济融资需求，在支持实体经济发展上呈现新的特征。

一是围绕支持实体经济和供给侧结构性改革大局，积极对接国家战略。在经济新常态环境下，商业银行着力扶持国家重点项目为主导的基础设施建，支持城市基础设施和公用事业建设的融资需求，关注绿色环保生态文明建设与民生改善，与之相关的交通运

输、水利环境和公共设施管理业等领域的贷款规模快速增长。

二是创新服务新经济，以自身转型助力实体经济转型。以党的十九大为起点，中国经济步入了高质量发展的新时代，新经济作为推动中国经济发展的核心动力快速崛起，对商业银行的转型提出了更高的新要求。商业银行以专营机构的新模式积极拥抱新经济，通过资源配置及政策倾斜，实行专业化、特色化管理，在管理模式、客户培育、产品创新及渠道搭建等方面做出有益探索，引导信贷资源向优质高效领域转移，挖掘战略新兴产业、现代服务业、先进制造业、文化产业等新产业需求，为新经济发展提供金融支持。

三是守住风险底线，质效提升明显。要实现金融与实体经济的良性循环和银行业的可持续发展，就必须做好金融风险的防控。防风险作为三大攻坚战之首，要求银行业以深化改革为发展动力，在服务质量和效率上不断进步，不断提升控制风险和化解风险能力。从上市银行年报数据来看，2017 年大部分 A 股上市银行对公业务不良贷款增速明显放缓，农业银行、招商银行等对公业务不良贷款额和不良贷款率出现了"双降"，困扰银行的资产质量问题得到了一定程度的化解。

表 14-1　部分上市银行对公业务不良贷款情况　　　单位：百万元，%

银行名称	2017 年 12 月 31 日		2016 年 12 月 31 日	
	不良贷款余额	不良贷款率	不良贷款余额	不良贷款率
工商银行	175903	1.97	159871	1.96
建设银行	166044	2.58	152323	2.60
农业银行	156380	2.54	188767	3.52
民生银行	25754	1.52	22198	1.42
光大银行	22785	1.93	21412	1.99
招商银行	41522	2.50	45719	2.92

数据来源：根据中国银行业发展报告课题组根据各行定期报告整理。

2. 公司业务交易化，深度服务产业链

交易银行将金融服务渗透到企业采购、生产和销售等核心经营活动以及高频资金流转中，将传统贸易融资、支付结算、现金管理、资金托管、电子银行渠道等金融服务创新整合，旨在以一站式的综合金融服务方案帮助企业实现管理流动性、提升资金使用效率，以及管控财务费用等多重目标。在政策红利、产业整合和科技突破等多重因素的催化下，交易银行被定位为公司业务条线的核心模块，在公司业务转型升级过程中得到快速发展。根据《中国银行家调查报告（2017）》的调查，银行家对发展交易银行普遍持肯定态度：22.7% 的被调查者选择加速发展交易银行，61% 的被调查者选择稳步推进。交易银行创新发展实现了公司业务金融服务深度的延伸和广度的扩展。

一是全面覆盖企业运营资金管理。突破原有单一债项融资的服务模式，将视角延伸至企业的采购、生产、销售等交易行为，关注企业的生产经营行为以及这些行为背后反映在三大财务报表体系中的营运资金流转、利润转化和经营性现金流管理，有力促进企业提质增效，为企业的长期良性增长注入发展动能。

二是打通了产业链体系上下游生态圈。按照产业"微笑曲线理论"，核心企业以核心技术和品牌优势占据了产业链战略地位，并用长期稳定的合作机制带动产业链升级发展。交易银行正是契合产业链上企业复杂，交易活动频繁的特点，将单一企业的个别服务拓展成为以核心企业为中心、链式服务上下游中小企业的综合化金融服务，为整体产业链提供具有行业特色的金融解决方案。近年来，交易银行在医疗、工程、公用事业、TMT 等特色行业和领域不断实现突破。

三是重塑离岸跨境服务竞争力。2017 年我国外贸复苏明显，企业跨境交易日趋频繁，离岸结算、贸易融资金融需求明显增长。交易银行融合了贸易金融、跨境金融和离岸金融的产品和服务优势，为优质进出口企业打造全方位金融服务，为企业国际化发展量身定制高效便捷的跨境融资整体解决方案，为"走出去"、"引进来"的企业提供离在岸一站式综合服务。

3. 公司业务投行化，以"融智"模式创新服务供给侧改革

商业银行投行业务利用多层次资本市场的优势，拓展了企业客户直接融资渠道，把握了客户新型融资需求特征，以产品及服务模式创新丰富了公司业务的服务"工具箱"，成为公司业务提升金融服务质量、增强客户黏性的利器。通过多年的摸索和发展，商业银行投行业务已经初步构建了从债务资本市场到股权资本市场，从结构金融到并购金融，覆盖企业全生命周期的业务体系，服务重心逐渐从服务大型企业到服务供给侧改革。

一是为传统企业减负。投行业务以企业资产证券化、应收账款 ABS 等结构融资业务盘活企业资产，让重资产的传统企业轻装上阵；以并购基金、并购银团贷款、境内外发行并购债等多样综合融资模式帮助产业龙头企业实现外延式增长，整合上下游资源，重组处置落后产能，甚至实现海外领先技术的收购。

二是为新经济赋能。对"轻资产运营"的新型制造业、服务业的新业态、新模式以及新兴产业的金融服务需求，投行业务通过项目收益债承销、产业投资基金、收益权资产证券化、投贷联动、双创债等创新品种和业务精准满足客户融资需求。

三是助力"三大攻坚战"。投行业务在化解重大风险、精准脱贫、污染防治三大攻坚战中起着重要作用。以市场化债转股业务模式改善部分国企的资产负债表，为国企改革争取时间，化解区域性潜在重大风险；创新推出扶贫债、绿色债等产品，推进"绿水青山"、棚户区改造等国内资产证券化产品。经济新常态下，供给侧结构性改革是经济高质量发展的核心驱动力量，商业银行投行业务积极参与构建更高效的直接融资市场，在优化金融市场资源配置方面扮演着重要角色。

4. 金融科技成为公司业务创新的重要支撑

随着大数据、云计算、区块链、人工智能等技术的不断突破，金融科技的迭代升级推动了公司业务模式和特色产品的创新，具体体现为以下几个方面：

一是金融科技突破了原有的公司业务服务场景，不断融合产业，重构开放共赢的银企生态圈。网上银行和手机银行打造全天候、开放、智能化的互联网服务模式，形成丰富的全渠道、场景化的支付结算产品。在过去几年中，银行业平均离柜率大幅攀升，从2010年的45.2%上升至2017年的87.58%，实现了大部分业务的离柜办理。部分银行深度创新，以区块链技术为核心，建立移动数字应收款以及票据平台，有效利用和挖掘大数据，以生态模式和互联网思维实现金融服务与产业的深入嵌套和融合，重构了银行金融产品、服务和流程。

二是利用大数据挖掘实现精准、动态地刻画客户画像，做到业务有的放矢。大数据模式打破了传统财务数据为核心的结构化数据分析模式，通过对海量数据的存储清洗、交叉检验、挖掘分析，以可视化的呈现模式，抽象出客户360度全景画像，做到动态刻画客户交易行为特征，全面评估客户风险状况，精确匹配客户金融需求，为企业提供线上化、批量化、智能化的融资服务，全面提升对公业务的服务能力和服务效率。

三是提供金融IT基础设施，为客户提供集"融资＋融智＋融器"于一体的综合服务方案。随着核心企业在产业链中的地位不断提升，其金融服务需求从自身主体头寸管理延伸至集团分公司和子公司、供应链上下游、员工及终端消费者等利益相关者，从支付结算扩充至投融资和增值等综合金融信息服务。大型集团企业通过财务公司等模式，利用的经营场景和流量，逐步打造数字化、行业化、场景化、闭环化为特征的金融体系。为了顺应企业新的金融需求，商业银行以输出自身金融科技技术为切入点，不仅满足了客户对金融的需求，提升客户服务黏度，而且获取了新的业务增长点。

三、转型创新注重服务实体经济

中国经济进入高质量发展阶段，对商业银行而言，未来公司业务的转型和创新将紧扣供给侧结构性改革，在数字化、交易化、投行化、综合化的趋势背景下，切实回应和解决企业金融痛点，回归服务实体经济本源，重点可以在以下几个领域推进。

1. 主动推进绿色金融业务

党的十九大报告指出要"建设美丽中国，推进绿色发展，构建市场导向的绿色技术创新体系，发展绿色金融，壮大节能环保产业、清洁生产产业、清洁能源产业"。在这方面，商业银行公司业务大有可为。一是大力支持技术前景好、市场潜力大的绿色产业。大部分绿色产业具有投资周期长和经济效益见效慢的特点，商业银行准确把握产业发展趋势和国家政策导向，可针对性地提供金融解决方案。二是支持企业技术升级和改造。随着产能过剩行业节能减排标准的不断提高和环境影响评价审批制度的日趋严格，不少企业需要通过技术改造，开展节能减排等新技术、新工艺的应用。针对这类企业在不扩大产能的情况下进行技术改造升级、加强节能降耗和推进绿色低碳发展等特点，商业银行可注重挖掘其中的业务机遇，为企业转变发展方式提供融资支持，这也有利于加强银企关系和客户基础。三是积极探索新的业务模式，为企业提供绿色金融解决方案。针对产品需求主要来自政府采购、未来现金流稳定的项目，可重点考虑采用绿色金融债的方式，在债券市场等公开市场上筹集资金支持环保、节能、清洁能源、清洁交通等绿色产业项目；针对政府拟开展公私合营的PPP类项目，商业银行可协助引入优质民营企业，共同推动项目开发；针对高成长类环保企业的上市融资需求，商业银行可帮助其引入各类环保基金、产业基金，助推企业上市；针对设备采购需求量较大的情况，商业银行可通过融资租赁、买方信贷等业务模式缓解其一次性购买时的资金压力。四是推进用能权、碳资产、排污权质押等新兴融资产品的创新。发展节能减排能效贷款、碳资产管理计划、合同能源管理融资、特许收益权质押等能效公司信贷产品。

2. 深入挖潜供应链金融

中小企业作为国民经济发展的重要推动力，融资难的问题一直没有得到有效解决。融资渠道狭窄、依赖非正规金融渠道的困境始终存在，缺少抵质押担保资产成为从银行方面获取融资困难的主要因素。针对这个情况，近年来各商业银行改变传统授信思维与方式，积极开展供应链金融，通过整合金融资源和各主体关系，逐渐成为解决中小企业融资难的主要途径。目前，供应链金融在规模更小的小微企业层面开展得还不够充分，商业银行可继续深入挖潜其中的业务机会。

一是充分认识小微企业供应链金融的特点。大部分银行的供应链金融业务主要集中于汽车、钢铁、家电、煤炭、石化、电信等行业。这些行业变化趋势规律性强，风险把控相对容易，资产价值更容易评估，同时企业整体规模较大，利于业务开展。而小微企业行业分散，多数仅是一、二级供应商，产品仅是某些半成品、零部件等，且相对专业，评估信息不够透明，与大部分供应链金融集中"大宗商品"模式存在很大差异。

二是开展小微企业供应链金融业务，必须先从撬动核心企业开始。小微企业资金压力主要来自核心企业在供应链内部贸易中的优势地位，核心企业习惯于通过向上游赊销、向下游压货等方式，将流动资金压力转嫁到供应链中处于相对弱势地位的小微企业，但金融机构一般难以为小微企业提供应收账款等确认服务。供应链金融业务开展涉及操作的事项多，且事项层级高，如要求签订核心企业与银行的总对总协议、要求进行债权债务确认等，这些事项非小微企业所能企及。只有核心企业真正认识要提升包含小微企业的整个供应链金融的运作效率并愿意做投入时，小微企业的供应链金融才能得以有效撬动。因此商业银行深挖供应链金融需要首先"攻克"核心企业，引导核心企业开展供应链金融。

三是小微企业供应链金融可从应收账款融资进一步拓展至订单融资。商业银行开展供应链金融业务，一般从应收账款开始，而小微企业经常在应收账款形成之前就有融资需求，因此供应链金融可从应收账款融资进一步拓展至订单融资。所谓订单融资是指购销双方签署订单合同后，银行应订单接受方的申请，依据其真实有效的订单合同，以订单项下的预期销货款作为主要还款来源，向借款人提供用于满足订单项下原材料采购、组织生产、施工和货物运输等资金需求而提供的短期融资。由于应收账款还未形成，先期风险将集聚在卖方订单的履约能力上。在应收账款形成后，风险则转移为买方的履约能力。由于业务的特殊性，银行一般要求订单买卖双方为生产型企业，并对买卖方提出一定的准入门槛，以及在后续操作业务中需要双方通过签订合作协议的形式承担相应的义务。

四是小微企业供应链金融必须强化"数字化"导向。小微企业供应链金融的数字化创新主要从风险管理和业务发展两个方面入手，达到四方面效果：规范银行业务操作流程和操作方式；提高业务处理效率，降低人工成本；较好地控制操作风险，满足合规性要求；支持业务创新和市场发展。由于各参与主体的电子化程度参差不齐，整合相关信息资源、构建数据互相流转的电子化供应链金融服务平台，将成为未来供应链金融的发展趋势。银行作为供应链金融重要参与者，建立自身的供应链金融系统，推动、引领信息资源的整合共享，不但解决了操作成本问题，而且还能为客户创造融资和非融资服务新方式，并获得增值收益。

3. 积极开展科技金融

党的十九大报告把加快建设创新型国家作为贯彻新发展理念、建设现代化经济体系的一项重大战略任务。商业银行发展科技金融不仅是为了助力科技型企业、提高全社会的科技发展水平，也是回归本源、调整业务结构、实现自身转型发展的要求。

一是商业银行可基于企业生命周期构建产品体系。商业银行可能并不是培育期和成长早期的科技型中小企业的首选合作伙伴，但其优势是可以覆盖整个企业生命周期。商业银行不仅能为处于不同阶段的科技型企业提供服务，也能伴随同一家科技型企业经历各个发展阶段。如针对投入期的科技型企业，商业银行可以为其提供"双创"系列产品、智权融资等；针对处于成长早期的科技型企业，可以为其提供选择权贷款、投贷联动产品等；针对处于成长中期的科技型企业，可以为其提供科技型中小企业综合票据业务等；对于已经进入成长晚期和成熟期的企业，则可以为其提供传统银行产品和服务。

二是商业银行可重点通过选择权贷款模式开展投贷联动。目前，商业银行尝试了多渠道介入投贷联动业务，如通过设立境外投行、借道产业基金或信托公司、通过与第三方投资机构合作、通过股东的关联投资机构等开展业务。其中与第三方投资机构合作的选择权贷款模式的可行性最高。选择权贷款模式是指为平衡授信风险，银行在对企业提供授信时获得一定的企业股权期权并由投资机构代持，在企业实现IPO或者股权转让等股权增值后，由投资机构抛售所持的该部分股权或期权，再由投资机构按照约定将相关收益以融资顾问费等方式返还银行的模式。这种操作模式使商业银行规避了不得从事直接股权投资的限制，并在实现贷款利息收入的同时，实现股权投资收益。选择权贷款融资可以避免企业过度稀释股权。通过信用和股权质押的方式获取早期发展所需资金，选择权贷款可为处于成长早期阶段的企业提供日常所需的流动资金。

三是商业银行可为智能制造企业提供科技金融服务。随着"中国制造2025"战略迈入攻坚期，智能制造已经成为产业转型升级和提高科技发展水平的战略支点。不少企业有实施智能制造的意愿，有强烈的科技改造和转型升级的需求，但也有很多痛点和难点。一是一次性投入大、投入回收慢，企业容易出现资金压力大、经济效益不确定、风险把控难等问题，从而陷入既担心投入有风险，又担心丧失市场机会的两难困境；二是设备定制化程度高，不同行业的智能制造所需设备工艺差异较大，而且智能设备科技含量高，需要持续升级维护以及服务方和实施方的深度合作；三是不同规模企业的需求不同，对智能制造投入金额、投入方式需求各不相同，传统粗放的信贷投放不仅难以满足企业实际需求，也不符合银行的风控要求。因此，迫切需要银企携手探索出一套多元化、全流程的金融服务模式。为此，商业银行需从智能制造实施的供给和需求两端入手，充分发挥银行的资金融通、信用中介、衍生服务等职能，创新运用买方信贷、设备租赁、设备外包、产业基金、流动性服务等金融产品和服务，探索出一套一体化科技金融创新服务模式，助力传统制造业向智能制造转型升级。

第十五章
零售业务转型聚焦大零售战略

党的十九大报告指出，中国特色社会主义进入新时代，我国社会主要矛盾已经转化为人民日益增长的美好生活需要和不平衡不充分的发展之间的矛盾。与其他业务相比，零售业务与人民生活密切相关，做好零售业务，满足人民日常生活中的金融需求，更好地满足人民在政治经济文化社会生态等方面日益增长的需要，是商业银行的重要责任。2017年，商业银行不断深化金融科技在零售业务中的应用，加强组织机制的敏捷化建设，不断提升客户体验，零售业务实现快速发展[①]，收入贡献持续提高。

一、大零售战略带动零售业务快速发展

在资本约束、利率市场化和金融脱媒等因素的影响下，零售业务作为银行业务的另一个核心领域，逐渐成为银行创收的重要引擎。国内商业银行不断紧跟国际先进银行的发展趋势，跳出"一贷独大"的传统业务范畴，开始向资本消耗少、经济波动影响小、收入来源稳定的零售业务进行转型，逐渐由产品导向过渡为客户导向，重构业务格局。零售业务不再是传统的个人银行业务，而是依托金融科技，向个人、家庭和小企业客户提供的综合性、一体化金融服务。零售业务涉及商业银行负债业务、资产业务、中间业务、网上银行等各个领域，既包括储蓄存款、结算支付、货币兑换、贵重物品保管等传统个人金融服务，也包括个人和家庭理财规划、信用卡、消费信贷等新兴业务。伴随中国经济转向消费和投资的"双轮"驱动，大众消费和理财需求迅猛增长，财富管理、消费金融及小微金融等领域逐渐成为大零售战略的发展重点。

2017年，在去杠杆、地方政府和国有企业投融资行为被严格规范以及消费时代来临的背景下，零售银行的战略意义开始受到前所未有的重视，各银行以"金融科技＋"为主线，大力推进零售战略，保持战略定力、找准战略聚焦，持续不断地推动战略举措落地，零售业务持续快速发展。从主要上市银行零售业务数据来看，2017年，11家上市银行零售业务营业收入达1.4万亿元，较2016年增长8.9%；零售业务营业收入占比平均接近40.8%，较2016年提高2.2个百分点。其中，大型商业银行零售业务营业收入达9502亿元，较2016年增长6.9%；零售业务营业收入占比36.4%，较2016年提高

---

① 根据麦肯锡的预测估算，2017年零售银行收入约为1.6万亿元，A股披露零售业务收入数据的主要11家上市银行和邮储银行零售收入为1.4万亿元，占比约为90%。基于数据可得性和代表性，本章的数据范围包括A股主要16家上市银行和以零售银行为战略定位的邮储银行，具体数据和业务发展情况视各行年报对零售业务的披露程度而定。

1.1 个百分点。自 2009 年起，中国零售银行业务收入以每年 23% 的速度递增，预计到 2020 年，整体规模将达到 3.2 万亿元，成为仅次于美国的全球第二大零售银行市场。[①]

表 15-1　2017 年部分上市银行零售业务收入及贡献情况　　单位：亿元

银行名称	2017		2016	
	零售营业收入	占比	零售营业收入	占比
工商银行	2865	39.4%	2670	39.5%
农业银行	2033	37.8%	1923	38.0%
中国银行	1591	32.9%	1503	31.1%
建设银行	2361	38.0%	2203	36.4%
交通银行	652	33.7%	592	31.5%
邮储银行	1488	66.2%	1370	72.3%
招商银行	1084	49.1%	1002	47.8%
民生银行	486	33.7%	496	32.0%
中信银行	544	34.7%	402	27.8%
光大银行	356	38.7%	294	31.3%
平安银行	467	44.1%	329	30.6%

数据来源：根据各行年报整理。

二、金融科技驱动零售业务智能化转型

2017 年，国内商业银行秉承"以客户为中心"的理念，顺应客户需求变化及金融科技发展趋势，充分借助大数据、人工智能等技术，推动客户管理、业务发展、渠道建设和组织机制建设等方面的智能化转型，跳出传统银行思维框架，对标互联网金融机构，以客户需求为出发点，以数字化为支撑，打造智能化零售业务发展模式。

1. 客户服务精准化

随着信息技术的不断发展，科技对人们生活的影响已经从量变转化为质变。2017 年，商业银行不断深化金融科技在客户管理中的应用，利用金融科技吸引、经营客户，实现客户服务的精准化。

一是打造批量获客能力。互联网的发展和智能移动终端的普及把客户行为从线下转变为线上与线下并重，在平台和场景中获取金融服务已经成为主流。2017 年，国内商业银行零售业务不仅通过产品、服务来吸引客户，而且与线上平台和各大电商平台、社会资源平台的场景、流量相结合，形成互补，批量获取客户。以信用卡业务为例，针对年

[①]　倪以理等：《中国银行业转型与创新系列白皮书：集约化　智能化　跨越式发展零售银行之路》［R］．北京，麦肯锡，2017。本部分其他内容亦有参考。

轻、商旅、娱乐等细分客群，国内商业银行开始与互联网公司合作，将互联网公司的技术、用户、场景等生态能力及"互联网基因"注入传统信用卡体系，发行了各类联名信用卡，开启了信用卡业务批量获客的有益尝试。

二是提升精细化经营能力。随着大数据和人工智能等技术的不断成熟，商业银行可以在成本可控的前提下，持续深化大数据分析技术应用，不断完善和全面推广客户画像功能，形成线上线下多触点的一体化精准营销体系，商业银行的经营能力也实现了从面向客群到服务个体、从"千篇一律"到"私人定制"的优化升级。2017 年，国内商业银行在个人客户、家庭客户和小企业客户三大客群基础上，一方面，构建包含客户特征、行为、价值等维度的客户标签，构建全面的客户画像，形成针对性更强的客户细分策略；另一方面，在客户画像的基础上，建立包括主动营销和被动营销的智慧营销引擎，为客户和客户经理提供实时的推荐服务，提高精细化经营能力。以智能投顾为例，我国智能投顾市场从 2015 年下半年开始启动，目前已成为零售银行获客、留客，以及构建产品佣金与管理服务费并重资管盈利模式的一大利器。2017 年，商业银行纷纷推出智能投顾服务，通过获取客户的投资行为画像，结合智能算法和量化金融模型，为客户定制个性化的投资方案。

三是打造数字化风控能力。党的十九大报告指出，要坚决打好防范化解重大风险攻坚战。中央经济工作会议再次强调，打好防范化解重大风险攻坚战，重点是防控金融风险。对商业银行而言，业务发展很重要，严守风险底线更为重要。2017 年，商业银行通过大数据、人工智能等手段，动态刻画客户、业务、押品等风险主体的立体风险视图和风险收益视图，为风险管理和风险经营提供决策支持和服务支撑。在风险决策方面，整合信息资源，运用大数据、人工智能等技术，打造大资信实时风险决策引擎。在反欺诈方面，运用人工智能等技术，强化欺诈风险模型的准确性，对资金流向进行监测，防止放款后客户将贷款资金挪作他用。

2. 业务平台化

2017 年，商业银行开始跳出传统银行思维框架，对标互联网金融机构，在差异化、方案化产品体系的基础上，将金融科技应用于零售银行业务，以客户需求为出发点，通过适当的跨界扩张，将金融服务从产品体系向服务平台转型，打造客户获取、客户经营的新模式。业务平台可以根据客户的交易记录与风险偏好、为客户提供个性化的产品投资组合方案，并利用大数据分析技术、分析客户需求，最终通过平台软件推送、呈现，客户仅需一键即可触达各项服务，实现场景无缝衔接。

零售银行业务平台化具有两个方面的优势：一是通过抓住、整合零售客户碎片化的金融需求，扩大零售客户与银行服务的接触面，在平台上形成与客户的互动交流，深化客户关系；二是通过平台积累客户日常行为的多维度数据，发现客户的潜在需求，并通过平台设计引导客户行为，实现精准的客户细分和营销，增加交叉销售机会，长期内形成客户需求与银行服务的良性循环。

3. 渠道综合化

金融科技不断发展和运用，为商业银行与零售客户的互动创造了更多的渠道。从客户需求出发，用数字化手段连接各个客户触点，重新定位线下渠道和线上渠道，打造综合化渠道，是零售业务智能化转型的关键。2017年，商业银行不断提高物理网点智能化水平和线上渠道移动化水平，大力发展直销银行，渠道综合化程度不断提高。

一是物理网点智能化。物理网点的核心优势在于能够满足客户更加复杂、更具个性化、更注重客户体验的金融需求。从国际经验来看，精简网点数量、促进服务渠道向电子化、智能化方式转变，是物理网点转型的大趋势。根据2017年年报数据，我国大型商业银行营业网点数量较2016年减少586个，而且积极推进网点智能化转型，推进智慧柜员机渠道创新，持续完善智能服务流程和功能，推动网点从"交易处理型"向"营销服务型"转型，有效提升智能服务客户体验。

二是线上渠道移动化。随着消费升级和移动设备的普及，零售场景移动化趋势日益明显，零售银行业务也随着消费者金融需求的变化和金融科技的应用，出现了以移动APP为载体的移动化趋势。以移动APP作为连接客户的流量入口，可增加银行与客户的触频，赋予银行在客户生活场景中新的定义，实现产品和场景无缝衔接。以此为理念来重塑银行线上渠道及业务流程，是零售银行渠道移动化的核心策略之一。

三是直销银行不断发展。与商业银行线上线下集合的渠道模式不同，直销银行不设物理网点，完全通过网络、电话等工具，实现零售业务与客户的业务往来，是门槛更低、费用更低的零售银行新模式。目前。我国直销银行已达113家，成为零售银行业务新渠道和试验田。其中，农商行（或农信社）、城商行、股份制商业银行直销银行分别有68家、30家和11家[①]。

4. 组织机制敏捷化

金融科技推动了零售业务客户服务精准化、业务平台化和渠道综合化发展，提升了客户体验。但卓越的客户体验，不仅仅是优化产品、服务和渠道，还要建立相应的支撑保障体系。2017年，商业银行一方面突破传统银行组织审批流程长、反应速度慢的瓶颈，推进敏捷型组织建设，建立敏捷机制以及贯穿"总—分—支—前线"的垂直化管控协调体系，进一步提升组织运转效率，建立起零售业务可持续发展的机制与能力。同时，建立零售业务创新产品和服务的孵化器机制，集中最优资源实现极速开发、实验和迭代。此外，通过重构端到端客户流程，简化流程环节，提供关键时刻指导，快速响应客户需求。

[①] 数据来源：艾瑞咨询《2017年中国直销银行发展研究报告》。

三、零售业务发展面临诸多挑战

当前，在金融科技的驱动下，我国商业银行零售业务开始了智能化转型，取得了一定的效果，但零售业务发展仍面临较多挑战。

一是从市场外部环境来看，随着利率市场化的深入推进，银行财富管理业务多样化发展，以及其他非银行类金融机构进入理财资管市场，商业银行获取低成本负债的难度越来越大。零售银行业务具有成本高、投资大、见效慢的特点，随着负债成本的提高，商业银行零售业务的成本收入比还将进一步提高。

二是从市场竞争环境来看，互联网金融机构不断蚕食零售业务市场。在过去几年中，我国互联网金融产业快速发展，在理财、贷款、支付等多个领域，对商业银行零售业务造成了较大冲击。在贷款领域，截至 2017 年底，网贷行业总体贷款余额已经达到了 12245.87 亿元，同比 2016 年上升了 50%。2017 年网贷行业投资人数与借款人数分别约为 1713 万人和 2243 万人，较 2016 年分别增加 24.58% 和 156.05%。[①] 在支付领域，客户越来越依靠扫码支付、指纹支付等方式进行交易，互联网金融机构迅速颠覆了银行的垄断地位。

三是从客户经营来看，一方面，随着互联网机构的触角不断延伸，加上商业银行金融脱媒，商业银行原有客户群体已经成为互联网金融市场的目标客户和潜在客户，如何避免客户流失成为零售业务的重大课题之一；另一方面，传统商业银行的客户经营能力集中在客户经理队伍，总分行是产品和服务的提供者、业务规则制定者。在互联网时代，线上经营趋势大幅弱化了商业银行传统的客户经理经营能力。

四是从体制机制来看，一方面，商业银行机构层次多、资源配置分散、市场响应慢的特点，与金融科技快速发展的大环境存在错位。另一方面，在总行—分行的制度下，分行人员由总行调配，分支行人员由分支行长调配，难以做到专业人做专业事。此外，商业银行目前在零售业务渠道线上化改造方面取得一定成效，但运营能力略显不足。

五是从风险防控来看，金融科技与零售业务的不断融合，跨市场、跨行业的交叉性产品越来越多，也使得金融科技的风险与零售业务的操作风险相互交织，金融风险更加复杂，对零售业务的风险防控能力提出了更大的挑战。

四、零售业务智能化转型不断深化

对于商业银行零售业务来说，利用好金融科技这把"双刃剑"，加大智能化大数据应用，给零售业务全流程赋能，改善客户体验，是下一步商业银行零售业务智能化转型的大方向。金融科技将推动零售业务智能化转型不断深化。

---

① 数据来源：《2017 年 P2P 行业年报简报》。

一是借助金融科技提升客户管理能力。客户是企业最重要的资产，一方面，可通过加强互联网技术的应用，结合线上线下的场景布局，继续完成场景化批量获客转型；另一方面，可通过大数据技术的应用，深入客户分析，满足客户的个性化需求，完善客户服务，提升客户体验和忠诚度，带动新旧客户价值提升。

二是借助金融科技加强产品创新能力。产品、服务和客户体验直接关乎零售银行业务发展的成败。目前，零售银行提供的产品本身具有同质性，未来将加大科技应用，资产端围绕客户日常生活中的金融需求，直击痛点，并形成整体的金融解决方案。负债端利用金融科技分析不同客群的特点，通过差异化定价、产品创新和新的营销模式，实现负债端的优化配置，降低负债成本。

三是借助金融科技促进体制机制转型。体制机制是零售银行发展的重要保障，未来一方面，可以突出总行的"发动机"职能，在产品研发、销售管理、渠道布局、数据驱动等方面提升总行能力；另一方面，可继续推进敏捷组织建设，转变领导角色，充分授权团队，打破"条""框"架构，以项目为导向，以快速迭代的方式完善产品，鼓励培育创新的决策机制。此外，可打破部门银行的掣肘，强化跨条线跨业务的协同合作，实现资源的统筹指挥和统一调配，为团队专业化、业务专业化提供机制保障。中后台可优化整合，提升与前台的协同和服务效率。通过加快创新的速度、深度和广度，才能与互联网企业抗衡，实现弯道超车，保持金融服务的优势。

四是借助金融科技改善渠道运营能力。银行服务的运营能力与运营效率将是未来银行竞争成败的关键。渠道是连接客户与服务的桥梁，决定了商业银行以何种方式为客户提供服务，事关零售银行的服务效率。目前，零售银行的服务渠道正在由传统的物理网点向"线上＋线下"多渠道体系转变，未来将借助金融科技，继续梳理各渠道的功能和职责，强化线上渠道，提升移动平台竞争力，明确网点定位，利用新科技推动智慧银行转型，并进行相应的整合归并，然后建立配套的运营支撑体系，保证客户在不同渠道间无缝切换，获得一致的客户体验。

五是借助金融科技强化风险防控能力。风险管理是银行安身立命的基础，所有经营管理活动的基石。未来零售银行必须强化大数据等技术在风险防控中的应用，使其风险管理能力符合零售业务快速发展的要求，适应不同业务类型的需求和偏好，通过对不同的零售业务实施差异化风险管理，提高专业化的风控能力，保证零售银行健康、稳定发展。

金融市场业务转型与创新并进

2017 年，金融监管、资本约束更趋严格，商业银行金融市场业务规模增长放缓，盈利难度加大，金融市场业务发展的机遇与挑战并存。在经济从高速发展向高质量发展转变过程中，金融市场规模扩张有所放缓，业务经营模式将从增量扩张走向存量盘活、提质增效和技术革新的集约增长之路，业务转型与创新共同推进。同业业务从线下向线上转移，投资业务稳步发展。金融市场业务整体在积极参与新产品市场的同时，积极从自营业务向代客业务转型。

一、2017 年金融市场业务机遇与挑战并存

1. 金融市场业务发展的机遇与挑战并存

2017 年，金融监管、资本约束更趋严格，商业银行金融市场业务盈利难度加大，金融市场业务发展的机遇与挑战并存。一是金融市场化改革持续推进，深刻改变金融市场业务格局。间接融资向直接融资发展，核心是金融资产、金融需求的可交易化和自由定价，由此衍生出大量横跨国际国内，横跨货币、资本、信贷和商品多个领域的新兴业务形态，为金融市场业务发展提供了重大机遇。二是金融监管、资本约束更趋严格，商业银行合规运营和轻资本运作压力明显加大，只有在更严格坚守风险底线、更有效服务实体经济的前提下，才能保持商业可持续。三是客户综合性金融服务需求日益迫切，共享金融、普惠金融对金融服务实体提出新要求。一揽子金融服务，特别是在资产保值增值、交易避险、全球配置等方面有较大的拓展空间。商业银行金融市场业务从线下经营向线上线下融合经营转型。四是在经济从高速发展向高质量发展转变过程中，金融市场规模扩张有所放缓，业务经营模式将从增量扩张走向存量盘活、体制增效和技术革新的集约增长之路。五是金融科技化浪潮下人工向智能发展，金融交易、金融服务和金融运营模式被重新定义。金融交易主体更准确的进行交易要素定价，金融服务主体提供更为个性化、实时化和智能化的金融产品方案和营销服务。金融运营主体需要把握金融创新的实质，提高穿透性、差异化风险识别和管控能力。

2. 金融资源向政策鼓励的领域配置

党的十九大描绘了中国经济发展蓝图，对商业银行金融市场业务产生一系列影响。一是同业业务顺应金融去杠杆大势，回归业务本源。前期同业负债占比较高的机构面临缩表压力。二是债券投资方面，财税体制改革持续推进，未来地方政府信用及融资模式

或将分化，商业银行地方债投资策略可能进一步分化。信用类债券投资跟随国家最新产业、行业和监管政策迅速调整，重点支持国家重大战略和项目；顺应国家倡导的消费金融、绿色金融等政策；支持"一带一路"和企业"走出去"。三是代客交易类业务将紧跟市场化改革进程，顺应金融市场对外开放趋势，有效应对"交易标的不断丰富，市场波动可能加大"的新形势。四是风险管理方面需要树立全面审慎的风险管理视角，应对并防控各类风险，加强制度建设，保证业务合规。五是信息化建设方面，在金融科技化浪潮已经形成，信息系统建设将着力于提升资源整合能力、数据分析功能及客户体验效果。

二、同业业务从线下向线上转移

1. 各行同业资产占比总体下降

一是大型商业银行中，各行同业资产占比有增有减，从结果看 2017 年末大型商业银行同业资产占比区间为 3.20%～8.66%。二是股份制商业银行中，2017 年同业资产规模较 2016 年均显著收缩，同业资产占比收缩幅度最大的银行同业资产占比下降达 3.63 个百分点。从结果看，2017 年末，股份制商业银行同业资产占比区间为 4.6%～7.69%。股份制同业资产平均占比从 2016 年的 9.34% 下降至 6.51%，下降 2.83 个百分点。大型商业银行同业资产平均占比从 6.67% 下降至 5.98%，下降 0.69 个百分点。股份制的同业资产收缩速度显著高于大型商业银行。

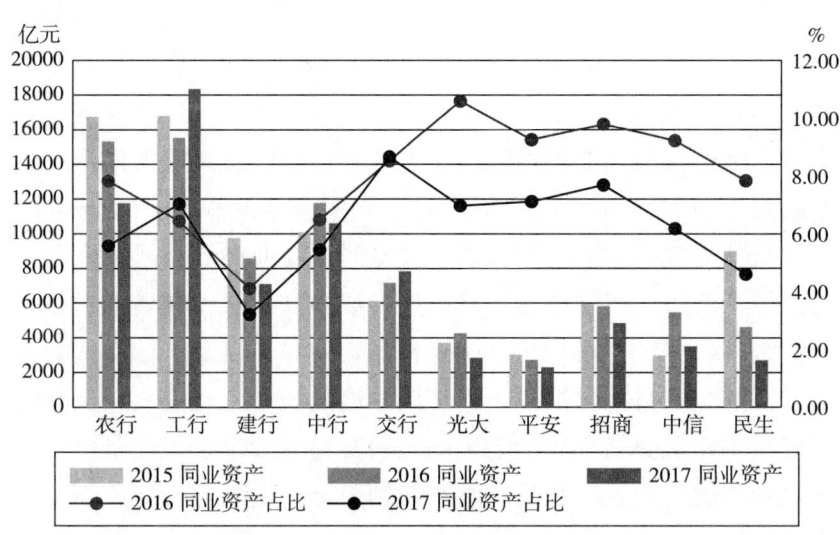

注：同业资产包括存放同业、拆出资金及买入返售。

数据来源：中国银行业发展报告课题组根据各行年报整理。

图 16 - 1 同业资产（不含存单）及占比

2. 同业业务由线下转向线上

受监管要求，同业业务从网下向网上转移，即由同业存单替代同业存款等，这使得2017年同业存单发行量大幅上升。2017年全年市场共发行同业存单20.17万亿元，较2016年增长7.22万亿元，增速为55.8%。分机构类型来看，城市商业银行发行量超过股份制商业银行成为全市场第一，发行量为8.8万亿元，占比为43.62%。从截至2018年4月末的同业存单存量来看，排名第一的是兴业银行，存量为5120亿元。

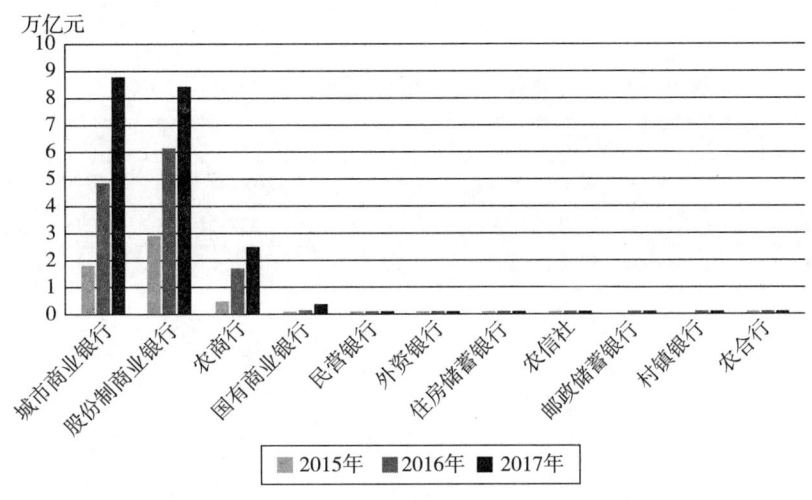

数据来源：Wind。

图 16 - 2　各类银行业金融机构同业存单发行量

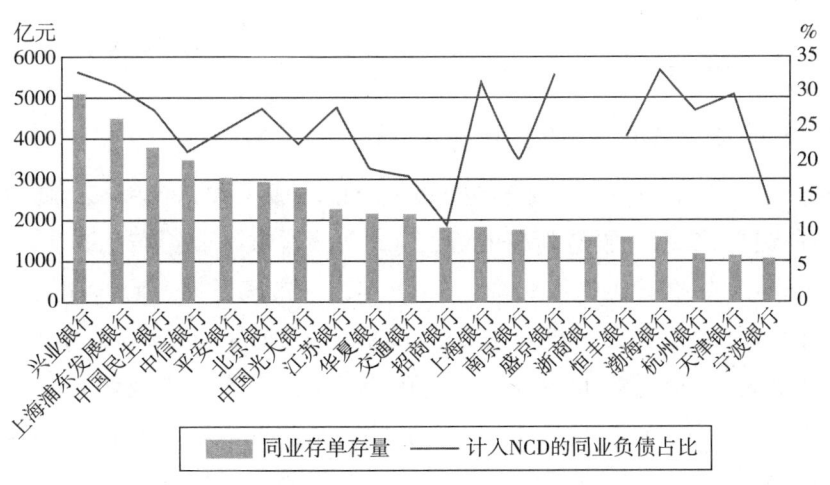

数据来源：Wind。

图 16 - 3　2018 年 4 月末各银行同业存单存量

3. 大型银行资金融出方地位进一步加强，中小型银行融入资金量大幅下降

从融资主体结构看，一是中资大型银行作为资金融出方的地位进一步加强。2017年大型银行经回购和拆借净融出资金162.1万亿元，占市场总体净融出资金量的99.5%，较2016年上升0.88个百分点。二是中资中小型银行融入规模快速下降。2017年中资中小型银行经回购和拆借净融入资金7.3万亿元，较2016年减少30.2万亿元，降幅达80.5%；2017年净融入占市场总体净融入资金量的4.5%，较2016年下降12.42个百分点。

表16-1 中资银行回购、同业拆借资金净融出、净融入　　　　　单位：亿元

	回购市场		同业拆借		合计	
	2017年	2016年	2017年	2016年	2017年	2016年
中资大型银行	-1450764	-1953274	-170598	-237311	-1621362	-2190585
中资中小型银行	49838	356213	23490	19786	73328	375999
证券业机构	465915	490116	119990	175790	585905	665906
保险业机构	-8761	-31443	77	97	-8684	-31346
外资银行	49185	70702	2295	-270	51480	70432
其他金融机构及产品	894587	1067686	24747	41909	919334	1109595

注：中资大型银行包括工商银行、农业银行、中国银行、建设银行、国家开发银行、交通银行、邮政储蓄银行。中资中小型银行包括招商银行等17家中型银行、小型城市商业银行、农村商业银行、农村合作银行、村镇银行。证券业机构包括证券公司和基金公司。保险业机构包括保险公司和企业年金。其他金融机构及产品包括城市信用社、农村信用社、财务公司、信托投资公司、金融租赁公司、资产管理公司、社保基金、基金、理财产品、信托计划、其他投资产品等，其中部分金融机构和产品参与同业拆借市场。负号表示净融出，正号表示净融入。

数据来源：中国外汇交易中心。

4. 不同类型银行货币市场业务结构有所分化

截至2018年4月末，中国外汇交易中心本币市场成员共22619家，其中政策性银行3家，大型商业银行25家，股份制商业银行42家，城市商业银行152家，农村商业银行和合作银行894家，合计占比4.93%。2017年，全市场质押式回购和买断式回购业务量年增速分别为28.69%和20.4%，高于同业拆借增速的18.57%。分机构类型来看，一是大型商业银行拆借和回购业务量均为上升，买断式回购增速最高为157.14%。二是股份制商业银行除质押式回购业务量有所增加外，同业拆借和买断式回购业务量均有所下降。三是城市商业银行除同业拆借业务量小幅下降外，质押式和买断式回购业务量均上升。四是农村商业银行和合作银行质押式回购业务量上升，同业拆借和买断式回购业务量下降。总体看，2017年各类银行机构货币市场业务均有所增长，大型商业银行业务量增长最快，城市商业银行业务量增速快于股份制商业银行。从业务种类来看回购业务总体增速高于拆借业务增速。

表 16 - 2　2016 年和 2017 年银行间市场同业拆借余额　　　　单位：亿元

机构类型	2017 年 12 月	2016 年 12 月	变动
大型商业银行	5453.68	2688.69	102.84%
股份制商业银行	2165.24	2984.90	-27.46%
城市商业银行	2044.43	2146.63	-4.76%
外资机构	918.32	925.70	-0.80%
农村商业银行和合作银行	1325.52	1364.99	-2.89%
其他	4231.08	3500.05	20.89%
合计	16138.27	13610.95	18.57%

注：余额为买卖方向交易的总和。

数据来源：中国外汇交易中心。

表 16 - 3　2016 年和 2017 年银行间市场质押式回购余额　　　　单位：亿元

机构类型	2017 年 12 月	2016 年 12 月	变动
大型商业银行	19305.99	12844.72	50.30%
股份制商业银行	10193.13	8293.24	22.91%
城市商业银行	15255.01	13514.49	12.88%
外资机构	7827.94	7577.31	3.31%
农村商业银行和合作银行	11935.45	10252.66	16.41%
其他	74876.94	55837.81	34.10%
合计	139394.47	108320.23	28.69%

注：余额为买卖方向交易的总和。

数据来源：中国外汇交易中心。

表 16 - 4　2016 年和 2017 年银行间市场买断式回购余额　　　　单位：亿元

机构类型	2017 年 12 月	2016 年 12 月	变动
大型商业银行	983.08	382.31	157.14%
股份制商业银行	78.23	141.33	-44.65%
城市商业银行	3575.62	2377.02	50.42%
外资机构	405.29	309.44	30.98%
农村商业银行和合作银行	2023.00	2577.69	-21.52%
其他	5548.11	4688.24	18.34%
合计	12613.34	10476.03	20.40%

注：余额为买卖方向交易的总和。

数据来源：中国外汇交易中心。

表 16 - 5　2016 年和 2017 年银行间市场拆借 + 回购余额　　　单位：亿元

机构类型	2017 年 12 月	2016 年 12 月	变动
大型商业银行	25742.75	15915.72	61.74%
股份制商业银行	12436.6	11419.47	8.91%
城市商业银行	20875.06	18038.14	15.73%
外资机构	9151.55	8812.45	3.85%
农村商业银行和合作银行	15283.97	14195.34	7.67%
其他	84656.13	64026.1	32.22%
合计	168146.08	132407.21	26.99%

注：余额为买卖方向交易的总和。

数据来源：中国外汇交易中心。

三、投资业务稳步发展

1. 债券业务规模稳步增长，银行业增速高于全市场平均水平

截至 2017 年末，中债债券托管量为 509602 亿元，较上年增加 72315 亿元，同比增长 16.54%。一是国家开发银行、中国进出口银行和中国农业发展银行 2017 年末总托管量为 17600 亿元，同比增加 6738 亿元，同比增长 62.03%，增速较整体高 45.49 个百分点。二是商业银行 2017 年末总托管量为 322211 亿元，同比增加 47611 亿元，同比增长 17.34%，增速较整体高 0.8 个百分点。分商业银行机构类型来看，城市商业银行和农村商业银行托管量上升最快，同比分别为 22.19% 和 22.27%，全国性商业银行及其分支行同比增速较低为 15.92%，农村合作银行有 31.05% 的下降。总体看，截至 2017 年末，在中债托管债券中，银行业（不包括银行理财）托管量存量占比为 66.62%，托管量增速高于全市场增速。

表 16 - 6　2017 年末中债债券托管量　　　单位：亿元

	2017 年末面额	同比变动量	同比（%）
一、银行间债券市场	483648.47	71371.76	17.31%
1. 政策性银行	17600.12	6737.89	62.03%
2. 商业银行	322211.47	47610.67	17.34%
2.1 全国性商业银行及其分支行	245111.36	33670.03	15.92%
2.2 城市商业银行	46401.30	8426.38	22.19%
2.3 农村商业银行	26266.13	4784.87	22.27%
2.4 农村合作银行	146.83	-66.13	-31.05%
2.5 村镇银行	40.92	-0.30	-0.73%
2.6 外资银行	4171.50	739.68	21.55%

续表

	2017 年末面额	同比变动量	同比（%）
2.7 其他银行	73.42	56.12	324.39%
3. 信用社	7875.91	188.02	2.45%
4. 保险机构	15673.25	−3478.61	−18.16%
5. 证券公司	3658.77	656.48	21.87%
6. 基金公司及基金会	25.94	0.41	1.61%
7. 其他金融机构	1213.99	44.34	3.79%
8. 非金融机构	28.63	−19.50	−40.51%
9. 非法人产品	89542.23	17011.96	23.45%
其中：商业银行理财产品	15306.85	6911.75	82.33%
10. 境外机构	9741.45	1952.96	25.08%
11. 其他	16076.71	667.14	4.33%
二、柜台市场	7305.11	446.71	6.51%
三、交易所市场	18618.07	496.24	2.74%
四、自贸区市场	30.00	0.00	0.00%
总计	509601.64	72314.71	16.54%

注：全国性商业银行及分支行包括国有及国有控股商业银行、股份制商业银行及其分支行。其中，国有及国有控股商业银行包括中国工商银行、中国农业银行、中国银行、中国建设银行、交通银行、邮储银行，股份制商业银行包括中信银行、光大银行、华夏银行、广发银行、平安银行、招商银行、浦发银行、兴业银行、民生银行、恒丰银行等。

数据来源：中央结算公司。

2. 地方债成为商业银行配置的重要品种，占比继续上升

从中债托管数据来看，2017 年末商业银行除地方债以外的主要债券品种（国债、政金债和信用债）托管余额总计为 182111 亿元，占全市场的 55.37%，较 2016 年末占比下降 0.93 个百分点。其中全国性商业银行和农村合作银行占比分别下降 2.32% 和 0.02%，其余类型机构余额占比有所增加，地方债成为重要配置品种。自 2014 年地方债发行以来，中债地方债托管量从 2014 年 5 月的 8616 亿元上升至 2018 年 3 月的 149613.68 亿元，规模扩大 16 倍。商业银行地方债托管量占比从 5% 大幅上升至 40% 左右，地方债成为商业银行债券投资的重要品种。

表 16−7　各类机构不同债券品种托管量变化

		商业银行	全国性商业银行	外资银行	城市商业银行	农村商业银行	农村合作银行	村镇银行	其他商业银行
国债	余额（亿元）	81557	60244	2270	13161	5821	21	11	28
	占比（%）	24.80	18.32	0.69	4.00	1.77	0.01	0.00	0.01
	占比同比变动百分比	0.91%	0.48%	0.03%	0.22%	0.17%	0.00%	0.00%	0.01%

续表

		商业银行	全国性商业银行	外资银行	城市商业银行	农村商业银行	农村合作银行	村镇银行	其他商业银行
政金债	余额（亿元）	82407	51712	1493	15590	13463	96	18	35
	占比（%）	25.06	15.72	0.45	4.74	4.09	0.03	0.01	0.01
	占比同比变动百分比	−1.47%	−2.41%	0.06%	0.39%	0.50%	−0.01%	0.00%	0.01%
信用债	余额（亿元）	18146	11157	47	3808	3091	26	7	10
	占比（%）	5.52	3.39	0.01	1.16	0.94	0.01	0.00	0.00
	占比同比变动百分比	−0.37%	−0.39%	−0.01%	−0.01%	0.04%	−0.01%	0.00%	0.00%
总计	余额（亿元）	182111	123113	3810	32559	22376	143	36	73
	占比（%）	55.37	37.43	1.16	9.90	6.80	0.04	0.01	0.02
	占比同比变动百分比	−0.93%	−2.32%	0.09%	0.60%	0.71%	−0.02%	0.00%	0.02%

数据来源：中央结算公司。

3. 商业银行债券投资利息收入占比稳步提升

2017 年，债券投资规模稳步增长，商业银行债券投资利息收入占比在总利息收入中有一定提高。2017 年中国工商银行债券投资利息收入为 1151.81 亿元，占总利息收入比例为 21.49%，较 2013 年上升 2.13 个百分点。2017 年招商银行债券投资利息收入为 520.42 亿元，占总利息收入比例为 21.50%，较 2013 年上升 9.04 个百分点。总体看，2017 年一些银行债券投资利息收入占总利息收入比例在 20% 左右，各行具体的占比有一定程度的分化，但均较 5 年前有所提高，体现了债券投资业务在商业银行利息创造中的重要作用。

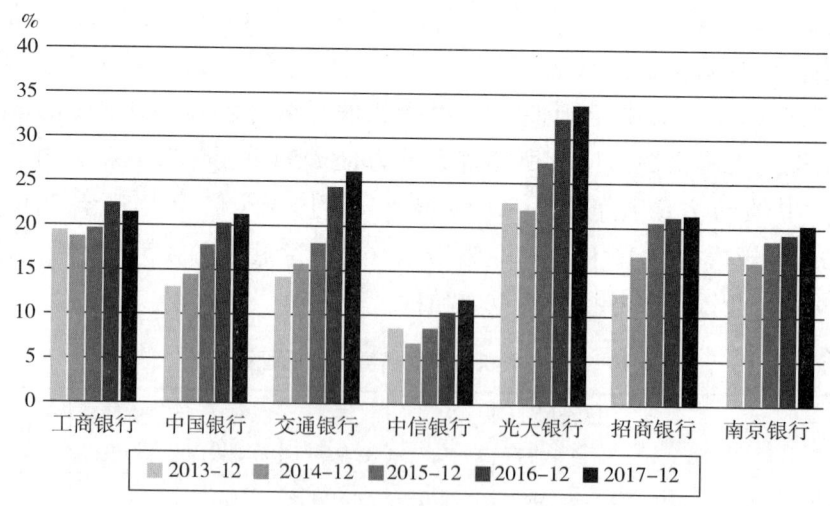

数据来源：Wind。

图 16−4　银行债券投资利息收入占总利息收入比例变化

4. 各类型商业银行二级市场参与度出现分化

2017 年，商业银行在银行间市场买入现券 315013 亿元，买入量占全市场的60.32%，占比较 2016 年下降 3.72%；卖出现券 332649 亿元，卖出量占全市场的63.7%，占比较 2016 年下降 3.01%。分机构类型来看，全国性商业银行和外资银行的买入卖出量占比均较 2016 年有所上升，城市商业银行、农村商业银行和农村合作银行的买入卖出量占比均较 2016 年有所下降，不同类型银行在债券二级市场活跃度分化。

表 16-8　2017 年各类机构银行间市场现券交易情况

市场参与者类别	买入（亿元）	买入占比（%）	买入占比变化（%）	卖出（亿元）	卖出占比（%）	卖出占比变化（%）
合计	522195	100.00	0.00	522195	100.00	0.00
特殊结算成员	2886	0.55	0.24	1721	0.33	0.11
商业银行	315013	60.32	-3.72	332649	63.70	-3.01
全国性商业银行	85811	16.43	5.19	92164	17.65	5.14
外资银行	35319	6.76	1.89	34946	6.69	1.86
城市商业银行	153914	29.47	-8.21	165311	31.66	-7.49
农村商业银行	39699	7.60	-2.41	39962	7.65	-2.32
农村合作银行	145	0.03	-0.20	165	0.03	-0.21
村镇银行	43	0.01	0.00	49	0.01	0.00
其他	83	0.02	0.01	52	0.01	0.01
信用社	4382	0.84	-0.82	3887	0.74	-0.80
非银行金融机构	476	0.09	-0.04	310	0.06	-0.04
证券公司	124410	23.82	1.35	126784	24.28	1.19
保险机构	2470	0.47	-0.04	1406	0.27	-0.13
基金类	61802	11.84	1.98	50148	9.60	2.07
其中：商业银行理财产品	4397	0.84	0.31	3428	0.66	0.16
非金融机构	—	0.00	0.00	1	0.00	0.00
银行间	—	0.00	0.00	1	0.00	0.00
柜台	—	0.00	0.00	—	0.00	0.00
个人投资者	—	0.00	0.00	—	0.00	0.00
境外机构	10755	2.06	1.05	5288	1.01	0.60
其他	—	0.00	0.00	—	0.00	0.00

注：全国性商业银行及分支行包括国有及国有控股商业银行、股份制商业银行及其分支行。其中，国有及国有控股商业银行包括中国工商银行、中国农业银行、中国银行、中国建设银行、交通银行、邮储银行，股份制商业银行包括中信银行、光大银行、华夏银行、广发银行、平安银行、招商银行、浦发银行、兴业银行、民生银行、恒丰银行等。

数据来源：Wind。

四、金融市场业务转型与创新并进

1. 自营业务向代客业务转型

金融市场自营业务风险较高、市场波动较大，尤其在金融危机之后面临的监管环境日趋严格。而代客业务风险较低，不仅具有轻资产轻资本的特点，也是银行提高客户粘性的重要方式。随着客户对多元化产品的需求不断增强，固定收益、外汇和大宗商品销售及交易将是代客业务的发展方向。在外汇业务方面，2017 年银行代客结售汇总量为31915 亿美元，较 2016 年增加 2130 亿美元；2017 年代客结售汇占结售汇总量的93.87%，占比较 2016 年上升 1.21 个百分点。从结售汇情况来看，外汇代客业务稳步发展。

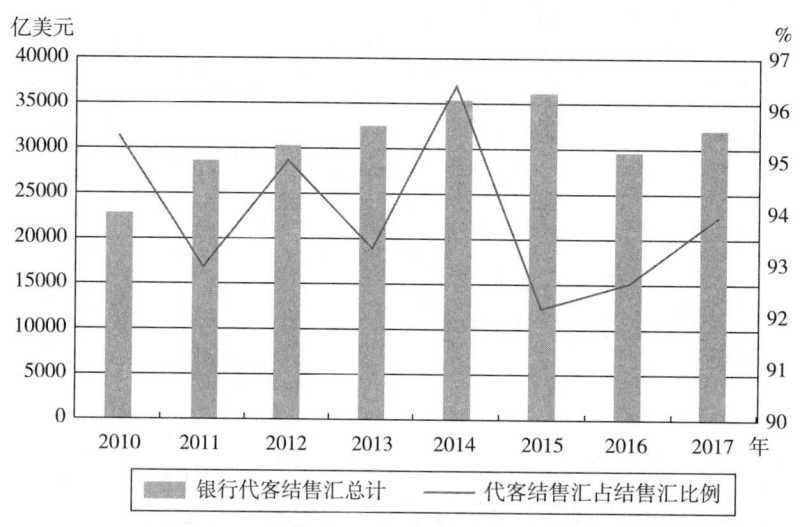

数据来源：Wind。

图 16 – 5　银行代客结售汇与代客结售汇占结售汇比例

2. 提升新产品市场参与度

资产证券化市场快速扩容，商业银行参与程度不断提升。近三年资产证券化（ABS）发行量同比增速分别为 83%、43% 和 55%。2017 年 ABS 发行量和余额分别超过1.4 万亿元和 1.8 万亿元。除投资外，商业银行涉足资产证券化市场广度和深度日益增加。一方面，商业银行作为发起机构和资金托管机构，参与资产证券化业务。2017 年建设银行、招商银行等 10 家银行作为发起机构的信贷资产证券化产品合计占比 65%；中国工商银行、中国农业银行、中国银行、中国建设银行、招商银行和民生银行等前 10名托管行合计占比 83%。另一方面，商业银行 ABS 承销业务仍有较大的提升空间。展望 2018 年，在国家政策支持、市场力量推动和制度不断完善共同作用下，资产证券化市场有望保持供需两旺，商业银行的参与程度将不断提升。

第十七章
新规推动资产管理业务加快转型

银行资产管理业务是我国资产管理行业的中流砥柱。经历十多年发展，银行资产管理业务正迈入成熟阶段，进入基于自身核心投资管理能力的个性化竞争时代。近期，中国人民银行等四个部委发布了《关于规范金融机构资产管理业务的指导意见》（以下简称资管新规），这是我国首次在部门规章层面对资产管理行业提出统一监管标准。资管新规是一个覆盖全面的纲领性、原则性文件，重新定义了银行资产管理业务的顶层设计框架，引导银行资产管理业务回归资管本源，对塑造银行资产管理业务未来发展模式将起到决定性作用。

一、资管新规引领银行理财产品发展方向

1. 主流产品将向净值型管理转变

资管新规明确了资管产品的定位，明确资产管理业务是金融机构的表外业务，不得承诺保本保收益。资管新规推动产品向净值管理转型，将改变银行理财产品的主流形态。主流银行理财产品将由预期收益型向净值型产品转变，相应主流理财产品的核算方式也将由摊余成本法向公允价值法转变。目前银行通过摊余成本法核算的理财产品，存在利用表内盈利填补表外亏损的现象，这也是银行理财产品刚性兑付的原因之一。净值型产品定期公布净值，投资者根据净值选择申购赎回，有信息透明度高的优势。但是，由于净值型产品波动性大、客户接受度低等问题，银行理财产品在净值化转型中将承受较大的摩擦成本。资管新规引导银行资产管理业务发行净值型理财产品以及与资产不存在期限错配的项目融资类产品，使得风险和收益真正由投资人承担。这一做法将纠正长期以来影子银行信用风险定价体系的错配问题，从根本上破解了银行理财产品的"隐性担保"和"刚性兑付"，有助于推动银行资产管理业务转变为真正的资产管理。理财产品净值化转型对于银行主动管理能力提出了更高的要求，各家银行由于自身管理能力及优质资产供给的差异，产品同质化现象将明显减弱。刚性兑付的弱化将压低无风险利率，提升投资者的风险意识，纠正长期以来影子银行信用风险定价体系的错配问题，进一步提高银行资产管理业务的市场化程度。由此，行业市场化程度的提升，将使不同类型、不同规模、不同风险等级的资产管理机构形成多层次、差异化的银行理财产品体系，专业化竞争格局日益清晰。

2. 投资标的将由泛固定收益投资向全市场投资转变

在资管新规下，特别是成为独立子公司之后，银行资产管理业务的投资将在约束资

产池模式和限制多层嵌套的同时，一定程度地扩大投资范围。银行资产管理业务投资标的有望逐渐转向整个金融市场，从而改变目前主要集中于固定收益领域的现状。从长期看，银行资产管理业务投资将从偏重固定收益领域，延伸为涵盖股权、股票、债券、期货、衍生品、物权、另类投资等多市场领域。一是扩大直接融资品种投资。国外银行资产管理机构的投资范围可能成为我国银行资产管理业务可借鉴的发展方向。从国外大型银行年报披露的资产管理业务投资情况来看，大多数银行资管的股票类投资占比20%～40%，固定收益投资占比20%～50%。在资管新规下，银行资产管理业务将被允许以理财产品的名义独立开立资金账户和证券账户等相关账户，扩大直接融资品种的投资将是大概率事件。银行资产管理业务将逐渐加大布局混合所有制改革、优先股发行、新股发行、管理层收购、员工持股、定向增发、股指期货投资、杠杆融资、并购贷款、券商两融等资本市场品种。二是通过资产管理的组合投资，包括不同类别、不同久期的资产，实现对市场风险、信用风险、流动性风险的组合管理。三是配置金融衍生品，达到套期保值、单边投资的配置需求，实现金融工程组合投资和风险对冲，为熨平理财投资资产负债表的波动以及分散收益风险等方面提供支持。

二、资管新规推动资产管理业务体制机制变革

1. 银行资产管理业务组织形式将呈现多元化发展态势

在资管新规下，银行理财子公司可能成为获批的方向，特别是对于全国性商业银行。这标志着银行业资产管理业务上升到一个新的台阶。由于设立理财资管子公司不是一蹴而就的事情，不同规模的银行将根据自身资产管理业务的发展阶段和战略定位，选择适合自身的组织架构。大型商业银行将积极设立资产管理子公司，推动海内外分支机构设立，并争取早日上市。中小银行将以资产管理事业部制的管理模式，定位于特色化服务，保持在区域竞争中的比较优势。对于将来设立资产管理子公司的商业银行而言，在独立具备法人资格经营后，银行资产管理业务将实现独立核算、自主经营，与银行本体"风险隔离"，加速回归资产管理本源。银行理财子公司具有银行的基因，有利于在继承商业银行经营风险的基础上创新和探索出不同于券商、基金和信托等资产管理机构的发展道路，有望给银行资产管理业务发挥信息科技、专业人才和研发能力优势提供广阔的发展空间。银行理财子公司将具有更加丰富的人员结构和市场化的激励机制。目前，已有包括交通银行、浦发银行、招商银行、光大银行、华夏银行、北京银行、宁波银行等七家银行宣布申请成立资产管理子公司，将来可能有更多银行申请成立资产管理子公司。下一阶段，预计银行资产管理子公司将在两个方面积极探索：一是在独立法人模式下，积极扩展经营牌照，如养老金、企业年金等的管理牌照。二是伴随着差异化发展的需要，银行资产管理子公司的并购重组有可能加快。

2. 配置更加丰富的人员结构和市场化的激励机制

在资管新规下，银行资产管理业务运行机制的市场化程度将显著提高。面对信托、基金、券商和保险等市场化同业的竞争，银行资产管理业务特别是独立后的资管子公司将积极创新不同于传统商业银行的市场化激励机制，以充分调动和激发全员的工作积极性。目前，我国银行资产管理业务部门无论与国内公募基金公司相比，还是与国外银行的资产管理子公司相比，在人员数量、激励机制上均差距较大。据摩根大通年报显示，2017 年摩根大通资产管理公司有 2 万多名员工，其中组合管理经理 700 多人，研究分析师 3000 人，市场策略师 40 人。在我国，目前管理资产规模超过 2000 亿元的基金公司，员工基本都在 400 人以上，而多数理财规模达几千亿元甚至上万亿元的银行，资产管理部只有几十人，只有个别大型银行资产管理业务部门人数上百。银行资产管理业务涵盖从理财产品销售到投资管理等多个环节，目前仍主要借助和依托分行和总行其他部门的力量。在资管新规下，特别是在实施公司化运作之后，银行理财子公司将配置更加丰富的人员结构和市场化的激励机制。一是增加人员配备，特别是研究和策略分析团队，以形成产品、研究、投资、风险管理等全方位专业化管理体系。二是提升人员激励机制的市场化和差异化程度。一些银行资产管理业务将探索在管理人员和核心员工中分层、分步推行股权激励和员工持股计划，吸引并留住优秀人才，提升业务经营的凝聚力和战斗力。

三、资管新规重塑资产管理业务模式

1. 银行资产管理业务仍将承担银行转型的重要任务

资管新规将提升商业银行资产管理业务作为银行应对金融自由化、金融脱媒的业务地位。资产管理业务因为较少占用银行资本、知识技术密集、财富驱动、分层服务等特征，是银行推进综合化经营、实现盈利模式转型的重要突破口。资管新规下，在刚性兑付矛盾减弱、银行资产管理业务与银行"风险隔离"清晰的基础上，商业银行的资产管理业务将迅速迈向成熟阶段，即财富管理阶段。银行资产管理业务在成熟阶段，将真正实现以客户为中心，由替客户投资获取收益转变为以满足客户的多样性需求为核心的资管业务。银行资产管理业务的角色也将从单一的产品提供者上升为产品设计者、交易参与者、客户需求引导者等多种角色，为客户提供包括资产管理、风险管理、税收和遗产规划、信托服务、离岸金融、研究分析等多元化金融服务。在此情况下，银行资产管理业务将继续肩负着商业银行未来转型发展，跨界、跨业布局资产的重任，不断突破传统盈利模式，带动投行、托管、私人等中间业务收入占比持续提升，有力支持商业银行转型。目前，银行系资产管理公司在全球市场中占有重要地位。从规模上看，银行的资产管理规模已经与银行自营资产比肩。从收入结构看，在资产管理业务居于前列的美国综合性大银行中，摩根大通和富国银行的资产管理板块的收入占总收入的 20% 左右。而目前我国银行资产管理业务在银行的收入贡献仅占 10% 左右。随着居民财富不断积累、利率市场化深化推进、技术持续创新等条件的成熟，我国银行资产管理业务在银行收入中的占比将进一步提升。

2. 各银行资产管理业务发展日趋多样化

在资管新规下，银行资产管理业务将实现从利率市场化的存款替代品向真正的资产管理产品转型。不同规模和性质的银行理财机构追逐差异化竞争优势的内在动力会使各银行资产管理业务特点逐渐分化，从而改变当前各商业银行资产管理业务同质化现象严重的格局。通过差异化的体制及模式创新，各具特色的内外部业务合作，以及不同优势资源的整合，银行资产管理业务将加强大类资产配置，强调平台化建设，或者聚焦优势领域形成自己独有的品牌优势。从管理模式看，对于不同规模的银行，其资产管理业务将分别定位于综合服务商模式、核心服务商模式或专业服务商模式。大型商业银行的资产管理业务将倾向于综合服务商模式，基于其积累的投资管理能力和客户规模，通过资产管理、财富管理和投资银行协同，为客户提供三位一体的服务。中小商业银行则倾向于核心服务商模式和专业化服务商模式，通过"资产管理 + 财富管理"或"资产管理 + 投资银行"模式，集中优势资源，突出特色化服务，实现跨越式发展。

3. 客户关系将向长期化与机构化转变

目前，在我国银行理财产品余额中，约 2/3 来自个人客户，1/3 来自机构客户，机构客户中多数是一般工商企业和金融机构。个人客户占比大的客户结构造成客户投资行为较为短期化、更为注重短期收益，与理财较长投资期限之间形成了期限错配失衡的局面。在资管新规对合格投资者界定标准更高的情况下，银行理财产品的客户关系有望向长期化和机构化转变。一方面，跨越客户生命周期的投资期限将提升个人客户关系的长期化。资管新规将推动面向个人投资者投资范围的扩大，提供涵盖客户生命周期的大类资产配置，以及从税收到养老、房地产投资等范围广阔的咨询投资服务。另一方面，开展更趋专业化、特色化的对公资管服务，提升机构投资者的占比。在资管新规下，银行向机构客户提供理财产品和服务将更多以共同基金和专户/委托管理的形式进行。机构客户具有资金来源稳定，追求长期业绩的特点，因此机构客户占比提高将使资产管理机构拥有充足的发挥空间，可以依照比较优势实施投资策略，从而减轻来自短期业绩的压力。在资管新规下，银行资管也会逐步开展养老金、社保资金、企业年金的受托管理业务，长期机构投资者占比会逐步扩大，相应的客户关系也将向长期化转变。

4. 积极推进跨界合作以提升综合服务水平

虽然资管新规对投资杠杆率、期限错配、通道业务、资产池等实施了限制，但是并不限制资管机构在合规框架下发展主动型产品。银行资产管理业务发展主动型产品，亟待突出专业价值，强化投资、风险管理和营销等核心能力建设，以满足多元化、多市场、多层次的投资需要。在资管新规下，银行资产管理业务需要实现从监管跨界迈向互联网跨界和投行跨界合作的转变。一方面，积极跨界互联网，利用 AI、云计算、大数据、区块链等技术探索全新的服务内容、业务模式和销售模式。银行资产管理业务将积极利用互联网便利的平台化优势，从原来标准化产品服务向社区平台服务转变。银行资产管理业务将强化智能投顾，通过数字云、模块化的服务，把灵活单元投资和多元组合相结合，为每个单一客户提供更精确的基于目标投资组合的资产管理配置计划。另一方面，积极提升与投资银行业务的协同效应。通过跨界投行，将中观层次的资产配置理念与微观层次的金融创新或者企业融资工具创新相结合，银行资产管理业务的投资与企业的基本经营活动将实现更加密切的结合。

5. 加快推进跨境资产管理业务发展

目前在新的金融开放框架下，银行资产管理业务在对外开放与服务"一带一路"倡议方面面临新的机遇。在人民币国际化、资本项目开放步伐加快、"一带一路"国家战略的推动下，出于追求高收益资产、分散风险、移民等多方面因素考虑，越来越多的中国人倾向于更多的配置境外资产。企业和个人资产"走出去"的步伐加快将加速我国居民的离岸财富积累。银行资产管理业务支持境内机构和家庭进行资产海外配置的空间巨大。在财富的全球资产配置中，固定收益类、房地产和股票是跨国的主流投资类别。跨市场、跨国境、跨基础资产的多元化投资和风险管理带来的挑战将促进银行资产管理业务加快适应国际规则、海外市场和产品，完善风险管理体系，以推动新时代资产管理理念和方法论的创新。

第十八章

银行数字化转型升级

中国银行业数字化转型过程主要经历了三个历史阶段：一是银行会计电算化阶段。这一阶段以电子计算机应用为主要特征，其核心内涵在于账务的计算机处理代替传统人工处理。二是数据大集中以及网络银行发展阶段。这在后台表现为银行通过构建集中式数据中心将分散于各分行的数据进行集中；而在前台表现为电子银行、电话银行、手机银行、自助银行等电子渠道的发展。三是金融科技推动的全面数字化阶段。在这一阶段，数字化科技全面介入银行的经营管理，推动银行产品、业务的创新发展，并带动银行 IT 系统开发领域的进一步变革。智能化是本轮银行数字化转型的关键主题。目前，中国银行业尚处于本轮变革的初始阶段，但在金融科技催化下，它的发展在不断提速。

一、银行数字化转型加快步伐

1. 银行数字化转型的政策环境、基础设施进一步完善

2017 年 5 月，央行成立金融科技委员会，成为中国金融科技发展的标志性事件。2017 年 7 月，国务院印发《新一代人工智能发展规划》。2017 年 12 月 8 日，中共中央总书记习近平在主持"实施国家大数据战略"第二次集体学习时强调："大数据发展日新月异，商业银行审时度势、精心谋划、超前布局、力争主动，深入了解大数据发展现状和趋势及其对经济社会发展的影响，分析我国大数据发展取得的成绩和存在的问题，推动实施国家大数据战略，加快完善数字基础设施，推进数据资源整合和开放共享，保障数据安全，加快建设数字中国"。2018 年 2 月，央行发布《中国人民银行关于优化企业开户服务的指导意见》，明确表示鼓励银行将人脸识别、二维码等技术手段嵌入开户业务流程。

与此同时，金融科技领域的基础设施建设也在不断推进。2016 年，中国银监会牵头制定了《中国银行业信息科技"十三五"发展规划监管指导意见》，明确提出了要稳步开展云计算应用，主动实施架构转型，探索建立银行业金融公共服务行业云。2017 年 9 月，16 家金融机构成立金融云公司——融联易云金融信息服务（北京）有限公司（简称"融联易云"），"融联易云"总部位于北京，注册资本 3.2 亿元。根据工商资料，融联易云的 16 家股东，每家均出资 2000 万元。2018 年 3 月，工信部信息化和软件服务业司就筹建全国区块链和分布式记账技术标准化技术委员会事宜开展专题研究，旨在尽快推动形成完备的区块链标准体系，做好 ISO/TC307 技术对口工作，更好地服务区块链技

术产业发展。

2. 渠道数字化向纵深发展

银行渠道数字化包括两方面的内容，一是传统物理渠道的自助机具的布设，即物理渠道的自助化；二是依托网络的电子银行、电话银行、手机银行的发展，即网络渠道的发展。

网络渠道方面，直销银行继续为各银行所重视，2018年1月，民生银行召开首届中国直销银行联盟高峰会，正式对外发布全新升级的民生直销银行2.0版本，并在业内首次发布《中国直销银行白皮书》。直销银行以轻资产、低成本、互联网化的优势，在国内发展迅猛，迄今已有超110家直销银行。其中，民生直销银行经过近4年的运行，目前客户数突破1100万户，金融资产超1100亿元。

网络支付领域，各银行加快了对支付场景的争夺，尤其是便民服务场景的战略布局。2018年1月，"光大银行–支付宝万家物业项目"合作在深圳正式启动。该项目预计首年将为10000个社区，超过1500万群众提供更方便、更贴心、更安全的普惠金融便民缴费服务。其中，光大银行将依托云缴费平台优势，搭建面向各类物业快速接入线上缴费的开放平台——万家物业平台。平台涵盖商户信息管理、住宅信息管理、账单信息管理、结算清分管理、历史数据查询五大功能。物业公司可快速接入，实现物业缴费线上化。同时，平台为每个房屋匹配唯一标识，支持全国性物业批量接入，支持业主通过逐级选择定位房号，进行费用查缴。2018年2月，工行携手中国银联共同举办了"工行迎新春 便民云闪付"暨移动便民支付服务发布会，双方将依托云闪付、融e行、融e联、工银e支付和工银e生活等平台，为社会民生各领域的支付需求提供安全便利服务。

物理渠道方面，金融科技正全方位改变物理渠道的营运体系乃至基本形态。第一，刷脸等人工智能手段开始嵌入银行网点的服务流程之中。2017年9月，农行、招行等银行推出刷脸取款服务，取款方式正发生巨大的变革。第二，通过智能终端投放和应用，加速推进流程优化和营运模式变革。2018年2月，农行新一代超级柜台智能服务平台（以下简称"新超柜"）在全国范围内投产上线。"新超柜"由农行多个部门通力配合推出，农行零售、外汇等13类120余种产品均可在"新超柜"集中办理。同时在业务办理过程中利用大数据分析向目标客户推荐最贴心、最适合的信贷、理财、保险等产品及其他金融服务，用科技手段成功连接起用户、产品、交易，大幅提高农行获客能力、老客户活跃度。第三，各家银行积极探索以金融科技应用为基础的重点关注客户体验的未来网点形态。建行在上海推出"无人银行"。"无人银行"主要由机器人大堂经理、智慧柜员机、VTM机、外汇兑换机以及AR、VR等互动体验等元素构成。相对于传统自助网点，"无人银行"通过技术与理念创新，将银行各个环节的智能服务串联起来，并通过互联网技术扩宽服务领域。集金融、交易、娱乐于一体的场景化服务，改变了人们对传统银行网点程式化、专业化的印象，拓展着人们对银行未来网点的想象空间。

3. 金融科技与银行业务发展加速融合

在成功推出互联网消费金融产品——"快贷"后，建行又宣布进军住房租赁市场，推出住房租赁"蓝海项目"。借助金融科技应用，建行意图通过构建涵盖住房租赁监管、住房租赁服务共享、企业租赁服务管理、住房租赁监测分析、政府公共住房服务5大系统，实现住房租赁的全平台支撑、全链条服务，在住房租赁市场培育和发展的同时，实现自身相关金融业务的发展。2018年1月，兴业银行与科大讯飞、京东金融在京举行战略合作签约仪式，宣布三方联手成立"AI家庭智慧银行联合实验室"，建立"金融智能语音硬件产业联盟"，共同布局物联网金融。兴业银行此次携手科大讯飞、京东金融共同布局物联网金融，旨在共同探索人工智能叠加金融服务的场景运用，促进物联网技术在金融领域的运用。浦发的"极客智投"和招行的"摩羯智投"是业界较早推出智能投顾产品。浦发的"极客智投"是集投前分析诊断、投中智能交易、投后跟踪提醒为一体的智能投资顾问，以零售客群8000多个数据标签的客户视图为依托，通过大数据分析和智能算法结果，了解和检视用户既往的资产及收益情况，根据用户风险承受能力、资产状况、期限偏好等维度分析，为客户提供个性化的跨种类财富产品推荐。截至2018年2月，招行"摩羯智投"的申购规模已突破100亿元，并呈现出"低波动－稳增长"的特性。2017年，摩羯组合整体平均收益为8.97%，整体最大回撤为1.52%～4.03%，平均最大回撤为2.35%，夏普比率为2.59～4.09，相比各类基础资产有较好的超额收益。而据"微众"银行区块链相关专家表示，传统"批量文件对账"模式无法解决成本高问题，但通过区块链技术，可以优化机构间对账流程，降低运营成本。为此，一些金融机构相继接入机构间对账平台，通过区块链技术，优化机构间对账流程，降低运营成本。截至目前，平台运行1年多，记录的真实交易笔数已达千万量级。

4. IT系统开发与架构调整助推银行数字化转型

核心银行系统作为银行的关键业务系统，在银行信息系统中一直占有非常重要的地位。近些年，银行业高度重视核心系统建设，以此来推动数字化转型。2017年，经过六年建设，建行新一代核心系统开发完成。建行新一代系统实现了企业级架构，融汇了云计算、大数据等领域的最新成果。建行新一代系统采用了组件化、参数化的架构设计，保证了未来良好的扩展性；同时，标准化、动态适应的方法和流程，确保了IT架构能够不断吐故纳新。建行新一代核心系统建立起以客户为中心的服务体系，实现对客户360度画像，形成全流程的统一视图，促进客户服务综合化、线上线下一体化、纵向层级扁平化、管理措施差异化、操作应用智能化以及客户体验最优化。2017年5月28日，浦发银行新一代核心系统成功上线，通过实现统一的产品管理、灵活的产品组合、多维度的产品计价以及全新的合约账户体系，满足数字化时代产品快速创新的经营需求。浦发银行新一代核心系统的前瞻性理念将给客户服务、产品研发、营运管理等方面带来变革，借助产品组件化设计和多样化组合，将有效提升创新效率，为产品卓越营运和标准化流程建设奠定实践基础。

"网商"银行是一家纯粹的网络银行，同时也是核心系统跑在"云"上的银行。把系统建在"云"上，让"网商"银行告别国际商业机器公司（IBM）的服务器、甲骨文公司（Oracle）的数据库、易安信（EMC）的存储设备，即所谓的"去IOE化"。它使银行核心系统可扩展性变得更强，成本也更低。不仅是纯网络银行，一些传统银行也开始将核心系统搬到"云"上。经过2年多时间的努力，恒丰银行目前实现了核心与非核心业务系统都搬迁到了"云"上，100%的云化使恒丰银行从设备的高可用过渡到了架构的高可用。目前，在银行业的云计算架构转型和云应用实践中，各机构结合各自发展战略，采取了不同的应对策略①。其中，大型商业银行多以"私有云"布局为主，采用云计算技术构建基础设施，将计算、存储和网络资源统一打包成共享资源池，在此基础上，启动云平台建设和应用升级，优先针对互联网金融、第三方支付等进行云化服务创新。中小银行大多启动了"行业云"建设，选择与金融科技企业合作，积极推动银行云平台和普惠金融云服务的建设。

二、银行数字化转型面临多方面挑战

1. 数字化转型亟待企业级战略指引

在很长时间内，银行数字化的主战场在渠道部门，其主要涉及银行的网络银行发展以及网点的自助化转型，实施的主体主要是银行的电子银行部、物理渠道部门以及IT部门。从战略上看，推动相关转型工作的主要是部门级战略，分布于电子银行战略、网点（物理）转型战略以及银行科技战略之中。但随着银行数字化超越渠道数字化范畴，原有的战略体系就难以承载新时期的转型任务。目前，中国银行业的数字化转型，急需要企业级的战略，对数字化转型的目标、路径以及资源配置加以界定，以指导、协调、整合银行各部门、各条线、前后台目前所独立开展的数字化转型工作。

2. 数字化转型急需大量的相关领域专业人才

数字化转型对银行原有人才总量和结构提出了挑战。首先，大数据、人工智能等前沿金融科技领域专业人才非常稀缺，不仅银行内部缺乏相关人才，整个市场也呈现供不应求的紧缺状态。其二，广泛的数字化对科技人才需求巨大。以大数据人才为例，国内很多银行不得不在积极引进专家的同时，以"干中学"的方式来培养自身的大数据人才。其三，对于银行来说，科技和数字化转型不是目的，科技必须与业务结合才有意义，但能够有效融合技术、营销、业务的复合型人才非常紧缺。

---

① 赵成刚：《银行数字化转型下的云生态建设》，载《中国银行业》，2017年第11期。

3. 数字化转型需要相关的体制、机制支持

首先，数字化转型需要构建内生动力机制。目前，中国银行业的数字化转型，还主要通过部门和条线自上而下的机制加以推动，但在分行、支行层面，数字化对短期经营目标没有直接关联，甚至存在冲突，因此，如何将数字化转化为银行整个体系的内在需求，就成为银行推进数字化转型的重要挑战。其二，数字化转型需要相应的创新组织、创新体制来支撑。为此，一些银行构建了内部的孵化机制，如工行创建了互联网金融创新、大数据与人工智能、云计算、区块链及生物识别、数字化银行、主机平台网络、机房设备及基础设施等"七大创新实验室"。另外一些银行还通过设立金融科技子公司的方式来发展金融科技以及对外输出，如兴业银行的"兴业数金"公司以及招行的"招银云创"公司。但是这些机制如何具体而有效的运行，其他银行个体如何找到适合自身特点的创新机制，仍然是一个巨大的挑战。其三，随着数字化转型的深化，部门、条线协调变得越来越重要。但传统银行以部门银行为主要特征，部门分割、条线分割，前中后台脱节是银行推进全面数字化的重要挑战。其四，与人才相关的引才机制、内部培养机制、内部流动机制、考核激励机制，同样不可或缺。

4. 数字化转型需要科技创新文化与之相适应

银行数字化的过程，就是科技基因不断植入的过程。在这一过程中，银行固有的文化不可避免地要与数字化转型进程相冲突，包括银行稳健保守的文化与技术创新的冲突；对待失败和错误的态度和容忍度差异；复杂的科层体系、分割的部门和条线带来的行动迟缓与敏捷开发、迭代创新的冲突；银行的封闭性与科技的开放性的冲突；银行内部资源尤其是人力资源的低流动性与科技创新的冲突等。

三、银行数字化转型将向纵深发展

银行在推行渠道数字化的同时，已经走上全面数字化、智能化之路。

1. 从自助化阶段走向智能化阶段

智能化一方面指各种人工智能产品的应用，如在线咨询机器人、大堂机器人、后台程序化工作机器人等人工智能产品的应用；另一方面更意指银行核心流程与核心能力的智能化。在云计算和大数据技术支持下，通过大数据挖掘，银行可以绘制客户统一的360度视图，实现客户精准营销，金融产品的主动推送，客户的差异化风险定价，推动网络反欺诈和信用风险实时监测预警。

2. 从渠道数字化走向全面数字化

第一，线上渠道与线下渠道进一步融合。在电子渠道快速发展的过程，网络渠道与物理渠道是一种相对"分治"的状态，但随着互联网日益普及，"在线"变得无时不在，线上与线下的界限日益模糊。在此情况下，银行的渠道将重新走向统一和融合。第

二，产品数字化深化发展。在渠道数字化阶段，网络银行被定义为与物理渠道相并行的新型渠道，各业务条线将线下产品搬到线上。但随着数字化的不断发展，像微众银行"微粒贷"这样完全的线上基因的金融产品将不断地被推出。第三，营运与风险管理数字化进一步深化。基于大数据的风险管理技术和反欺诈体系将进一步提升信息科技时代银行的风险管控能力，进一步扩展银行的客户边界，传统上的长尾客户逐步进入银行的业务视野，客户领域的"二八定律"逐步被打破。第四，后台职能处理工作智能化作业。原来大量的由人工完成的程序性的工作将逐步由机器人来代替。第五，纯网络银行将进一步获得发展。客户获取、营销推送、授信审批、风险监控、贷后管理完全在线化的纯网络银行在业务领域不断扩展、监管政策不断完善、技术能力逐步成长、商业模式渐趋成熟背景下，将进一步提升自身在行业内的影响力。

3. 从传统业务向创新业务拓展

在过去相当长时间内，银行数字化主要表现为自助机具的投放和电子银行的发展，其背后对应的主要是银行的交易性业务，包括转账、支付、结算以及账户信息查询等传统业务。随着金融科技应用的不断深化，银行数字化开始发展到与互联网相关的存贷、投行、理财等业务当中。从长远看，金融科技的应用、银行经营与互联网的深度对接，将为新时期的移动支付、消费金融、供应链融资、农村金融等蓝海业务提供创新发展思路。

4. 从独立推进的数字化到生态体系中的数字化

传统银行的数字化是个体推进的数字化，在科技巨头跨界银行业后，中国银行业数字化转型的行业形态发生了重大变化。2017 年以来，在科技巨头和大型银行推动下，建立在广泛的战略合作基础上的生态体系成为银行业数字化转型的外部形式。

表 18－1　2017 以来传统银行与科技公司战略合作一览

发布时间	合作主体	合作内容
2017 年 3 月 28 日	建设银行与阿里巴巴、蚂蚁金服	线下线上渠道业务合作、电子支付业务合作、打通信用体系。
2017 年 6 月 16 日	工商银行与京东金融	在金融科技、零售银行、消费金融、企业信贷、校园生态、资产管理、个人联名账户等领域展开全面深入的合作。
2017 年 6 月 20 日	农业银行与百度	建立"金融科技联合实验室"，并就共建金融大脑、客户画像、精准营销、客户信用评价、风险监控、智能投顾、智能客服等方向展开战略合作。
2017 年 6 月 22 日	中国银行与腾讯	成立"中国银行——腾讯金融科技联合实验室"。双方将重点基于云计算、大数据、区块链和人工智能等方面开展深度合作，共建普惠金融、云上金融、智能金融和科技金融。

发布时间	合作主体	合作内容
2018 年 2 月 6 日	浦发银行和上海清算所、华为、百度、科大讯飞	成立浦发银行创新实验室。该实验室定位为浦发银行的"创新引擎"，紧密连接科技前沿与金融业态，将深度助力普惠金融、智慧金融和开放金融。
2018 年 3 月	京东金融和 30 家银行	成立"商业银行零售信贷联盟"，联盟成员优先享受场景开放、技术共享，并优先加入基于区块链技术的反欺诈联盟。

七、专题研究篇

2017 年是我国"十三五"规划承上启下的关键一年，也是供给侧结构性改革深化之年，银行业机遇与挑战并存。2017 年，中国银行业在助力我国经济"去杠杆"方面取得了丰硕的战果，实现了总体稳杠杆、局部去杠杆。自 2017 年 11 月起，关于外资银行的开放政策纷至沓来，新一轮对外开放为外资银行在华发展提供了更好的经营环境，同时也为国内银行业带来了新的机遇和挑战。依托完善的经营管理能力、完备的业务结构，以及较高的社会责任标准，银行业机构近年来在绿色金融领域开展了广泛、系统和深入的探索与实践。"一带一路"建设为中国银行业的发展创造了新机遇，而打造"一带一路"金融大动脉是实现"一带一路"建设目标的重要保障。

全力支持"去杠杆"与供给侧结构性改革

2017 年 12 月，中央经济工作会议把防范化解重大风险作为三大攻坚战之首，而"去杠杆"是化解重大风险工作的重要抓手。"去杠杆"是项长期工程，当前的首要任务则是保持债务水平的稳定，其次是让债务结构更加优化，保持总杠杆率更加合理。2017 年，中国银行业在助力我国经济"去杠杆"方面取得了丰硕的战果，实现了总体稳杠杆、局部去杠杆的成效。

一、积极支持非金融部门降杠杆

目前，中国的债务占 GDP 比重已处于较高水平。根据国际清算银行（BIS）的数据，中国非金融部门总杠杆率自 2008 年底的 141.3%，一路飙升至 2017 年第三季度 256.8% 的高位，超过了新兴市场国家 191.9% 的整体水平，也超过了美国的 250.9%。

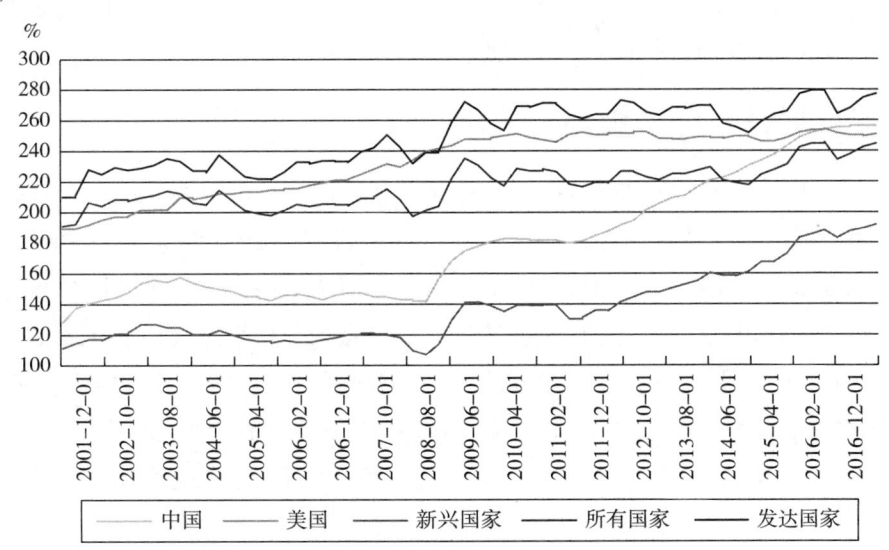

资料来源：国际清算银行（BIS）。

图专 1-1 非金融部门总杠杆率

中国银行业在保驾经济平稳增长的基础上，积极把握市场和各部门杠杆率的变化规律，着力遏制总杠杆率上升趋势，优化整体杠杆结构、防范重大风险。中国非金融企业部门的高债务主要集中在国有企业和重工业企业部门，由于其较强的债务展期能力，导致杠杆难以去化。针对部分负债率偏高的优质企业，中国银行业积极以"债转股"、投贷联动等方式降低企业债务负担，推动其焕发经营活力。同时，中国银行业配合国家去杠杆，适时放缓资产规模扩张速度、推动战略转型，不断提升行业服务实体经济的综合能力。自 2016 年以来，中国非金融部门总杠杆率增速明显放缓，并在 2017 年得到初步控制。2017 年第三季度，中国非金融部门总杠杆率同比上升仅 3.1%，远低于过去 5 年平均两位数的增长，呈现可控风险的趋势。

二、支持和配合地方政府降杠杆

2017 年 6 月，中国政府部门杠杆率为 45.7%，略低于新兴市场经济体的 47.8%，且远低于发达经济体的 108.6%。虽然中国政府部门的整体杠杆率仍相对处于较低的水平，但是近年来地方政府债务上升较快，地方政府违规举债行为层出不穷，债务增速过快，信用风险不断累积。

2015 年以来，中央政策当局果断对地方政府融资行为进行规范，对存量债务进行处置，并对增量债务进行控制。中国银行业严格执行既有的债务管理制度，杜绝各类违规行为，妥善处置历史负担，加快配合推动融资平台商业化转型。针对地方政府隐性债务风险，中国银行业不断提高自身管理水平，着力打破刚兑、破除隐性债务，助力形成高质量发展的长效机制。此外，中国银行业进一步明确了国有企业参与 PPP 业务的标准，助力抑制地方政府隐性债务扩张，并促进隐性债务逐步显性化。

三、促进居民杠杆结构调整优化

当前，虽然中国居民部门杠杆率水平相对不高，但是增长速度较快，地区之间分化程度较高。截至 2017 年第三季度，中国居民部门杠杆率达到了 54%，在新兴经济体中处于高位，接近日本 58%、欧元区 59% 的水平，低于美国 79%、英国 88% 的水平。

长期债务方面，居民部门负债的快速增加主要源于住房贷款，约七成的家庭债务来自房贷。2017 年，中国银行业积极调整房贷类产品，助力提升居民杠杆质量，房贷增速得到有效控制。多家银行因地制宜提供差异化服务，在首付比例、房贷折扣、住房抵押贷款等方面出台政策，支持居民杠杆结构优化，配合房地产市场调控，把控房贷规模。

短期债务方面，居民部门短期消费贷款增速较快，全年增长达 38%。2017 年新增个人购房贷款 2.76 万亿元，与新增居民中长期贷款的比率仅为 52%，远低于之前五年七成以上的平均水平。部分居民通过短期消费贷款平滑日常支出或加杠杆购房。中国银行业在顺应消费升级的同时，严格开展消费贷消费凭证管理，配合监管措施严控短期消费贷款违规流入房地产市场，促进居民消费贷款增速保持合理增长。

四、主动推进金融去杠杆

2017 年，中国银行业积极响应国家方针，压缩影子银行规模，促使资金脱虚入实支持实体经济发展，金融机构期限错配、过度负债的行为得到了有效遏制。银行业开始积极转变发展模式，大力发展与资本市场相关的业务，如投行、财务顾问等，增加中间业务收入，从过去的重资产向轻资产转型。根据《中国银行业理财市场年度报告（2017）》的数据，近两年银行理财业务规模逐渐下降，券商资管和基金子公司规模开始收缩，信托增速亦趋缓。截至 2017 年底，银行业理财产品存续余额为 29.54 万亿元，较 2016 年末仅增长 1.69%，大幅低于 2016 年 23.63% 的增速。同业存单新增发行量和存量规模的增速均在下滑。2016、2017 年银行同业类产品存续余额分别为 5.99 万亿元和 3.25 万亿元，占全部理财产品存续余额的 20.61% 和 11%，显著下降。2018 年 1 月，银监会发布了《关于进一步深化整治银行业市场乱象的通知》，将同业、理财、表外等业务以及影子银行作为 2018 年整治重点，中国银行业将继续推进金融体系内部去杠杆、去通道、去链条。

五、支持深化供给侧结构性改革

中国银行业通过积极落实"去杠杆"工作，为全行业的稳健发展和宏观经济平稳增长作出了重要贡献。中国银行业积极服务于供给侧结构性改革，促进形成金融和实体经济、金融和房地产、金融体系内部的良性循环。

1. 积极配合金融监管，落实系列去杠杆措施。2017 年 4 月上旬，银监会先后密集下发七份文件，涵盖了银行业的大部分问题，银行业监管全面从严、违规处罚力度加大。2018 年 3 月，中央全面深化改革委员会第一次会议正式通过《关于规范金融机构资产管理业务的指导意见》（简称资管新规）。资管新规坚持防范风险与有序规范相结合，合理设置过渡期，助力金融机构稳步去杠杆、严控金融风险。监管当局坚持宏观审慎管理与微观审慎监管相结合的监管理念，推动统一监管框架初步形成，有利于整治银行业市场乱象、防控银行业风险、弥补监管短板、消除监管套利空间、助力国家去杠杆。中国银行业资管业务打破刚性兑付、消除多层嵌套、防范影子银行风险和流动性风险、积极配合国家去杠杆，能有效防范系统性风险的发生，有利于整个行业的健康稳健发展，更有利于保护广大投资者的根本利益。

2. 优化业务结构，严守重大风险底线。中国银行业以供给侧结构性改革为主线，积极优化业务结构，助力推进经济金融领域的各项改革，有效控制重点领域信用风险，积极配合国家实现总体杠杆率的先稳后降，守住了不发生系统性风险的底线。一是聚焦全国金融工作会议提出的"服务实体经济、防控金融风险、深化金融改革"三大核心任务，加快转变发展方式，减少低效金融供给，防止资金脱实向虚，提升服务实体经济的能力。二是持续深化经营体制改革和业务模式创新，加快公司、零售和金融市场业务转型，推进集约化、轻型化发展，充分激发经营活力，着力提升服务实体经济和供给侧结构性改革质效。三是加快金融科技的探索和转型步伐，积极利用互联网、大数据、人工智能等先进科技，提升银行业数字化金融服务水平，拓展新兴市场和长尾客户等潜在客户群。四是压缩同业资产规模，规范同业资产操作，收缩表外理财规模，积极化解影子银行风险和交叉金融产品风险，提升系统性金融风险防范能力。

新一轮对外开放积极稳妥推进

2018 年是我国改革开放 40 周年，也是我国银行业对外开放进入新阶段的开始。新一轮对外开放为外资银行在华发展提供了更好的经营环境，同时也为国内银行业带来了新的机遇和挑战。

一、银行业对外开放进入新阶段

1. 改革开放以来我国银行业对外开放持续推进

外资银行进入中国已有一百多年的历史。新中国成立后，汇丰银行、东亚银行、渣打银行和华侨银行等 4 家外资银行保持在上海的营业。1978 年以来，随着改革开放的进一步深化，我国银行业对外开放也经历了试点先行、加速开放到平稳发展的过渡。

（1）试点先行期：1980—2001 年

改革开放后，为顺应我国经济体制改革和引进投资、对外贸易活动的发展新形势，外资银行在华经营地域、业务牌照等限制逐步放开。这一阶段的银行业对外开放政策主要通过在特定地区、特定业务等进行试点先行，然后再逐步推广。

一是对外资银行经营地域的试点。1980 年，日本输出入银行在北京设立代表处；1981 年，南洋商业银行在深圳设立分行，成为改革开放以来外资银行在华设立的第一家经营性机构。1985 年 4 月，国务院颁布了《经济特区外资银行、中外合资银行管理条例》，允许外资银行在当时成立的 5 个经济特区设立外商独资银行、中外合资银行以及外国银行分行。随后，为不断适应经济金融发展需求，外资银行的经营地域逐步扩大至沿海城市和中心城市。1990 年，中国人民银行发布《上海外资金融机构、中外合资金融机构管理办法》，将上海作为第一个可引进外资银行的沿海开放城市；1992 年 6 月，我国又将大连、天津、青岛、南京、宁波、福州、广州 7 个沿海城市开辟为外资银行可进入的地区；1994 年，国务院发布《中华人民共和国外资金融机构管理条例》，把外资银行经营开放的地域从沿海城市和中心城市扩展到全国范围，进一步促进外资银行发展壮大。

二是对外资银行人民币牌照的试点。外资银行试点经营初期，只允许经营外汇的存贷款、贸易、结算、担保、证券买卖、投资、票据贴现等外汇业务，不允许经营人民币业务，以保护国内尚不发达的金融业。截至 1993 年末，我国对外资银行开放的 13 个城市中共有 76 家外资银行营业机构，资产规模达 89 亿美元，业务范围均为对外资企业和外国居民的外汇业务。1996 年，中国人民银行发布《上海浦东外资金融机构经营人民币业务试点暂行管理办法》，允许在沪外资银行试点经营人民币业务。随后，深圳被批准为第二个允许外资银行经营人民币业务的试点城市，并逐步放宽至江苏、浙江、广东、广西和湖南等地。紧接着外资银行被允许加入全国银行间同业拆借市场，以解决其人民币业务资金来源问题。

这一阶段，在华经营的外资银行有以下几方面特点：在进入模式上以设点为主，入股中资银行几乎被禁止，其中 1996 年亚洲开发银行投资光大银行、1998 年国际金融公司（IFC）投资上海银行都报国务院实行个案审批，且入股比例较低，均在 5% 以内；业务开展方面，以外汇业务为主，人民币业务甚少涉足。截至 2001 年末，在华外资银行营业性机构遍布中国 20 个城市，营业性机构数量达到 190 家，资产总额达 168 亿美元。

（2）加速开放期：2002—2006 年

我国加入 WTO 后，稳定的开放预期和适时的政策调整也推动了我国银行业对外开放进程，促进外资银行加速发展。

一是履行加入世贸组织承诺，有序推进银行业对外开放。自 2001 年 12 月 11 日我国加入 WTO 后，一系列银行业对外开放政策也接踵而至：向外资银行开放对所有客户的外汇业务；逐步将外资银行经营人民币业务的地域从上海、深圳等试点城市扩大到全国所有地区；逐步将外资银行人民币业务客户对象从外资企业和外国人逐步扩大到中国企业和中国居民；逐步放松对外资银行在华经营的限制，取消外资银行人民币负债不得超过外汇负债 50% 的比例；放宽对外资银行在境内吸收外汇存款的比例限制；取消对外资银行在华经营的非审慎性限制，在履行 WTO 承诺的基础上逐步给予外资银行国民待遇等。除履行加入世贸组织承诺外，我国还根据经济发展和金融改革需要，积极实施了一系列自主开放措施，包括降低对外资行营运资金要求、允许中外资银行同步开展衍生品交易等业务、允许外资以战略投资者入股中资银行并放开入股比例至 20% 等。

二是股改上市创机遇，中资银行积极引入境外战略投资者。2004 年，适逢银行股份制改革，中资银行为补充资本金，以及改善公司治理，开展业务创新、风险控制等方面的战略合作，开始尝试引入境外战略投资者。2004 年 8 月，汇丰银行入股交通银行，开创了外资行入股中资银行的第一笔交易。自此之后，其他外资银行也纷纷通过入股进入中国银行市场。

这一阶段的外资银行进入中国市场的模式以设点和入股并重，大力开拓在华布局；业务范围也逐步扩大，从以前的外汇业务为主扩展至人民币业务、衍生品交易业务、代客境外理财及托管业务、证券投资托管业务以及代理保险业务等。

（3）发展调整期：2007—2016 年

这一阶段我国银行业对外开放步伐趋于平稳，但由于受 2008 年全球金融危机冲击，不少外资行集团战略发生调整，开始收缩在华发展规模：

一是外资法人银行资产规模增速明显缩水。不少外资银行在金融危机后遭受重创，不得不重新调整集团发展战略，收缩全球布局，收缩在华业务，专注核心业务和核心区域市场。2007—2016 年，在华外资银行平均资产规模增速明显放缓至 10% 左右，与 2007 年以前的高速增长形成鲜明对比。其中，2009 年在华外资银行资产同比增速下滑至 0.3%。

二是部分外资银行撤资中资银行。2008 年以来，全球监管环境趋严，资本约束趋紧，为满足更高的资本充足率要求，不少外资银行通过撤资或减持中资银行股份来满足资本补充需求。一方面，大型商业银行的战略投资者纷纷减持并撤资。例如，2009 年苏格兰皇家银行撤资中国银行，并撤离在华的法人银行和分行机构；2013 年高盛集团出售其在工商银行的所有股份；2013 年美国银行出售其在建设银行的全部股份。另一方面，部分外资银行也减持了其所持有的股份制银行股份，如西班牙对外银行退出中信银行、花旗集团撤资浦发银行、德意志银行退出华夏银行、恒生银行撤离兴业银行等。

这一阶段，外资银行受金融危机和集团战略调整的影响，风险偏好较为审慎，在华发展有所放缓但仍保持增长态势。从资产规模绝对值看，外资银行在华资产规模由 2007 年末的 1.25 万亿元增至 2016 年末的 2.93 万亿元，增幅达 134%；从机构数量看，外资银行营业性机构数量由 2007 年的 440 家增至 2016 年的 1031 家，新增 591 家。

2. 我国银行业对外开放进入新阶段

2017 年 10 月，党的十九大报告明确指出，中国开放的大门不会关闭，只会越开越大。2017 年以来，我国银行业对外开放步伐不断加快：

一是放开投资入股的条件。2017 年 11 月 10 日，财政部副部长朱光耀在中美元首北京会晤经济成果吹风会上宣布，将放开外资持股中资金融机构的比例限制，实施内外一致的股权比例限制。针对银行业，新政将取消外资入股中资银行单一持股不超过 20%、合计持股不超过 25% 的限制。银监会于 2017 年 12 月 13 日表示将放开除民营银行以外的中资银行和金融资产管理公司的外资持股比例限制。

二是放宽业务牌照的准入和审批要求。2017 年 3 月，银监会发布《关于外资银行开展部分业务有关事项的通知》，允许外资银行采用事后报告制开展国债承销业务、托管业务、财务顾问等咨询业务，并鼓励外资银行与母行集团实现业务协作；2018 年 2 月 24 日，银监会正式修订《外资银行行政许可事项实施办法》，完善外资银行入股中资商业银行的条件和要求，在外资银行募集发行债务等资本补充工具、新业务审批、高管资格审批等方面进一步简政放权。

三是银行业对外开放未来将持续推进。2017 年 8 月，国务院发布《关于促进外资增长若干措施的通知》，表示要全面实施准入前国别待遇加负面清单管理制度，进一步扩大市场准入对外开放范围，明确对外开放时间表、路线图；2017 年 12 月 13 日，原银监会表示下一步会从放宽外资银行存在形式选择范围、扩大外资银行业务经营空间、优化监管规则等三方面持续推进银行业对外开放；2018 年 4 月 11 日，中国人民银行行长易纲在博鳌论坛上宣布了进一步扩大金融业开放的具体措施和时间表，表示要大幅度扩大外资银行业务范围，鼓励外资进入信托、金融租赁、汽车金融、消费金融、货币经纪等领域。

二、外资银行在华持续稳步发展

目前在华外资银行总体发展较为平稳，机构数量稳步增加，资产规模稳步增长，资产质量较好：

1. 机构数量稳步增加

截至 2017 年末，外资法人银行有 39 家，外国银行分行有 122 家，外资银行营业性机构数量共有 1013 家。相比于 2007 年，外资法人银行数量增加了 10 家，外国银行分行数量增加了 5 家。

2. 资产规模稳步增长，相对占比有所下降

从资产规模的绝对值来看，外资银行资产总额稳步攀升，从 2003 年末的 4159 亿元增至 2017 年末的 3.24 万亿元，增长了 7 倍左右。同期，我国境内银行业资产总额由 27.7 万亿元增至 252.4 万亿元，增长了 8.1 倍；大型商业银行资产总额由 16.1 万亿元增至 86.6 万亿元，增长了 4.4 倍。相比较而言，自我国入世以来，外资银行资产规模增速总体保持平稳，且高于我国大型商业银行资产规模的平均增速。

从资产规模的相对值来看，2003 年以来外资银行总资产占我国银行业金融机构总资产比重却一直保持 2% 左右的低位，历史最高为 2007 年的 2.38%。2007 年以来，外资银行资产占银行业总资产比重持续下降，2017 年末达 1.28%。

3. 风险偏好较为审慎，资产质量较好

在华外资银行一直以来都保持较为审慎的风险偏好，其不良贷款率也一直低于商业银行平均水平。截至 2017 年末，在华外资银行不良贷款率为 0.70%，同期我国境内商业银行不良贷款率为 1.74%，大型商业银行不良率为 1.53%，股份制商业银行为 1.71%。同时，在沪外资银行 2017 年不良贷款率为 0.34%，创近五年来新低。

三、新一轮对外开放对国内银行业的影响

纵观我国银行业对外开放历程和在华外资银行发展现状，随着我国对外开放格局的不断扩大和完善，外资银行在华经营发展在广度和深度上都有了质的变化。新一轮银行业对外开放为外资银行在华经营创造了更好的投资环境和金融市场环境，同时也为国内银行业的转型发展带来了新的机遇和挑战。

一是对国内银行业的市场份额影响有限。易纲在博鳌论坛上强调了下一步金融业对外开放应遵循的三个原则，其中一个原则就是要重视防范金融风险，使得金融监管的能力要与开放程度相匹配。新一轮对外开放政策的目的是为金融市场增添活力，促进金融业进一步成长发展。外资银行反客为主的情况并不会出现，国内银行业的市场份额不会受到重要影响。此外，经历过金融危机洗礼后，部分外资银行的经营理念追求"小而美"，追求核心业务和核心市场的发展，风险偏好较为审慎。在较审慎的风险偏好下，虽然我国一系列对外开放政策将持续有利于外资银行在华投资经营，外资银行也不会大规模地加大在华投入，而是会根据集团整体发展战略、当地业务发展等因素综合考量的基础上追加或减少投资。外资银行普遍看好中国市场，预计未来外资银行资产规模将持续稳步增长，资产规模占银行业总资产的比重将保持平稳。

二是中小银行将迎来外资银行增资潮。从投资的财务收益来看，外资银行增资能实现更好的收益。目前拥有外资持股的中资银行以规模适中的城商行和农商行为主，且盈利水平较好，ROA、ROE 水平较高。从在华业务发展来看，外资银行可通过增持甚至控股扩大在华布局。目前拥有外资持股的中资银行股权集中度较低，大多外资银行都是第一或第二大股东，且不少外资银行都与持股银行有战略合作。随着外资持股中资银行的股权比例进一步放开，外资银行可通过提高其在中资银行的股权比重，优化网点布局、品牌认知度和客户结构，进一步拓展个人零售业务、理财业务、私人银行业务等，在华业务结构更加多元化。

三是对国内银行业的传统存贷业务冲击有限。相比于中资银行，外资银行在传统存贷业务上存在明显的竞争劣势。受网点数量、资本金、规模的限制，外资银行在华信贷业务发展空间有限，贷款规模和吸收存款能力明显不如中资银行。在新一轮银行业对外开放下，外资银行在人民币业务上的准入、监管可能会进一步放宽，但由于缺乏规模优势，外资银行在传统的存贷业务发展上不太可能对中资银行带来较大的冲击。

四是对国内银行业的中资"走出去"客户的服务可能产生一定程度冲击。从服务"走出去"客户来看，相比于中资银行，外资银行产品多样化程度高，注重交叉销售、"上门服务"和精准营销，在业务综合化、服务效率等方面都有着明显的竞争优势。不少外资银行已经开始抢夺中资"走出去"企业客户，利用海外网点优势、关系网络、高效优质的金融产品服务能力等为中资企业客户在海外市场提供全方位的金融服务。随着我国"一带一路"的持续推进，外资银行在"一带一路"沿线地区的竞争优势值得关注。

四、中资银行国际化发展不断深化

2017 年，我国银行业继续把握"一带一路"、人民币国际化等发展机遇，把服务实体经济、支持企业"走出去"作为国际化发展的首要目标，围绕中资企业金融服务需求，不断完善海外机构布局，提高国际化金融服务的广度和深度。

一是广度上，海外机构布局不断深化。截至 2017 年末，四家大型商业银行的境外网点数量合计 1127 个，其中中国银行有 545 个，工商银行有 535 个，建设银行有 30 个，农业银行有 17 个。此外，四大行覆盖的国家和地区数量也不断增加。截至 2017 年末，中国银行、工商银行、建设银行、农业银行所覆盖的国家和地区数量分别是 54 个、45 个、29 个和 15 个。

二是深度上，综合化经营水平不断提高。目前中资大型银行都已形成较为完整的综合化经营架构，非息收入水平不断提高。2017 年末，以四大行为例，其境外机构非利息收入合计 1712.65 亿元，其中手续费及佣金净收入合计总额达 311.24 亿元，同比增速分别是 9% 和 4%。目前，我国银行业的国际化发展处于加速布局全球网络的粗放式增长向优化业务经营和服务能力的精细化发展转型阶段，综合化经营水平不断提升，业务创新能力也在不断强化。

三是合规、反洗钱工作不断加强。近年来，为应对复杂多变的洗钱风险和日趋严格的监管环境，中资大型银行纷纷加强反洗钱工作。工行坚持"集中做、专家做、系统做"的反洗钱管理模式，在总行层面组建反洗钱中心，优化集团反洗钱管控架构；农行在总行和一级分行均设立反洗钱中心，集中上收反洗钱监测分析业务，并制定了大额交易和可疑报告管理办法、涉及恐怖活动资产冻结管理办法等专项制度；中行不断加强合规队伍建设，在重点地区和重点机构设有独立的合规部门和专职合规官；建行运用大数据分析，对重点区域的客户与业务进行持续监测和有效管控。

专栏　专 2-1　中资银行全力做好反洗钱工作

近年来，在中资金融机构走出去步伐加快与国际反洗钱监管趋严的双重背景下，中资银行面临的海外反洗钱合规风险不断提升，部分中资银行海外分行曾因反洗钱合规问题遭到海外监管当局的调查或处罚。中资银行在办理跨境业务中面临的洗钱风险主要是指跨境资金流动中，如果不法分子借用物流进行资金的反常运作，或直接利用资金流获取不正当利益，同时作为跨境资金流动中介的银行若风险管控措施不到位，在利润追逐和风险把控上失去平衡，那么非法资金就有可能借道银行成功跨境，而银行就有可能沦为反洗钱制裁合规监管的牺牲品。具体而言，银行在反洗钱工作中主要面临以下三类风险。

一是合规风险，即黑名单的实时筛查和事后的反洗钱调查。以美元为例，按照美国的监管要求，银行须对每笔汇款进行实时黑名单筛查和事后反洗钱调查。其中，实时黑名单筛查要求银行合规系统实时筛查每笔汇款信息，与监管机构公布的制裁名单进行比对，拦截可能涉及黑名单的可疑交易，并根据业务情况和监管要求进行查询、退回、上报或冻结处理。事后的反洗钱调查是指银行应根据自身情况，制定反洗钱规则，对已发生交易进行定期调查，确认的可疑交易需向反洗钱监管机构报告。

二是运营风险。在日常经营中，银行在办理资金跨境流动相关业务时，极易被动、间接地卷入受制裁业务，这些问题一旦暴露在监管机构面前，将可能导致银行在多个业务层面的运营受到限制甚至停顿。此外，运营风险还涉及到合规成本与收益的问题。以人民币国际化涉及的反洗钱问题为例，随着贸易结算、跨境投融资、股票、债券及基金投资、存贷款等境外人民币资金回流渠道的逐步拓宽，境外人民币资金的大量回流将带来一系列潜在的合规成本问题。

三是声誉风险。对于跨国银行而言，合规处罚带来的直接影响是当期利润的下降，但由此引发的声誉风险以及连锁反应，可能导致严重后果。以中资跨国银行为例，一旦被美国政府列为"洗钱关注对象"，美国金融系统内的一切机构均被禁止与其发生代理关系和业务联系。由于美国法律的域外效力大大扩展了制裁范围，任何含有美国因素的业务可能会被一并禁止；同时，其他国家的金融机构慑于美国制裁的全球影响力，也可能断绝与被制裁中资银行的业务往来，中资银行的全球化网络可能陷于瘫痪。

目前，中资银行在海外反洗钱工作中仍面临挑战：

一是风险为本的监管要求对反洗钱工作提出了更高要求。近年来，金融行动特别工作组（FATF）于2012年2月发布了名为《打击洗钱、恐怖融资、扩散融资国际标准》的新"40项建议"，"风险为本"被正式确定为各国开展反洗钱工作的基本方法。但由于我国监管和被监管双方均缺乏风险为本的监管经验，相关法律制度还有待完善，部分银行、企业及个人反洗钱工作意识还处于初级阶段，我国反洗钱监管模式完全从"合规为本"转化为"风险为本"还需要较长一段时间。合规为本向风险为本的监管规则转变，要求银行对现有的反洗钱管理方法进行调整优化，以适应复杂多变的洗钱风险和最新的监管要求。

二是国际化和多元化经营使得反洗钱风险更加复杂。对于跨境、跨业经营的金融机构而言，由于不同国家或地区的监管环境和反洗钱力度有一定的差异，不法分子往往会将"黑钱"从管理较严的地区或机构向管控力度较弱的地区或机构转移，使得反洗钱工作存在"短板效应"。随着中资银行走出去步伐不断加快、国际化程度越来越高，面临的监管环境也日趋复杂，使得反洗钱工作的风险和压力不断提高。

三是银行自身技术的限制使得反洗钱难度加大。在互联网飞速发展、大数据的时代，商业银行了解客户变得更加困难，有效的数据筛查和智能系统才能够帮助商业银行应对洗钱风险。而目前不少商业银行内部各业务条线的标准化尚未解决，内部系统数据的交换与分享尚未打通，反洗钱合规人员难以用全脉络的视野分析和解决问题。此外，各商业银行之间由于商业机密等原因，尚未建立行之有效的信息交换通道，而犯罪分子在洗钱的各个阶段往往通过大量的跨行交易实现资金的处置、离析和融和，使得反洗钱人员的可疑交易分析往往在遇到跨行资金往来时被斩断。

面对复杂多变的洗钱风险和日趋严格的监管环境，中资银行要将一步加强反洗钱工作：一是培育合规管理文化，加强对员工的反洗钱培训，提高员工特别是境外员工的反洗钱意识；二是建立集团统一的客户洗钱风险信息库，确保各条线的客户信息实现充分共享和交流，同时建立关注名单维护机制，全面收集反洗钱案例素材，提高业务敏感度；三是提升反洗钱系统防控能力，及时调整补充完善现有的制度规范，注意防范互联网金融的洗钱风险，并加强与第三方支付平台的交易背景数据的信息交互。

专题3

努力探索发展绿色金融

落实生态文明建设、加快绿色发展转型，成为十九大后我国经济和社会发展的战略重点。作为生态文明体制机制的重要内容，绿色金融的发展也随之进一步提速。银行业作为我国金融体系资源配置的重要中枢，在发展绿色金融方面应当有所作为。一方面，依托完善的经营管理能力、完备的业务结构，以及较高的社会责任标准，银行业金融机构近年来在绿色金融领域开展了广泛、系统和深入的探索与实践，不仅推动了绿色融资规模的快速增长，而且不断完善管理模式、强化能力建设、推动创新发展，成为我国绿色金融体系建设的中坚力量。另一方面，开展绿色金融业务也在很大程度上为银行金融机构拓宽业务空间、激发业务创新、提升资产质量、降低经营风险提供了助力，促进了银行业自身的结构转型和可持续发展。随着绿色金融政策机制进一步完善、扶持政策逐步落实，配合着绿色发展理念的日益普及和绿色产业的快速成长，银行业绿色金融还将迎来更大的发展空间。

一、银行业发展绿色金融意义重大

助推发展转型和环境治理，成为了银行业落实国家战略的重要途径，引导资源配置向绿色环保和可持续发展的领域，也是银行业自身结构调整和能力建设的重要举措。

1. 发展绿色金融是经济转型的内在需要

作为资源配置中枢的金融系统，尤其是银行业，是落实国家发展战略、推动经济结构转型、加快环境治理的重要抓手。发展绿色金融对于落实绿色发展理念具有深远的意义。

首先，绿色发展的内涵与外延不断向经济和社会的方方面面拓展，与供给侧结构改革、创新发展、乡村振兴、区域平衡发展等多元化政策目标深度耦合，污染治理和环境保护不再仅与个别大型工业企业相关，也涉及交通物流、商业服务、公共部门，甚至居民。传统的政府推动模式不仅难度较大，且力度有限，需要系统性的、市场化的资源配置体系，而绿色金融恰堪当此任。

其次，绿色金融需要抑制的"两高"产业，大多也是产能过剩、资金杠杆问题最为集中的领域。而能效、物耗以及环境不达标的产业，也大多属于去产能的重点对象。因此，绿色金融的发展有助于实现去产能的结构调整目标，有助于落实去杠杆和防范重大风险。

最后，绿色金融的发展壮大，能够向市场传递出强烈的信号，引导更多的投资人关注绿色领域，也推动更多融资方注重环境保护和资源节约，从而加快绿色发展转型的进程。

2. 发展绿色金融是银行业自身转型发展的必然选择

一是环境、气候、资源问题日益严峻，环保监管执法力度不断提升，对宏观经济和微观企业造成了日益深远的影响，并反馈到企业偿债能力，即信用风险中；另一方面，绿色发展的共识不断凝聚，使越来越多的投资者认识到环境风险管理对于长期投资回报的积极意义。在这样的背景下，发展绿色金融成为金融体系转型发展的内在要求。

二是两高产业往往具有重资产的特征，为融资担保提供便利。而面对经济结构转型，产能过剩与经营困难使金融杠杆问题日益凸显。绿色金融引导资金逐步退出两高产业，向新兴产业、先进产能转移，有助于防控和化解自身经营风险。

三是随着绿色发展的深化，绿色环保产业有望成为国民经济支柱产业，极大地拓宽了绿色金融的业务空间。而环境产权交易制度的建立，使碳排放权、排污权、用能权、用水权等具有了资产的特征，也会激发银行业务创新，进一步拓宽业务领域。

四是绿色金融是为数不多的、尚未成熟却具有战略意义的国际金融高地。而我国绿色金融体系建设依托国家战略的引导、各级政府的重视、社会各界的关注，以及巨大的市场空间，逐步获得了全球引领的地位。而对于银行机构而言，抓住良好的发展机遇、加快布局绿色金融，是我国银行业推动结构调整、落实转型发展、提升国际竞争力的重要方向。

二、银行业绿色金融发展取得初步成效

我国银行业对绿色金融的探索起步于2006年，兴业银行落地了国内首笔能效贷款，开国内绿色金融之先河。此后，在银监会及其他主管部门的引导下，我国银行业开展了持续、系统、多元化的探索。时至今日，银行业绿色金融不论在业务规模、多元化程度、参与主体数量，还是体系建设和政策贡献上，都占据了主导的地位。

1. 制度体系不断完善

在七部委《关于构建绿色金融体系的指导意见》中，将"大力发展绿色信贷"作为发展绿色金融体系的第一项目标，提出了构建政策体系、建立评价机制、推动证券化、明确环境责任，以及完善管理制度、风险分析和信息披露等要求。而早在2007年，银监会发布《节能减排授信工作指导意见》（银监发〔2007〕83号），已经开启了我国绿色信贷制度的早期探索；2012年，银监会《绿色信贷指引》（银监发〔2012〕4号）首次正式提出了"绿色信贷"的概念，对银行业金融机构开展节能环保授信和绿色信贷的范围、管理方式、考核要求等做出规定。次年，银监会发布《绿色信贷统计制度》（银监办发〔2013〕185号），进一步明确了绿色信贷的业务边界和统计口径，要求银行

业金融机构对所涉及的环境、安全重大风险企业贷款和节能环保项目及服务贷款进行统计和报送。以此为基础，《银行业金融机构绩效考评监管指引》（银监发〔2012〕34 号）和《绿色信贷实施情况关键评价指标》（银监办发〔2014〕186 号）两份文件，对银行机构绿色信贷业务开展情况的评估作出了具体的规定。

根据《绿色信贷指引》及《绿色信贷统计制度》，我国绿色信贷包括两部分：一是支持节能环保、新能源等 3 大战略性新兴产业生产制造端的贷款；二是支持节能环保项目和服务（共包含：绿色农业开发、绿色林业开发、工业节能节水环保、自然保护、生态修复及灾害防控、资源循环利用、垃圾处理及污染防治、可再生能源及清洁能源、农村及城市水务、建筑节能及绿色建筑、绿色交通运输、节能环保服务，以及采用赤道原则等国际惯例或国际标准的境外项目，共 12 类）的贷款[①]。

表专 3 - 1　我国绿色信贷政策

颁布部门	发布时间	政策名称
发改委、人民银行银监会	2004 - 04	《关于进一步加强产业和信贷政策协调配合控制信贷风险有关问题的通知》
人民银行、环保总局	2006 - 12	《关于共享企业环保信息有关问题的通知》
人民银行	2007 - 06	《进一步改进和加强节能环保领域金融服务工作的指导意见》
环保总局、人民银行银监会	2007 - 07	《关于落实环保政策法规防范信贷风险的意见》
原银监会	2007 - 11	《节能减排授信工作指导意见》
环保部、人行	2009 - 06	《全面落实绿色信贷政策进一步完善信息共享工作的通知》
人行、银监会、证监会	2009 - 12	《关于进一步做好金融服务支持重点产业调整振兴和抑制部分行业产能过剩的指导意见》
人行、银监会	2010 - 05	《关于进一步做好支持节能减排和淘汰落后产能金融服务工作的意见》
银监会	2012 - 02	《绿色信贷指引》
银监会	2013 - 05	《绿色信贷统计制度》
人民银行等八部门	2014 - 12	签署协议将环境执法信息纳入征信系统
银监会	2014 - 12	《绿色信贷实施情况关键评价指标》
银监会、发改委	2015 - 01	《能效信贷指引》
人民银行等七部委	2016 - 08	《关于构建绿色金融体系的指导意见》

资料来源：中国银行业发展报告课题组整理。

除了绿色信贷外，绿色金融债也是银行业绿色金融的重要业务。2015 年，人民银行发布的《关于在银行间债券市场发行绿色金融债券有关事宜的公告》，并以附件的形式发布了《绿色债券支持项目目录》，从资产端对银行机构发行绿色债券的投向范围、业务操作和管理要求做出了明确的规范和指引。依托绿色信贷业务积累的充沛的绿色项目储备，银行机构发行的绿色金融债迅速成为我国绿色债券市场的主导，并推动我国绿债

---

① 　http：//www.cbrc.gov.cn/chinese/home/docView/DE802BF64F754BBE8168B85ECBF629A3.html.

市场在短短一年之内就成为全球发行规模最大的市场。进入 2017 年，随着绿色债券市场规模不断扩大，市场监管制度也快速完善。2017 年 12 月 26 日，人民银行、证监会联合发布《绿色债券评估认证行为指引（暂行）》，对绿色债券发行和存续期所涉的绿色属性评估和认证工作，进行了详细而明确的规定。绿色债券的信息披露工作也大步推进。2018 年 3 月 8 日，人民银行发布《中国人民银行关于加强绿色金融债券存续期监督管理有关事宜的通知》（银发〔2018〕29 号），并以附件的形式发布了《绿色金融债券存续期信息披露规范》和绿色金融债的信息披露报告模板，要求披露资金使用、环境效益，以及所涉标的污染事故和环境违法信息等。

目前，我国绿色信贷的管理尚处于探索过程中，仍然以自愿性、引导性政策为主，而更为直接、有力的扶持和鼓励措施则正在积极探索之中。人民银行 2018 年 2 月 14 日发布的《中国货币政策执行报告（2017 年第四季度）》中披露，人民银行在开展 2017 年第三季度宏观审慎评估（MPA）时，将绿色金融纳入了"信贷政策执行情况"中进行评估。MPA 指标体系包括资本和杠杆情况、资产负债情况、流动性、定价行为、资产质量、外债风险，以及信贷政策执行情况七大方面，将综合评估结果作为差别准备金调整和合意贷款增长规模的依据[①]。绿色金融业务情况不仅会直接影响银行机构"信贷政策执行情况"得分，同时也影响着"宏观审慎资本充足率"的计算。在宏观审慎资本充足率的计算公式中，结构性参数主要参考机构稳健性状况和信贷政策执行情况进行设定，由此改变对各银行机构业务规模的监管约束。MPA 评估发端于差别存款准备率制度，能够有效地为绿色金融提供长期、低成本的资金支持。因此，绿色信贷纳入 MPA 将对银行机构发展绿色金融业务带来显著激励。

此外，货币政策执行报告还提出："为引导金融机构加大对小微企业、绿色经济的信贷支持，人民银行优先接受符合标准的小微企业贷款、绿色贷款作为信贷资产担保品"，用于向人民银行申请信贷政策支持再贷款和常备借贷便利。一方面，有限接受绿色信贷作为央行再贷款抵押物，有助于提高绿色信贷资产的吸引力，鼓励银行机构更积极地开展绿色金融业务；另一方面，绿色信贷资产质量较高、期限较长，优先接受以绿色信贷为担保品有助于管控中央银行面临的信用风险，同时降低央行对担保物的评级成本。

综上所述，随着银保监会针对银行业机构绿色金融业务的考评和监管制度的完善，人民银行相关政策对绿色金融扶持政策的落地，以及各级地方竞相加快绿色金融体系和配套政策的研究，将带动更多银行机构参与绿色金融市场，银行业绿色金融还将迎来更大的发展空间。

2. 市场规模持续增长

在日益完善的市场环境和政策条件的保驾护航之下，我国绿色金融快速发展。据兴

---

① 张晓慧（2016）：《如何理解宏观审慎评估体系》，http：//finance. huanqiu. com/roll/2016 - 07/9242361. html.

业研究统计，截至 2017 年末，我国各类绿色融资总余额近 9 万亿元，为绿色发展和转型注入活力。而银行作为我国金融体系的主体，也交出了一份可圈可点的绿色金融"成绩单"。在 9 万亿元的绿色融资余额中，绿色信贷占比超过 95%；银行机构发行的绿色金融债也在绿色债券市场占据了主导地位。此外，银行机构在绿色金融领域的诸多创新，也为绿色金融市场的多元化发展注入了活力。

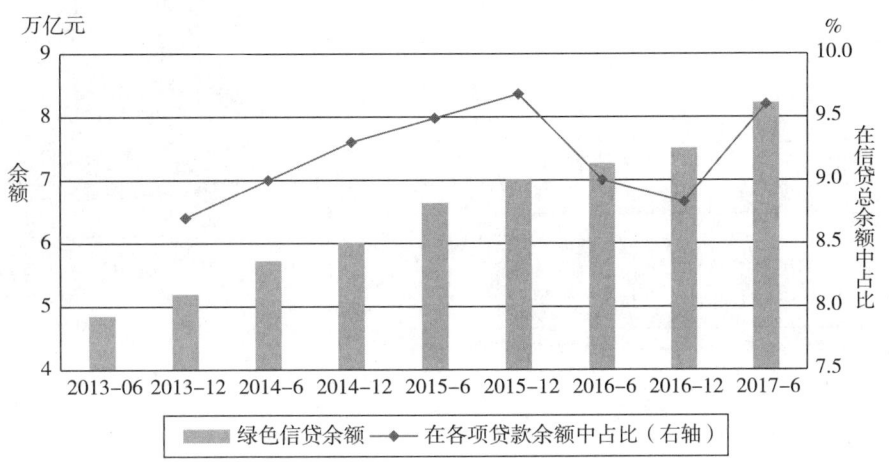

注：银监会披露的绿色信贷最新数据即到 2017 年 6 月截止。

数据来源：银保监会；中国银行业发展报告课题组整理。

图专 3-1　21 家主要银行绿色信贷余额及占比

绿色信贷是绿色投资最主要的资金来源，也是银行支持绿色发展最有力的方式。早在 2006 年，兴业银行就探索落地了国内首笔能效贷款，开国内绿色金融之先河。2018 年 2 月 9 日，银监会集中披露了 2013 年至 2017 年间我国绿色信贷的增长情况。数据显示，国内 21 家主要银行绿色信贷余额规模保持稳步增长，从 2013 年末的 5.20 万亿元增长至 2017 年 6 月末的 8.22 万亿元，占各项贷款余额接近 10%[①]，年均增速 13.98%。而这些绿色信贷支持的项目每年可实现节约标准煤 2.15 亿吨、节水 7.15 亿吨，减排二氧化碳、化学需氧量、氨氮、二氧化硫分别为 4.91 亿吨、283.46 万吨、26.76 万吨、464.53 万吨和 313.11 万吨，为我国节能减排作出了重要的贡献。

从主体结构看，2016 年末五大国有银行绿色信贷余额占市场总额的 55%，在各行信贷余额中的平均占比超过 7%。股份制银行绿色信贷业务也有明显的增长，其中兴业银行保持一枝独秀，绿色信贷余额占比达到 14%，仅次于国开行的 15%，在商业银行

---

① 现行绿色信贷统计数据口径为支持节能、环保、生态领域项目及服务贷款与支持节能环保、新能源、新能源汽车等战略性新兴产业产品端贷款的合计。其中节能环保项目及服务贷款主要是支持工业节能节水环保项目、可再生能源及清洁能源项目、建筑节能及绿色建筑项目及绿色交通运输项目等 12 类贷款。（http://finance.ifeng.com/a/20160902/14854794_0.shtml）

中名列前茅。

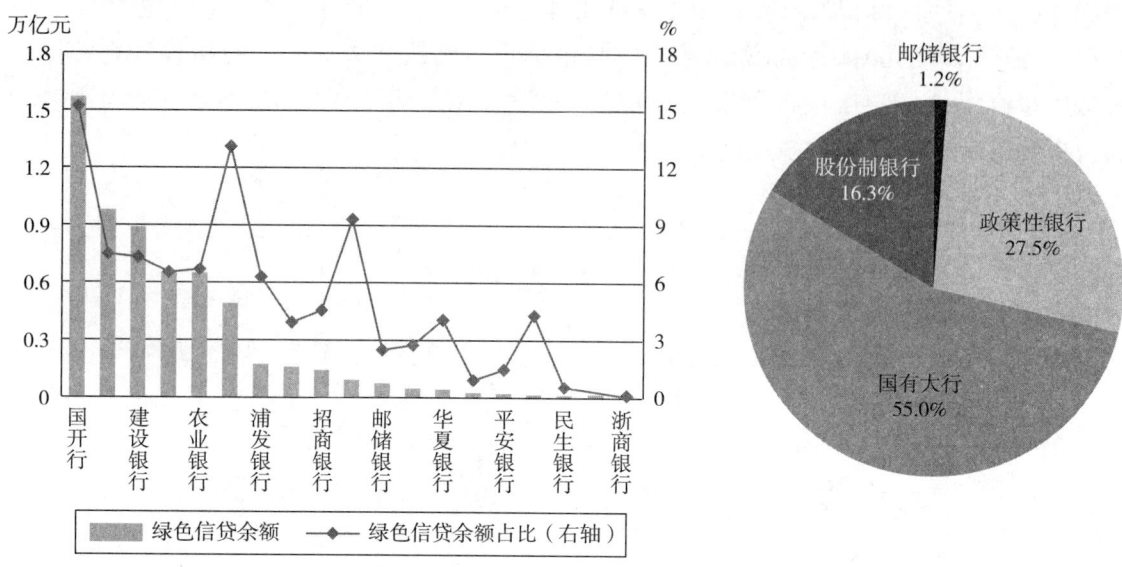

注：截至报告发稿时，尚未有上市银行发布《2017年社会责任报告》。

数据来源：各行《2016社会责任报告》与年报；中国银行业发展报告课题组整理。

图专3-2　绿色信贷业务主体结构

根据上市银行2016年度社会责任报告披露的数据，工商银行、建设银行和农业银行的信贷余额排前三位；2017年宣布采纳"赤道原则"的江苏银行尽管绿色信贷总规模较小，但年增速高达85%；"植绿十一年"的兴业银行依然保持了24%的高速增长，显示出绿色金融业务很强的可持续性。此外，从已发布的数据可以看出，不管是国有大行还是全国性股份制银行、城商行，都已普遍地树立起了绿色发展的理念。

表专3-2　部分上市银行2016年底绿色信贷余额

银行机构	绿色信贷余额（亿元）	较2015年增幅（%）
工商银行	9785.6	7
建设银行	8892.21	22
农业银行	6494.32	19.6
兴业银行	4943.60	23.5
中国银行	4673.00	13.3
浦发银行	1738.12	1.2
交通银行	1611.05	10.7
江苏银行	467	84.8

注：截至报告发稿时，尚未有上市银行发布《2017年社会责任报告》，因而无法获得2017年数据。

资料来源：中国银行业发展报告课题组整理。

从投放领域看，超过70%的绿色信贷投入到了绿色交通运输、可再生或清洁能源等节能环保项目和服务中去，余下的投入到技术相对成熟、效益较好的战略新兴产业来支持绿色发展。这些绿色信贷的投放产生了巨大的环境效益。

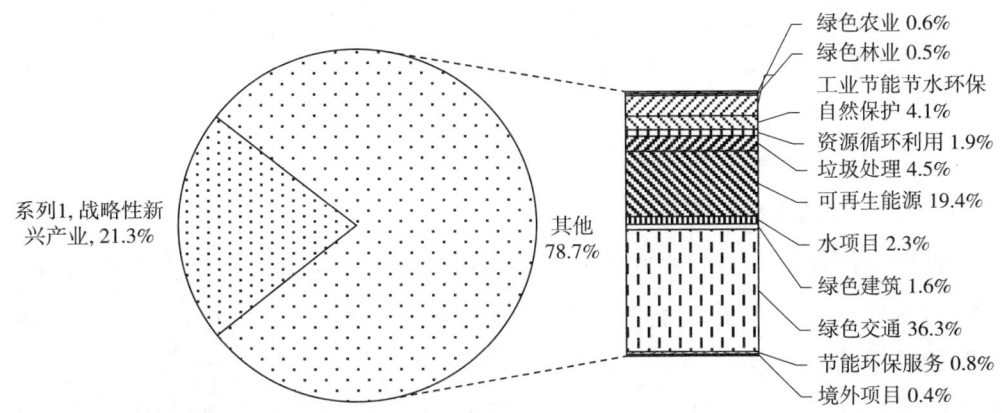

数据来源：银保监会；中国银行业发展报告课题组整理。

图专 3 - 3　绿色信贷投放领域结构

绿色债券是我国绿色金融市场最大的亮点，从 2015 年的默默无闻，到 2016 年全球发行规模占比超过 30%，实现了飞跃并持续增长。据 Wind 统计，2017 年我国市场发行贴标绿色债券 2486. 13 亿元，比 2016 年增长 22.72%，占全球总发行量的 22%[①]。截至 2018 年 1 季度，我国绿色债券余额 8029. 36 亿元，其中金融债占比 81.9%。

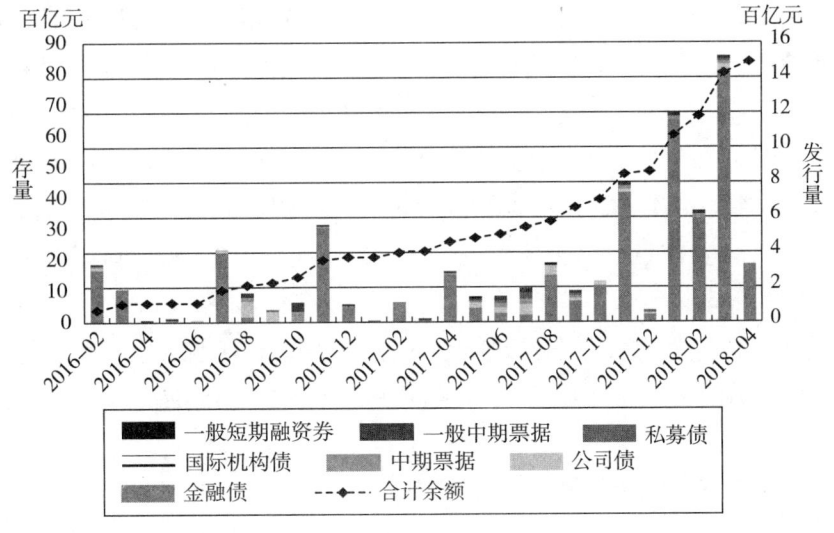

数据来源：Wind；中国银行业发展报告课题组整理。

图专 3 - 4　我国绿色债券发行规模

---

① http：//finance. sina. com. cn/money/bond/market/2018 - 02 - 09/doc - ifyrkuxs7656907. shtml.

此外，国外市场上中资银行类金融机构的身影也频频闪现。自 2015 年 10 月中国农业银行在伦敦证券交易所公开上市等值 10 亿美元绿色债券完成中资机构的首秀以来，2017 年 7 月和 11 月中国银行先后在国外市场上发行了合计等值 45 亿美元的两期绿色债券和 5 亿美元的资产担保债券；10 月工商银行在国际市场发行了 11 亿欧元"一带一路"气候债券；11 月，国开行发行了首笔中国准主权绿债。中国银行机构在国际绿债市场的活跃身影，显示出我国绿债的国际影响力正在不断提升。

3. 促进优化管理和创新发展

除了规模的扩张之外，更值得一提的是，目前已有部分商业银行从组织管理、政策制度及能力建设、流程管理、内控管理与信息披露等方面推进绿色信贷，加大对绿色经济、低碳经济、循环经济的支持，防范环境和社会风险，提升自身的环境和社会表现。从部分银行机构发布的"可持续发展报告"中可以看到，已有不少银行建立了较为严格的环境审核机制和相关管理制度，并通过设置限制条件、准入门槛、环保一票否决制等手段，鼓励对绿色环保领域的信贷投放，并抑制两高一剩行业和存在环保问题的企业。例如，兴业银行以赤道原则为基础，建立起了环境与社会风险管理日常监测和风险排查机制，形成了由"基本制度、管理办法、操作规程"构成的完整的制度体系。工商银行施行了绿色信贷一票否决制度，落实环境和社会风险的全过程管控，在组织机制建设方面则是设立了专门的业务部门或工作组，负责绿色金融业务的统筹推进。继兴业银行设立总行一级部门专门负责绿色金融业务的管理和专业支持后，浦发银行、江苏银行等也先后建立了专门的绿色金融业务团队，负责绿色金融产品设计、推广和管理等。此外，2017 年 6 月国务院启动五省八地绿色金融改革创新试验区建设，按照人民银行等七部委发布的各地绿色金融改革创新试验区总体方案，部分试点地区正在积极组织试点区域内银行机构设立绿色支行等绿色金融专营机构，如 2017 年 9 月兴业银行南京分行与江苏省环保厅合作设立绿色主题银行[1]；2017 年 10 月，湖州市农行挂牌成立了绿色金融事业部，和德清、长兴、安吉三家绿色专营支行[2]；2018 年 3 月，赣江新区辖内 7 家银行机构设立绿色支行[3]等等。

除了上述共性特点外，各行在推进绿色金融业务上也有各自的一些特色，体现出未来银行业绿色金融业务新的发展方向，值得其他同业机构借鉴，主要包括以下几个方面：

积极参与推动政策制定和完善：目前我国绿色金融市场很大程度上是由政策推动，而银行机构业务实践的探索，能够为政策制定提供重要的参考。兴业银行依托十一年绿色金融业务成熟的经验积累和完善的管理体系，积极参与了国家多项绿色金融政策制度

---

[1] http://www.sohu.com/a/195289583_781190.

[2] http://www.huzhou.gov.cn/art/2017/10/31/art_12412_689703.html.

[3] http://jx.sina.com.cn/news/b/2018-03-30/detail-ifyssmmc5620886.shtml.

的研究与起草，以及多地绿色金融规划试点与政策制定；工商银行倡议并推动绿色金融成为"二十国集团工商界峰会"（B20）核心议题，参与 B20 绿色金融政策文件讨论，增强新兴经济体在绿色增长及绿色金融领域的话语权。除此之外，为了进一步推动绿色金融业务的规范化管理，工商银行等银行机构积极开展了环境风险压力测试等研究工作，逐步将环境和社会风险纳入到银行常规风险管理体系。

积极推动国际业务合作：积极参与国际合作、学习国外经验，是加快我国绿色金融市场成熟完善的重要途径。继兴业银行之后，江苏银行也在 2016 年加入了赤道原则，在环境社会风险管理上，与国际接轨；农业银行则与法国东方汇理资产管理公司合作，发起中法国际能源过渡绿色基金，成为第一家设立跨国绿色基金的中资银行。此外，中国银行也先后在国际市场成功发行了 5 亿美元绿色资产担保债券，以及 30 亿美元多币种绿色债券，极大地提升了我国绿色金融市场的国际影响力。

积极推进多元化、综合化业务模式：绿色转型涉及基础设施建设、绿色产业发展，以及技术转型升级等不同的路径，融资需求的特征也有很大差异。对于银行金融机构而言，仅依靠传统的绿色信贷已越来越难以满足市场多元化需求。为此，部分银行金融机构依托综合经营的战略，将绿色金融业务从单一的绿色信贷延伸至多元化产品，逐渐形成了集团化的业务模式。在信贷业务方面，环境资产产权抵押、质押贷款的创新业务，为银行传统融资业务带来了新的空间。2016 年中，兴业银行、招商银行等部分上市银行开展了碳排放权、排污权、水权等环境资产产权的抵押、质押融资业务，通过融资增信方式的创新，在很大程度上缓解了轻资产环保企业融资难的问题。随着环境和资源总量管理的推广和落实，以及碳市场、排污权、用能权、用水权等环境产权市场的建设完善，环境资产将会形成一个全新的资产门类，市场规模不容忽视。此外，部分银行也通过设立绿色产业基金、绿色发展基金等方式，参与权益市场，分享绿色产业的高成长收益；而低碳信用卡等零售业务领域的创新，极大地拓宽了绿色理念的影响范围。

表专 3-3　部分银行机构绿色金融创新典型案例

分类		内容	机构
绿色融资	环境产权	碳排放配额抵押贷款	兴业银行
		排污权抵押/质押贷款	建设银行、招商银行、浦发银行、中信银行
	金融租赁	节能减排、清洁能源、绿色基础设施建设、污染治理	兴业银行、民生银行、农业银行
绿色投资	绿色基金	绿色股权基金（20 亿元）	兴业银行
	绿色信托	海外精选新晋系列投资水利水务	兴业银行（兴业信托）
		新能源并购贷款基金	平安银行（平安信托）
		嘉禾科技贷款信托计划	中信银行（中信信托）
	绿色指数	中债—兴业绿色债券指数	兴业银行

续表

分类		内容	机构
绿色证券	绿色债券	绿色金融债	浦发银行、兴业银行等
		16 盾安 GN002 引入绿色投资人	兴业银行
	绿色 ABS	绿色信贷资产 ABS	兴业银行
		中再资源 ABS	民生银行
绿色零售	绿色信用卡	低碳信用卡	兴业银行、广发银行
	绿色理财	万利宝－绿色金融	兴业银行

资料来源：中国银行业发展报告课题组整理。

通过绿色融资规模的增长，以及绿色金融业务创新的发展，银行本身在制度管理、产品创新、业务拓展上的能力也逐步得到加强，有助于优化业务结构，进一步推动银行经营管理的可持续发展。

4. 绿色金融推动银行业结构转型和可持续发展

在银行业积极寻求结构调整和经营战略转型的环境下，绿色金融业务的发展在推动银行业履行社会责任的同时，也拓宽了银行业务的新空间、优化了业务结构、提升了资产质量，为银行业自身带来了不容忽视的经济效益，对银行业结构转型和可持续发展提供了有力的支持。

绿色金融有助于银行拓宽业务空间。绿色转型的巨大融资需求，为绿色金融提供了非常可观，同时又是可持续的发展空间。据兴业研究估算，2015 年至 2020 年，我国绿色融资需求为 15 万~30 万亿元；而从 2015 年到 2030 年，中国绿色融资需求将进一步增长至 40 万~123 万亿元。

绿色金融有助于提升资产质量。由于绿色信贷有效地控制了环境风险，提升了企业和项目经营的可持续性，同时也是国家支持和鼓励的领域，因此资产质量较高。据银监会统计，截至 2017 年 6 月，21 家主要银行机构绿色信贷不良率为 0.37%，远低于同期各项贷款平均的 1.69%[1]不良率。

绿色金融有助于优化业务结构。2016 年我国绿色债券，尤其是绿色金融债井喷式增长，境内发行规模接近 1600 亿元，拓宽了绿色金融业务的空间，也为盘活绿色资产提供了活水。值得注意的是，2017 年以来，银行金融机构参与绿色公司债券的承销也日益活跃，为绿色企业提供了直接的融资支持，也为银行带来了可观的中间业务收入。目前我国绿债市场以金融债为主，非金融机构发行绿债的空间尚未深入挖掘。随着 2017 年证监会《关于支持绿色债券发展的指导意见》，以及中国交易商协会《非金融企业绿色债务融资工具业务指引》先后发布，非金融企业绿债的发行和交易的政策基础已经形

---

[1] http://www.cbrc.gov.cn/chinese/home/docView/DE802BF64F754BBE8168B85ECBF629A3.html.

成，市场规模有望获得快速的增长。而依托在绿色金融债市场获得的经验，银行机构在参与非金融机构绿色公司债发行承销方面，具有独特的优势。

三、进一步探索深化绿色金融

绿色产业大部分是知识密集型和资本密集型产业，具有投资起点高、期限长、资本回收缓慢、产品或商业模式新颖、对金融服务依赖性强的特点，商业银行存在资金成本难匹配、短期资金来源与长期生产期限难匹配的困难。同时，在风险管理方面，环境项目涉及社会效益风险、环境效益风险评价，风险评估系统及流程较为复杂。因此，要进一步深化发展绿色信贷，不仅需要人民银行等管理机关的支持，以及各级政府的政策倾斜，更需要以商业银行为核心的绿色金融服务供应商积极履行社会责任，提高专业服务能力，推出符合市场需求的多层次的丰富的绿色金融产品，同时也需要社会环境信息的公开透明、监督配合。

因此，绿色金融的进一步深化发展不仅需要完善配套扶持政策，同时也需要银行业机构提升能力建设、强化风险管控、加快改革创新，形成政策与市场的合力。

1. 进一步完善配套扶持政策

绿色金融产品一方面能够产生正的环境外部性，另一方面，其开发往往需要经过第三方认证等过程，且需要满足额外的监管要求等，所以大部分情况下发行成本会高于同类的非绿色金融产品。因此，科学合理的配套扶持措施，是调动金融市场的内在积极性，撬动更多社会资金投入绿色金融市场的必要条件。

人民银行等七部委 2016 年 8 月发布的《关于构建绿色金融体系的指导意见》中，提出了财税优惠、贴息、将绿色金融产品纳入人民银行再贷款合格抵押物、将绿色金融绩效纳入人行宏观审慎监管（MPA）框架，以及政府支持设立第三方担保机制、绿色发展基金等措施。其中，绿色金融纳入 MPA 评估，以及人民银行再贷款抵押物两项政策已经开始探索；绿色发展基金也已经在各级地方政府、龙头企业以及金融机构的推动下加快设立。而除此之外，其他绿色金融扶持政策的推进则相对缓慢。

2017 年 6 月，国务院启动了 5 省 8 地的绿色金融改革创新试验区建设工作，而部分非试点地区也在积极探索绿色金融体系建设，一项重要内容便是绿色金融扶持政策的设计，包括财税优惠、贴息、第三方担保，以及设立绿色发展基金等。

2017 年 9 月，人民银行宣布普惠金融实施定向降准[①]。绿色金融与普惠金融尽管发展目标和服务对象各有侧重，但是发展理念有着内在的一致性，主要内容和服务模式具有普遍的交集，发展目标间也存在相辅相成的协同效应。因此，参照普惠金融的相关扶持政策，使定向降准政策惠及绿色信贷，为绿色项目提供长期、低成本的资金支持，将

---

① http://news.xinhuanet.com/2017 - 09/30/c_ 1121753887.htm.

者、贡献者、引领者"，未来还将继续致力于构建人类命运共同体。2018 年来我国绿色金融体系建设成效卓著，市场规模迅速增长，国际影响力不断提升，已经完成了"规模赶超"，并具备了"制度引领"的基础和条件。进一步开展国际合作，引领全球绿色金融市场发展及体制机制建设，对于扩大我国绿色金融市场空间，以及提升国际地位都将起到积极的推动作用。主要的切入点可以包括三方面：

推动国际金融监管制度变革，激发绿色金融内在动力。随着环境、气候和资源对宏观经济，以及微观企业的生产经营的影响越来越广泛而深远，重新考虑融资项目以及金融资产面临的环境风险，显得日益紧迫和必要。遗憾的是，现有国际金融监管制度中没有对环境风险给予明确专门的关注和考虑。在这样的背景下，我国可以考虑推动巴塞尔委员会等国际金融监管规则的调整，适当调低绿色金融资产的风险资本占用，这对于扩大全球绿色金融业务规模、提升市场吸引力，都将带来直接的影响，也将提升全球绿色金融发展的内在动力。

统一绿色金融国际标准，促进全球市场一体化发展。2016 年 7 月，新开发银行在中国发行了国际金融机构首单绿色债券；而当月，中国银行开启了中资银行在海外市场发行绿色债券的进程；2017 年 11 月和 12 月，农发行和进出口银行先后向全球投资者发行了"债券通"绿色金融债券，走通了我国绿色金融市场与国际市场对接的新路径。随着中欧《探寻绿色金融的共同语言》白皮书等相关研究的深化推进，我国与国际市场绿债标准的统一将快马加鞭，进一步拓宽我国绿债市场国际化发展的前景。

依托"一带一路"、新开发银行、亚投行、南南气候合作基金等机制，推动国际绿色金融合作，输出资金、技术和理念。绿色金融的支持，对于我国实现绿色发展南南合作的目标至关重要。2017 年 5 月，环保部、外交部、发改委、商务部等部委发布《关于推进绿色"一带一路"建设的指导意见》和《"一带一路"生态环境保护合作规划》，为"一带一路"沿线产业、技术和基础设施投资开发提供了明确的指引，也为我国进一步深化绿色发展提供了国际化的舞台。根据银监会统计数据，截至 2016 年末，已有 9 家中资银行在"一带一路"沿线 24 个国家设立 62 家一级分支机构[①]，支持"一带一路"的金融体系正在加紧构建。为了更好地构建绿色"一带一路"，需加强对外投资的环境管理，推动制定和落实防范投融资项目生态环保风险的政策和措施，促进企业主动承担环境社会责任；推动我国金融机构、多边开发机构以及相关企业采用环境风险管理的自愿原则，支持绿色"一带一路"建设。

---

① http：//mp.weixin.qq.com/s/rAzWZ9YSMPpjraQjNJfDXA.

专题4

规范发展金融控股公司

借着综合化经营的"西风"，金融控股公司在我国落地生根，经过近16年的发展，已经成为主体多元、形式多样、范围广泛的混业经营载体。随着"量"的快速扩张，"质"的问题日益凸显。少数金融控股公司存在套利行为，扰乱金融市场秩序，带来较大的风险隐患。为此，国务院金融稳定发展委员会将金融控股公司列为重点关注领域之一，2018年政府工作报告进一步要求"健全对影子银行、互联网金融、金融控股公司等监管"。完善政策体系固然有助于规范市场秩序，但仅依靠政府部门力量是不够的，着力点还应置于金融控股公司本身，通过完善内部治理机制、提升金融开放背景下的国际竞争力，形成有序的金融控股公司发展格局。

一、多种类型金融控股公司并存

金融控股公司源于国外，顺应时势而成，在国内虽处于起步阶段，却已形成为类型丰富的市场主体，这既是金融控股模式的内在优势使然，也是在外部环境下获取竞争力的重要策略。

1. 金融控股公司主体多元、形态多样

以1999年11月，美国颁布《金融服务现代化法案》为标志，金融控股公司正式成为金融业混业经营的重要组织形式。此后，我国金融业也开始积极探索金融控股模式。2002年，国务院批准中信集团、光大集团、平安集团开展金融控股公司试点。近年来，政府部门陆续出台一系列政策，为商业银行、证券公司等金融机构跨行业经营提供了发展空间。

表专4-1　金融控股公司的部分支持政策

	政策内容
2003年	修改《商业银行法》第43条："商业银行在中华人民共和国境内不得从事信托投资和证券经营业务，不得向非自用不动产投资或者向非银行金融机构和企业投资，但国家另有规定的除外。"
2005年	《商业银行设立基金管理公司试点管理办法》允许商业银行试点设立基金管理公司
	"十一五"规划提出"稳步推进金融业综合经营试点"
2006年	《关于保险机构投资商业银行股权的通知》允许保险公司投资商业银行股权
2007年	《信托公司管理办法》清除商业银行设立或参股信托公司的法律障碍
	《金融租赁公司管理办法》允许商业银行作为主要出资人设立金融租赁公司

的监管各不相同，监管力度不均衡。由于混业经营和分业监管的界限不清晰，金融控股公司进行事实上的风险套利，而分业监管对金融控股公司的经营风险无法做到穿透式识别风险，潜在业务风险未得到准确评估。

第四，由于金融控股公司监管缺失，大量产业集团持有多个金融牌照，造成产业资本与金融风险链条不断延长，分业的微观审慎监管已无法有效鉴别产业与金融混业经营存在的潜在交叉风险。

2. 公司治理机制不完善

董事会、监事会和管理层之间的约束机制失灵等是造成金融控股公司相关风险持续集聚和扩张的内部因素。

第一，金融控股公司内部治理机制和约束机制不健全，促使金融控股公司过度追求业务扩张，而忽视风险。一方面，金融控股公司的部分股东滥用股东权利，借助金融监管套利空间，大肆获取不正当利益；另一方面，以经营业绩为导向的激励机制使得金融控股公司管理层过度追求规模扩张，借助规模扩张掩盖潜在资产负债风险。

第二，金融控股公司风险隔离不彻底。一方面，不同业务板块的风险偏好不同，例如，传统信贷与投资银行业务在经营理念、风险特征等方面存在差异，面临着利益冲突，相互之间存在干扰，非银行金融机构可能传染到商业银行，金融控股公司面临"被动"或"主动"的金融风险交叉感染。另一方面，风险隔离机制缺失导致金融控股公司风险极易传染。在现行法律法规未对金融控股公司风险隔离做出强制要求和明确规定的情况下，金融控股公司普遍未建立起有效的风险隔离机制，风险管理手段也不够先进。例如，缺乏主动风险管理意识、缺乏风险管理工具、缺乏对新兴业务风险的及时覆盖等，导致风险极易在金融控股公司不同子行业、金融和实业之间交叉传递。

第三，信息披露机制不健全。金融控股公司股权结构、关联交易、薪酬、风险控制等重大事项披露和透明是实现外部有效监管和保证金融企业稳健经营的重要基础。但当前金融控股公司均缺乏相关信息的强制披露和自愿披露机制，造成内部风险持续积聚。

三、金融控股公司亟待加强监管和规范

综合化经营是新时代金融业发展的必然趋势，金融控股公司作为主要载体，能够更加高效地服务实体经济，但也可能成为金融风险源头。因此，我们既要一如既往地发展金融控股公司，又要对其进行规范，有保有压，形成健康有序的经营格局。

1. 健全法律法规，完善金融控股公司的监管体制

健全的法律法规和完善的监管体系是推动金融控股公司良性持续健康发展的外部基础。

第一，加快金融控股公司监管立法。明确基本定义和界限；加强对金融控股公司市场准入审批、股东、资金来源审查和监测等立法；加强对金融控股公司董事、监事和高

级管理人员的任职资格进行核准立法；加强对违法违规行为进行行政处罚，对违反有关监管规定的公司和个人采取行政强制措施等处罚力度；健全金融控股公司危机退出机制。

第二，完善金融监管体系建设。金融控股公司监管应以国务院金融稳定发展委员会牵头，针对监管漏洞，研究建立统筹监管的监管架构，充分发挥"一行"的机构监管和宏观审慎监管、"两会"对金融控股公司子公司的监管。在"一委、一行、两会"的监管体制下，明确金融控股公司的监管职责，尤其是加强对金融控股公司内部相互持股、产品和业务交叉信息的统一穿透监管和信息披露。在此基础上，明确金融控股公司从股东资质、内部治理机制、业务规范等各层次的执法机构，强化金融控股公司监管职责。

第三，构建多元化的金融监管指标体系。在对金融控股公司作出统一认定的基础上，针对金融控股公司及其子公司构建统一的金融监管指标体系，尤其是资本充足率、流动性、关联交易和风险集中度等方面。

2. 优化考核机制，健全金融控股公司的内部治理

健全金融控股公司治理机制，强化董事会、监事会和经理层经营职责，提高金融控股公司内部治理机制是降低潜在经营风险的基石。

第一，引导金融控股公司建立更加规范透明的经营考核体系。依托监管文件，构建金融控股公司一体化的考核评价体系，强化风险考核和经营业绩考核的平衡，尤其是针对利益冲突较为明显的业务，建立严格的考核激励隔离机制，防范内部利益冲突造成的内部风险集聚。

第二，强化内部交易和关联交易管理，提升金融控股公司信息透明度。一是健全金融控股公司内部风险管理机制，强化金融控股公司内部关联交易风险的评估和监测；二是明确金融控股公司信息披露制度，强化内部关联交易的信息披露制度，以保证内部交易的公平。

第三，完善风险隔离机制，建立内部防火墙制度。一是针对风险偏好差异大且存在较强利益冲突的业务建立明确的资金隔离、管理隔离和风控隔离制度；二是针对部分金融业务潜在交叉业务风险突出的领域实施严格的禁止内部交易。

3. 强化乱象治理，改善金融控股公司发展秩序

治理金融控股公司乱象是改善金融控股公司经营环境、防范化解潜在金融风险的必然举措。结合银保监会关于金融乱象治理的文件，对涉及金融控股公司的问题，有针对性地提出如下措施。

第一，对现有金融控股公司存在的违规入股和关联交易行为进行排查和清查，推动违规金融控股公司风险释放。针对现有的违规投资和关联交易等制定明确的措施给予处理和化解。

第二，合理有序引导部分违规金融控股公司整改退出，制定金融控股公司股权和股

中哈原油管道、中亚天然气管线等一批重大战略项目，支持中资企业通过设备出口、工程承包、投资等方式参与合作国的基础设施建设。同时，中资银行业积极支持"一带一路"区域的民生发展和人文交流。根据合作国发展实际，积极支持当地产业项目及工业园区开发，支持农业、林业、中小企业等薄弱环节发展，有效提升实体经济活力、增加就业和改善民生。加强人员交流和培训合作，为沿线国家之间政策研讨、业务合作、人才培养和信息交流创造更加便利的条件，增进了解，推动形成共识。比如，设立"一带一路"专项多双边交流培训和奖学金以及为"一带一路"国家举办交流培训等。

其中，政策性银行和大型国有银行在服务"一带一路"建设中的表现尤为突出。目前，国家开发银行在沿线区域累计发放贷款 1858 亿美元，余额达到 1133 亿美元，2017 年 5 月，习近平主席在首届"一带一路"高峰论坛宣布了国开行将提供 2500 亿等值人民币专项贷款，其中 1000 亿元人民币用于基础设施，1000 亿元人民币用于产能合作，500 亿元人民币用于金融合作。中国银行已在 23 个沿线国家设立了分支机构；2015—2017 年间，跟进境外重大项目超过 500 个，共提供各类授信支持约 1000 亿美元；持续探索利用国际金融市场支持"一带一路"建设的新模式，发行三期"一带一路"债券，规模累计超过 90 亿美元；积极推动人民币国际化进程，2017 年沿线机构人民币清算业务量近 5 万亿元，办理中国与沿线国家之间的跨境人民币结算业务近 1900 亿元。工商银行已在 20 个沿线国家设立了 129 家分支机构，累计支持"一带一路"项目 358 个，合计承贷金额 945 亿美元。

同时，沿线国家也积极来华设立机构，开展业务、加强合作，共同参与"一带一路"建设。截至 2017 年末，共有来自 21 个"一带一路"国家的 55 家银行在华设立了机构。为了加强银行之间的合作，银保监会已与 32 个沿线国家监管当局签订了监管合作备忘录。中国监管机构正在积极稳妥地推进银行业进一步对外开放，将为外资银行在华经营及支持"一带一路"建设提供更大的发展空间。

二、"一带一路"建设对银行业提出新要求

当前，"一带一路"建设在总体目标、合作框架、基础建设方面均已取得实质性进展，基础得到夯实。未来，"一带一路"建设有望实现历史性跨越，推动区域合作和包容性发展，需要中国银行业进一步加大支持。

1. 进一步满足巨大的资金融通需求

基础设施互联互通是"一带一路"建设的优先领域，其资金需求量巨大。根据亚洲开发银行所做测算显示，2016 年到 2020 年，除中国外的亚太地区国家仅在基础设施投资方面的需求年均约为 5000 亿美元，但公共部门和私人部门所能提供的资金总额每年仅为 2000 亿美元，存在 3000 亿美元的缺口，约占所涉地区 GDP 的 5%。据此推算，"一带一路"沿线区域的基础设施投资缺口年均将超过 6000 亿美元。此外，在贸易发展

上，预计到 2025 年，中国与"一带一路"沿线国家的年贸易额将突破 2.5 万亿美元，相关的资金支持尤为重要。

"一带一路"建设资金需求量巨大，但由于沿线部分国家经济发展水平较低、金融体系尚不完善，资金外流现象突出，难以满足相关需求。区内不同国家在资金供需关系上也存在巨大差异：东亚国家普遍储蓄率高，有些国家可以超过 40%，在寻找更为有利的投资领域；中欧、北非等国家储蓄率较低，往往不到 20%，难以满足投资的需求。因此，"一带一路"建设需要中资银行充分发挥资金融通作用，破解资金供求缺口和分配不平衡的问题。

2. 适应全天候、全方位的跨境服务需求

"一带一路"建设涉及 60 多个国家和地区以及相关周边市场，银行服务的一个突出特点就是跨境。由于地理位置和时差的原因，相关客户的金融需求可能随时随地发生，银行业必须做到及时覆盖。此外，"一带一路"建设涵盖政府、企业、个人等多个层次以及投资、消费等多个领域，金融需求复杂。随着"一带一路"建设的深入推进，中国同沿线各国的经贸往来及投资活动发生量与质的飞跃，全天候、全方位的跨境服务需求将日益迫切。相对而言，区内银行业国际化程度不高、网点覆盖不足，跨境服务能力有较大提升空间。比如，中资银行对"一带一路"沿线 64 个国家的覆盖率不到一半，除了东南亚少数国家以外，在其他大部分"一带一路"沿线国家基本上只有 1~2 个经营性网点，员工数量相对较少，客户基础和市场影响力相对较差。中资银行主要以传统商业银行业务见长，综合化服务能力相对不强，与全球领先跨国银行还存在一定的差距。此外，中资银行在"一带一路"区域的发展模式趋同，存在增长方式粗放、内生增长动力不足、过度竞争和竞争不足并存的情况，不利于行业可持续发展以及服务能力提升。

3. 提升区内货币支持能力的需求

"一带一路"沿线国家之间投资、贸易规模巨大，但是由于区内货币在国际货币体系中的地位不高，交易中仍主要使用美元、欧元等第三方货币进行计价和结算。根据 2017 年 12 月 SWIFT 的全球货币国际支付份额排行，人民币、港币、泰铢、波兰兹罗提、马来西亚林吉特、土耳其里拉等六种区内货币已跻身前 20 名，但总份额不到 5%；美元、欧元和英镑长期排名前三，份额分别达到 39.85%、35.66% 和 7.07%，在国际支付体系中处于核心位置。如果第三方货币在流动性方面出现问题，将严重影响区内正常经贸往来，而使用区内货币，则面临着兑换成本和汇率风险较高等问题。近几年来，人民币在"一带一路"区域的跨境贸易、投融资以及政府合作等方面的使用日益频繁，一定程度上缓解了区内货币支持不足的问题。但由于目前人民币支付清算体系效率仍有待提升，跨境投融资渠道还比较狭窄，境外运作环境存在较大的改善空间，人民币的使用面临一定的制约。

专题6

强监管下调整优化资产负债结构

商业银行的资产负债结构调整服务于两个目的，一方面是优化盈利，另一方面是监管指标达标。在监管政策并不严厉的时期，银行的资产负债摆布更多地服务于增加盈利，同时满足风险指标达标。而监管政策趋严之际，银行资产负债调整就首先要满足监管的要求。

一、强监管推进银行业资产负债结构调整

2015年末，央行推出宏观审慎管理框架（MPA），后续不断优化。这套管理框架将资本和杠杆、资产负债、流动性、定价行为、资产质量、外债风险、信贷政策执行等各方面纳入其中，对商业银行的合规审慎经营提出了全面的要求。其中的资本充足率、广义信贷增速等指标更是旗帜鲜明地从资产增速角度对商业银行做出了限制性要求，将其与银行的资本相挂钩。

表专6-1　MPA指标涉及银行资产负债的部分指标

大类指标	细分指标
资本和杠杆情况	资本充足率
	杠杆率
资产负债情况	广义信贷增速
	委托贷款增速
	同业负债比例
流动性	流动性覆盖率
	净稳定资金比例
	遵守准备金制度情况
定价行为	利率定价
资产质量	不良贷款率
	拨备覆盖率
外债风险	外债风险加权余额
信贷政策执行	信贷执行情况
	央行资金运用情况

资料来源：中国银行业发展报告课题组整理。

而自2016年第四季度开始的金融去杠杆，则针对资金空转等现象提出了明确的清

理和整顿要求，这就涉及对银行资产负债的个别科目进行限制。当前，"去杠杆、严监管"仍在路上，商业银行正需要探索在满足日益趋严的监管要求之下，兼顾盈利的资产负债结构调整策略。

二、银行业资产负债结构调整面临的制约

目前商业银行资产负债结构调整所面临的制约，主要是规模和价格两个方面。

1. 来自广义信贷、狭义信贷和风险加权资产等的规模约束

广义信贷总体增速不断下滑。由于广义信贷的口径相对复杂，全行业公认的数据也难以获取，考虑到银行总资产当中生息资产占绝对主导，而未纳入生息资产的准备金、交易性贵金属等项目或较为规律、或占比较小。因此以商业银行总资产代替广义信贷进行观察。可以看到，自2017年初，银行总资产增速便从15%以上快速下滑到不足8%，规模增速受限导致结构调整的紧迫性明显增强。

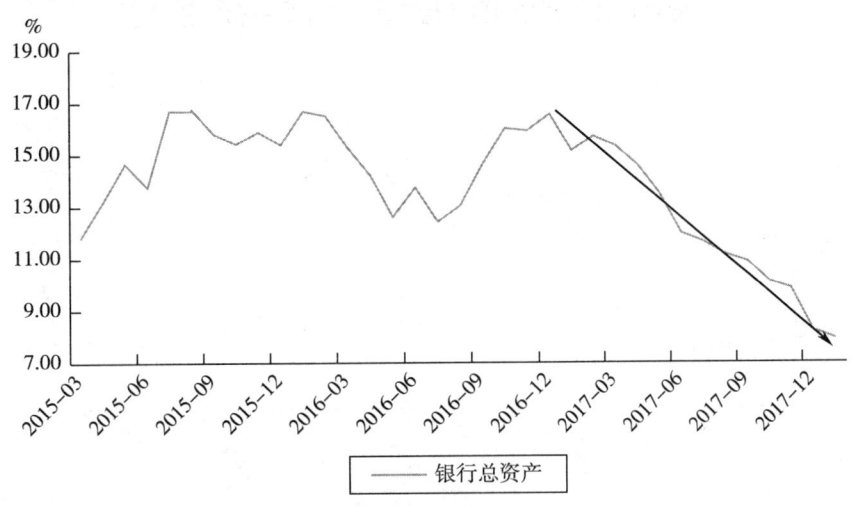

数据来源：Wind。

图专6-1　银行业总资产增速快速下滑

而分各机构类型来看，虽然都处于下降通道，但分化仍然明显。股份行增速最慢，大行、农商行次之；城商行整体增速目前仍可保持在两位数，但也岌岌可危。部分股份制银行的调整压力可能在全行业都较为突出。

风险加权资产整体无近忧，有远虑。2017年末，商业银行资本充足率达13.65%的阶段性高点，尽管行业总体资本充足水平较高，但部分机构有一定压力。2018年以来，越来越多的监管新规将业务规模的上限与净资本/净资产挂钩，实际上提高了在一定规模下银行机构的资本要求。此外，资管新规正式落地，随着存量非标入表，也将带来额外的资本消耗。

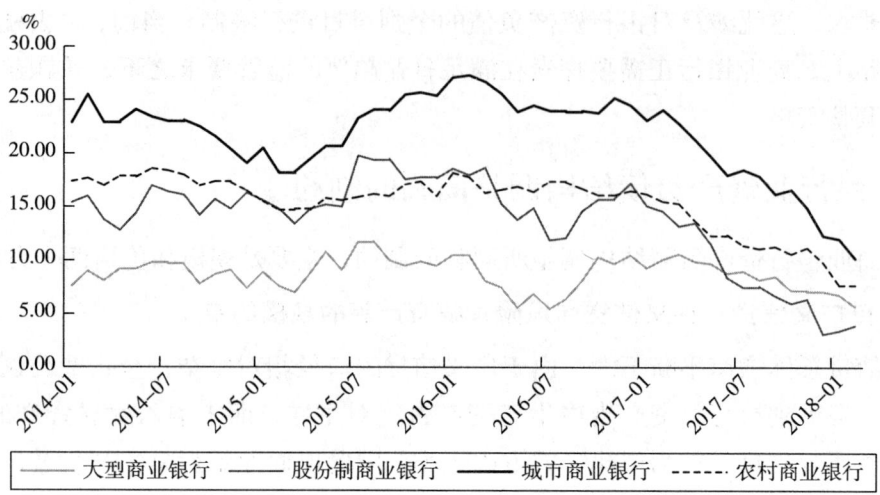

数据来源：Wind。

图专 6 - 2　各类型机构总资产增速走势分化明显

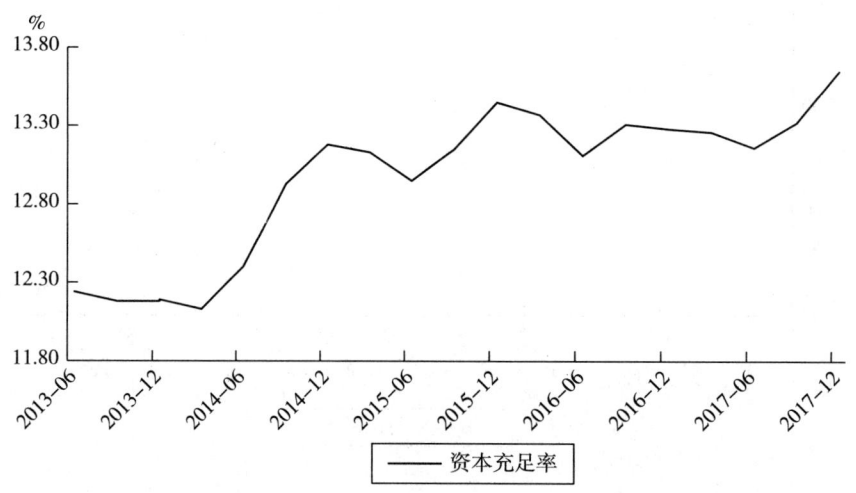

数据来源：Wind。

图专 6 - 3　商业银行资本充足率走势

表专 6 - 2　不同类型银行加杠杆约束对比

机构类型	新杠杆约束	现行规定	变化及影响
政策性银行	不受《通知》约束	拆借余额未偿债券余额的8%	无变化
商业银行	上季度末净资产的80%	拆借余额不超过各项存款的8%，回购无规定	新增，但短期内约束不强
信用社			

资料来源：中国银保监会。

表专 6 – 3　未来大额风险暴露将与资本挂钩

分类	风险暴露上限
非同业单一客户	资本净额的 10%
	一级资本净额的 15%
非同业关联客户	一级资本净额的 20%
同业单一客户或集团客户	一级资本净额的 25%

资料来源：中国银行业发展报告课题组整理。

分类型来看，不同机构的资本充足水平也存在着较大的差异，使用高级法计量的国有大行资本充足水平较为领先，明显拉开了与其他类型机构的差距。农商行资本充足水平居中，而城商行、股份制商业银行资本充足水平相对较低。

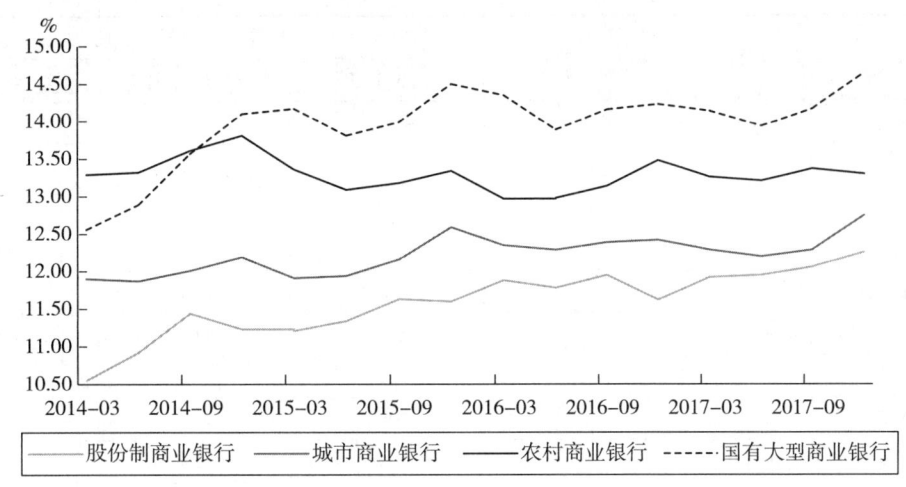

数据来源：Wind。

图专 6 – 4　各类型机构资本充足率变动情况

同业负债比例的牵引。除了直接来自于规模的制约外，还有各类比例指标的约束。2018 年第一季度末，同业负债占比口径进行了调整，即一加一减，加同业存单，减同业结算性负债。这一考核口径的变化，使得季末指标调控出现了新的变数，也无形地形成了对规模增长的制约。若该指标逼近临界点，则有"加法"和"减法"两种策略可予应对。加法策略是做大分母，核心是做大一般性存款。但目前的瓶颈在于一般性存款增长压力较大，而同业负债则相对容易。减法策略是分子分母同时瘦身，既然存款受限，那么同业资产和负债项目就需要一起往下降，用收缩的方式解决问题。负债端部分，到期不续，资产则需要对存量的高流动性的部分进行减持。

流动性匹配率明确结构调整导向。流动性匹配率是《商业银行流动性风险管理办法征求意见稿》所新创设的指标，用来考察银行资产负债表的错配程度，该指标对所有机构一体适用，其参数设置清晰地表明了监管合意的资产负债摆布偏好。根据流动性匹配率项目表，贷款投放各期限的折让系数有明显的优惠，传统的带有资金融通性质的存拆放、买入返售（主要是证券）等次之。需要注意的是，不在1、2、3类资产当中的其他投资资产，主要是同业类资产不论期限长短，都要按照100%折算，显示出了对同业资产较为鲜明的抑制态度。而债券作为大类未包含在任何一项当中，主要大类资产中不包含债券，有助于缩小分母，更利于达标。这显示出了对传统标准化资产的鼓励。负债端也有明确的偏好，即存款有折算优惠，线上的品种（发债、NCD、卖出回购、拆出）折算优惠力度好于线下品种（存出）。根据上述参数设定，可以看出监管部门引导商业银行回归本源，即资产端放贷款、买债，负债端吸收存款，有富余资金做一些存出拆出融通，没有富余资金则从市场上吸收弥补缺口。

表专6-4　流动性匹配率项目表

项目	折算率（按剩余期限）		
	<3个月	3~12个月	≥1年
加权资金来源			
1. 来自中央银行的资金	70%	80%	100%
2. 各项存款	50%	70%	100%
3. 同业存款	0%	30%	100%
4. 同业拆入及卖出回购	0%	40%	100%
5. 发行债券及发行同业存单	0%	50%	100%
加权资金运用			
1. 各项贷款	30%	50%	80%
2. 存放同业及投资同业存单	40%	60%	100%
3. 拆放同业及买入返售	50%	70%	100%
4. 其他投资	100%		
5. 由银行业监督管理机构视情形确定的项目	由银行业监督管理机构视情形确定		

资料来源：中国银保监会。

2. 来自资产和负债两端的价格约束

从资产端看，地方债难以顺畅流转，造成承接新增资产能力有限。在2015、2016年的低利率环境下，银行为了彼时的业绩考量，构建了包括地方债在内的大量长期期限低利率资产，这其中以地方债较为典型，地方债目前已经成为了债券市场当中第一大存量品种。存量大规模的地方债存在，收益低，抛售需要忍受较大的亏损。长期趴在银行资负表上，限制了银行构建新增合意资产的能力。

从负债端看，一般性存款较为稀缺，价格高企，造成吸纳高收益资产存在阻碍。存贷缺口持续处于高位，银行放贷派生存款效果明显不佳。一般性存款难以获取，边际代价高昂。主动性存款例如结构性存款、中央国库现金存款、保险公司协议存款价格敏感型的主动存款就成为各家机构争相竞夺的对象。同时，结构性存款的快速增长已经引起了普遍关注，其价格也较高。3 个月国库现金存款招标价格还原准备金之后也在 5% 以上，而长期限的保险公司协议存款更是报价达到 5.5% 以上。因此，除却规模约束以外，来自资负表两端价格的约束也会对银行资负结构调整形成额外制约。

数据来源：Wind。

图专 6 – 5　各类型银行结构性存款增速明显上升

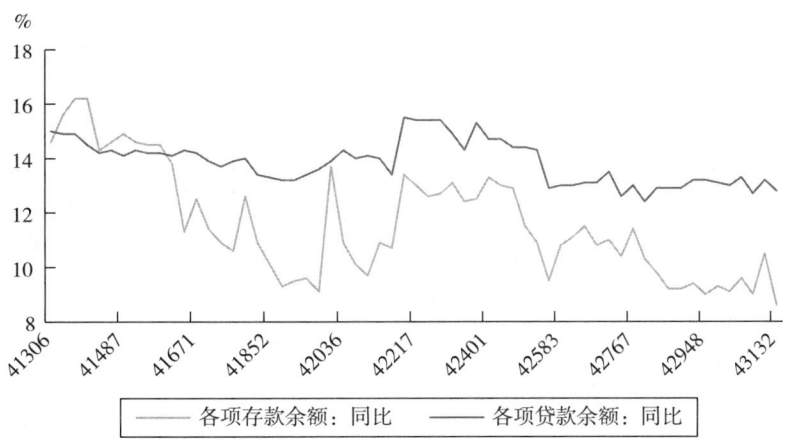

数据来源：Wind。

图专 6 – 6　存贷款增速缺口持续较大

虽然监管较为明确地鼓励商业银行转向传统的存贷款业务，并对银行的同业业务持相对抑制的态度，但商业银行的资产负债结构调整策略在满足监管要求的同时，还需要兼顾盈利的考量。从第一季度的实际情况来看，银行走回存贷的老路可能较为波折，在没有央行外部加息的前提下，贷款端提价未必顺利，而在贷款派生存款效果明显不如以前的情况下，存款获取的边际代价十分高昂。

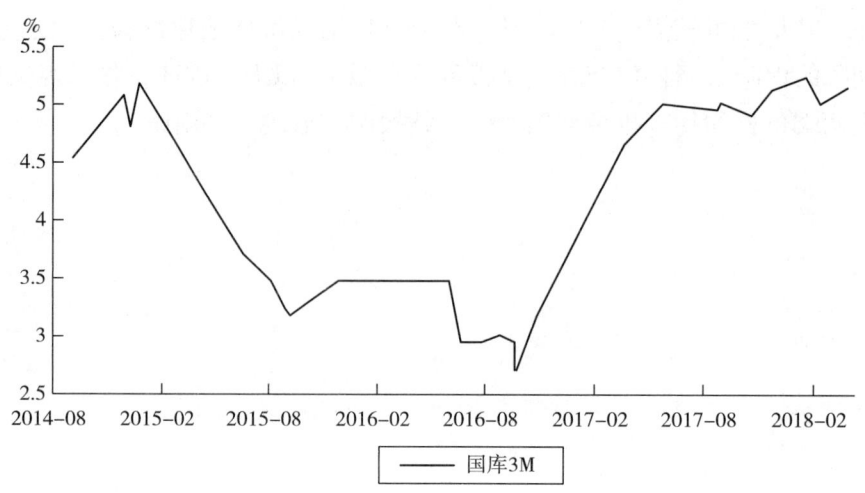

数据来源：Wind。

图专6-7 中央国库定期存款利率保持在高位

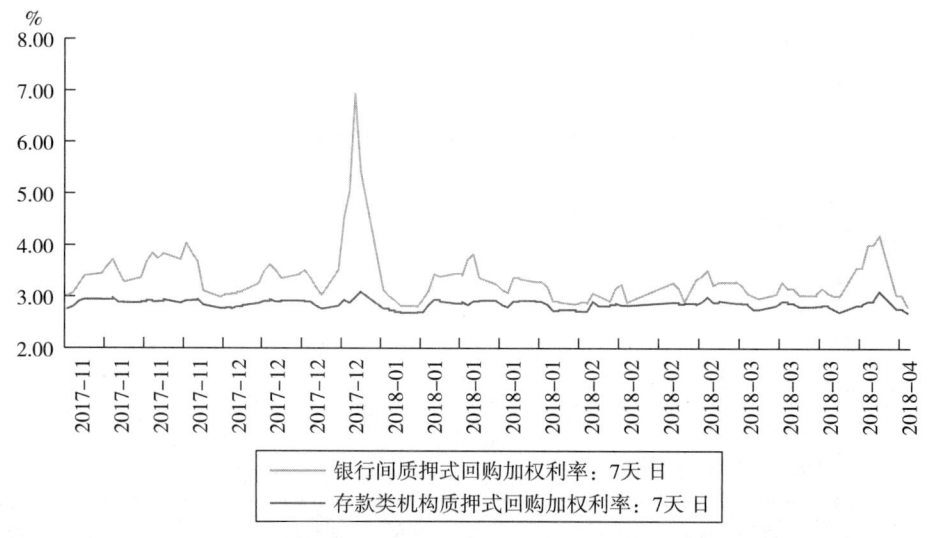

数据来源：Wind，兴业研究。

图专6-8 银行类金融机构与非银行类金融机构的分层不再显著

尽管如此，银行业重回发展同业业务老路的可能性也不大。首先，去杠杆是大背景，逆势加杠杆受到严格监管。日益完善的监管政策势必会对大面积加杠杆采取措施。纵然价格有空间，规模方面也难以上量，在结构调整上就难以成为一种行之有效的策略。因此，商业银行回归传统存贷业务，金融市场业务亟需结构调整，非标准化业务向标准化业务转化是行业性的大趋势，途中会有波折，但是不会改变方向。

数据来源：Wind，兴业研究。

图专 6 – 9　3 个月 NCD 利率变化

三、银行业资产负债结构调整的策略

从全行业的角度出发，各家银行按照规模扩张与否做大致分类，即扩表、调表和缩表。

1. 以规模来区分的三种调整策略

一是扩表。这一类型的机构，在规模（无论是广义信贷、风险加权资产还是狭义信贷等各方面）、指标（主要是流动性覆盖率、净稳定资金比例、流动性匹配率等）方面均较为宽裕，没有明显的制约。这类型机构可能出现在国有大行、农商行等机构当中。其资产负债结构的调节空间较大，可以更多地按照自身的战略进行布局。简言之，该类型机构原先的资产负债结构就相对较优，现阶段需要做的是保持和扩大这样的优势。

二是调表。这一类型的机构，在规模（无论是广义信贷、风险加权资产还是狭义信贷等各方面）或是指标（主要是流动性覆盖率、净稳定资金比例、流动性匹配率等）的某一方面面临一定的制约。这类型机构可能较多地出现在股份制商业银行、城商行、农商行等机构当中。狭义信贷管控、风险资产紧缺等限制的存在导致信贷规模增长难以完全到位，而流动性风险相关指标达标的压力要求增配利率债和高等级信用债，压缩其他包括非标在内的同业资产。这类型机构总资产仍可维持小幅的增长，但是资产负债结构却会经历较大力度的调整。

三是缩表。这一类型的机构，在规模（无论是广义信贷、风险加权资产还是狭义信贷等各方面）以及指标（主要是流动性覆盖率、净稳定资金比例、流动性匹配率等）的某一方面面临制约，且严厉程度要超过第二类机构。这类型机构有较大可能出现在城商

227

行、农商行等机构当中。前期通过金融市场业务实现快速扩张导致资产负债结构出现较为明显的失衡，为了达标需要进行力度较大的调整。

2. 三种类型的银行可以采取的策略

扩表型。在资产配置方面，对公、零售信贷、金融市场（标准化债券、ABS、货基、合规的非标业务）可根据市场情况择优配置。负债端则是维持并力争扩大一般性存款优势，同时负债渠道适度多元，例如，扩大同业存单、金融债等的发行规模，维持从央行融入的规模。

调表型。资产的增量以信贷资产为主，信贷资产注意结构，多增配风险资本集约效果好的零售信贷，阶段性储备票据资产；金融市场业务主要调整结构，压缩非标类同业资产，风险资产许可前提下增配债券、ABS、货基等资产。负债端尽力增加一般性存款规模，压缩同业负债的同时调整同业负债的结构，增加吸收透明度更高的同业存单，以替代线下的同业存款。

缩表型。资产的增量仍然以信贷资产为主，信贷资产也需要注意结构，多增配风险资本集约效果好的零售信贷，阶段性储备票据资产；金融市场业务要大力度调整结构，大幅度压缩非标类同业资产，风险资产许可前提下适度增配债券、ABS、货基等资产。负债端大力度压缩同业负债，同时尽可能地维持存款尽可能稳定。在较为极端的情况下，不排除积重难返，需要通过市场化的并购或者非市场化的整合等方式方可予以解决。

附录
行业大事记

■ 国内

- 2017 年 4 月 6 日　银监会印发《关于进一步排查企业互联互保贷款风险隐患的通知》，再提山东辽宁等地担保圈风险，要求各银监局摸清当地风险底数，制定处置预案，明确相关各方责任，统筹分类处置，做到因企施策。

- 2017 年 4 月 7 日　银监会发布《关于提升银行业服务实体经济质效的指导意见》，要求银行业机构进一步提高金融服务实体经济的能力和水平。《意见》要求银行业金融机构按照风险可控、商业可持续原则，坚持以推进供给侧结构性改革为主线，深化改革、积极创新、回归本源、突出主业，进一步提高金融服务实体经济的能力和水平，并从正向引导、改革创新、监管约束、外部环境、工作机制五个维度提出24 项政策措施。

- 2017 年 4 月 10 日　银监会发布《关于银行业风险防控工作的指导意见》，要求各银行业金融机构切实履行风险防控主体责任，实行"一把手"负责制，制定可行性、针对性强的实施方案，严格自查整改；要求各级监管机构做到守土有责，及时开展工作督查，对自查整改不到位、存在违法违规问题的机构，要严肃问责。

- 2017 年 4 月 13 日　中国人民银行 2017 年金融稳定工作会议召开。会议就 2017 年重点工作作出部署。要加强重点领域风险防控，进一步摸清风险底数，坚决整治金融乱象，更加重视防范风险交叉传染和系统性金融风险。要充分发挥存款保险制度在处置风险中的平台作用。要抓紧做好补体制机制短板工作，切实强化中央银行的金融稳定职能。要继续深化金融业改革开放，积极参与全球金融治理。要以高度的责任感，时刻保持对风险的敏感性，不断增强在复杂情况下的执行力，上下联动，稳中求进，及时处置化解可能出现的相关金融风险，为党的十九大胜利召开创造积极稳定的金融环境。

- 2017 年 5 月 4 日　国家税务总局、中国银监会联合印发《国家税务总局中国原银行业监督管理委员会关于进一步推动"银税互动"工作的通知》，进一步加大"银税互动"助力企业发展力度，充分发挥政务信息共享效应，支持供给侧结构性改革，促进大众创业、万众创新。

- 2017 年 5 月 10 日　银监会发布 2017 年第一季度主要监管指标数据。数据显示，2017 年第一季度末，我国银行业金融机构境内外本外币资产总额为 238.5 万亿元，同比增长 14.3%；境内外本外币负债总额为 220.4 万亿元，同比增长 14.5%；商业银行不良贷款余额 1.58 万亿元，较上季末增加 673 亿元；商业银行不良贷款率 1.74%，比上季末下降 0.01 个百分点；商业银行贷款损失准备余额为 28236 亿元，较上季末增加 1560 亿元；拨备覆盖率为 178.8%，较上季末上升 2.36 个百分点；贷款拨备率为 3.11%，较上季末下降 0.03 个百分点。

- 2017 年 5 月 12 日　中国人民银行发布《2017 年第一季度中国货币政策执行报告》称，下一阶段，将进一步完善调控模式，强化价格型调节和传导，完善宏观审慎政策框架，畅通政策传导渠道和机制，促进金融服务实体经济，高度重视防控金融风险，加强金融监管协调，有机衔接监管政策出台的时机和节奏，稳定市场预期，把握好去杠杆和维护流动性基本稳定的平衡，有序化解处置突出风险点，切实维护国家金融安全。

- 2017 年 5 月 14 日至 15 日　"一带一路"国际合作高峰论坛在北京召开，主题是"加强国际合作，共建'一带一路'，实现共赢发展"，议题总体以"五通"即政策沟通、设施联通、贸易畅通、资金融通、民心相通为主线，围绕基础设施互联互通、经贸合作、产业投资、能源资源、金融支撑、人文交流、生态环保和海洋合作等重要领域进行讨论。

- 2017 年 5 月 15 日　中国人民银行成立金融科技委员会，旨在加强金融科技工作的研究规划和统筹协调，将组织深入研究金融科技发展对货币政策、金融市场、金融稳定、支付清算等领域的影响，切实做好我国金融科技发展战略规划与政策指引。

- 2017 年 5 月 26 日　银监会印发《大中型商业银行设立普惠金融事业部实施方案》，明确了大中型商业银行设立普惠金融事业部的总体目标，通过建立适应普惠金融服务需要的事业部管理体制，构建科学的治理机制和组织架构，健全专业化服务体系，提高普惠金融服务能力，缓解小微企业、"三农"、创业创新、脱贫攻坚等领域的融资难、融资贵问题，体现普惠金融服务的普及性、便利性和优惠性，提高金融服务覆盖率和可得性，为实体经济提供有效支持，防止脱实向虚。

- 2017 年 6 月 9 日　财政部印发《关于延续支持农村金融发展有关税收政策的通知》，就金融机构农户小额贷款的利息收入提供一定的税收优惠，支持农村金融发展。

- 2017 年 6 月 19 日　财政部印发通知，为进一步减轻企业负担，促进实体经济发展，将暂免征收银行业监管费（包括机构监管费和业务监管费）和保险业监管费（包括机构监管费和业务监管费）。

- 2017 年 6 月 20 日至 21 日　由上海市人民政府和"一行三会"共同主办的"2017 陆家嘴论坛"在上海举行，以"全球视野下的金融改革与稳健发展"为主题，深入探讨全球视野下的金融改革与稳健发展、全球金融体系面临的不确定性与应对措施、供给侧结构性改革与金融服务创新、国际金融中心与科创中心建设的联动发展等当前全球经济和金融热点话题。

- 2017 年 7 月 3 日　中国人民银行副行长潘功胜在香港证券交易所召开的债券通投资者论坛上向国际投资者介绍了债券市场的现状、发展经验以及开放进程，并指出人民银行将进一步推动完善境外机构投资者投资中国债券市场的政策环境。

- 2017 年 7 月 4 日　中国人民银行货币政策委员会 2017 年第二季度例会在北京召开。会议认为，当前我国经济金融运行总体平稳，但面临的形势错综复杂。世界经济仍处于国际金融危机后的深度调整期。全球经济逐步复苏，主要发达国家复苏总体延续，部分新兴经济体仍面临挑战，国际金融市场依然存在风险隐患。

- 2017 年 8 月 2 日　国务院总理李克强签署国务院令，公布《融资担保公司监督管理条例》，自 2017 年 10 月 1 日起施行。《条例》规定，国家推动建立政府性融资担保体系，发展政府支持的融资担保公司，建立政府、银行业金融机构、融资担保公司合作机制，扩大为小微企业和"三农"提供融资担保业务的规模并保持较低的费率水平。各级人民政府财政部门对主要为小微企业和"三农"服务的融资担保公司提供财政支持。

- 2017 年 8 月 11 日　中国人民银行发布《2017 年第二季度中国货币政策执行报告》指出，为了更全面地反映金融机构对同业融资的依赖程度，引导金融机构做好流动性管理，拟于 2018 年第一季度评估时起，将资产规模 5000 亿元以上的银行发行的一年以内同业存单纳入 MPA 同业负债占比指标进行考核。报告同时表示，央行对其他银行继续进行监测，适时再提出适当要求。报告还称，M2 增速比过去低与金融深化等相关，预计随着去杠杆的深化和金融进一步回归为实体经济服务，比过去低一些的 M2 增速可能成为新的常态。

- 2017 年 8 月 14 日　银监会发布 2017 年第二季度主要监管指标数据。数据显示，截至 2017 年第二季度末，我国银行业金融机构境内外本外币资产总额为 243.2 万亿元，同比增长 11.5%；境内外本外币负债总额为 224.9 万亿元，同比增长 11.5%；商业银行不良贷款余额 1.64 万亿元，较上季末增加 563 亿元；商业银行不良贷款率 1.74%，与上季末持平；商业银行贷款损失准备余额为 28983 亿元，较上季末增加 747 亿元；拨备覆盖率为 177.2%，较上季末下降 1.58 个百分点；贷款拨备率为 3.09%，较上季末下降 0.02 个百分点。

- 2017 年 9 月 21 日至 23 日　2017 中国普惠金融国际论坛在北京举办。论坛重点关注普惠金融发展的能力建设相关议题，涵盖政策制定与监管能力、客户教育与保护、数字红利与鸿沟等内容。

- 2017 年 9 月 30 日　中国人民银行发布《中国人民银行关于对普惠金融实施定向降准的通知》，决定将当前对小微企业和"三农"领域实施的定向降准政策拓展和优化为统一对普惠金融领域贷款达到一定标准的金融机构实施定向降准政策，预计可于 2018 年 1 月 25 日全面实施。

- 2017 年 10 月 14 日　中国人民银行行长周小川在华盛顿出席国际货币基金组织/世界银行年会，表示我国未来将进一步深化金融改革，逐步推动经济去杠杆。同时，加强金融监管协调，推动金融市场平稳健康发展，维护金融稳定。

- 2017 年 10 月 18 日　中国人民银行发布《2017 年人民币国际化报告》指出，人民币国际使用范围将进一步扩大，使用渠道将进一步拓宽；将扎实推进人民币国际化，保持人民币在全球货币体系中的稳定地位。人民币投资货币功能将不断深化，储备货币功能将逐渐显现。新加坡、俄罗斯等 60 多个国家和地区将人民币纳入外汇储备。

- 2017 年 10 月 26 日　财政部印发《关于支持小微企业融资有关税收政策的通知》，进一步加大对小微企业的支持力度。《通知》称，自 2017 年 12 月 1 日至 2019 年 12 月 31 日，对金融机构向农户、小型企业、微型企业及个体工商户发放小额贷款取得的利息收入，免征增值税；自 2018 年 1 月 1 日至 2020 年 12 月 31 日，对金融机构与小型企业、微型企业签订的借款合同免征印花税。

- 2017 年 11 月 8 日　经党中央、国务院批准，国务院金融稳定发展委员会成立，并召开了第一次全体会议，学习贯彻党的十九大精神，研究部署相关工作。作为国务院统筹协调金融稳定和改革发展重大问题的议事协调机构，国务院金融稳定发展委员会的主要职责是：落实党中央、国务院关于金融工作的决策部署；审议金融业改革发展重大规划；统筹金融改革发展与监管，协调货币政策与金融监管相关事项，统筹协调金融监管重大事项，协调金融政策与相关财政政策、产业政策等；分析研判国际国内金融形势，做好国际金融风险应对，研究系统性金融风险防范处置和维护金融稳定重大政策；指导地方金融改革发展与监管，对金融管理部门和地方政府进行业务监督和履职问责等。会议讨论通过了国务院金融稳定发展委员会近期工作要点，强调要继续坚持稳中求进的工作总基调，坚持稳健货币政策，强化金融监管协调，提高统筹防范风险能力，更好地促进金融服务实体经济，更好地保障国家金融安全，更好地维护金融消费者合法权益。

- 2017 年 11 月 10 日　银监会发布 2017 年第三季度主要监管指标数据。数据显示，2017 年第三季度末，我国银行业金融机构本外币资产总额为 247 万亿元，同比增长 10.9%；本外币负债总额为 228 万亿元，同比增长 10.9%；商业银行不良贷款余额 1.67 万亿元，较上季末增加 346 亿元；商业银行不良贷款率 1.74%，与上季末持平；商业银行贷款损失准备余额为 3.01 万亿元，较上季末增加 1150 亿元；拨备覆盖率为 180.39%，较上季末上升 3.22 个百分点；贷款拨备率为 3.13%，较上季末上升 0.04 个百分点。

- 2017 年 12 月 7 日　国际货币基金组织和世界银行公布了中国"金融部门评估规划"

更新评估核心成果报告，充分肯定了我国近年来经济和金融体系改革发展的成果。报告认为，尽管金融体系面临着一定的潜在风险，但中国当局高度重视并已着手采取有力措施防控风险、完善微观审慎监管，并通过设立国务院金融稳定发展委员会加强宏观审慎管理和系统性金融风险防范。报告建议中国加强金融集团监管，从前瞻性角度进一步加强银行资本监管，确保相似产品受到一致性监管，加强数据收集、信息共享和系统性风险监测，强化危机管理框架，增加金融市场基础设施韧性，提升金融科技的监管框架，继续构建更具普惠性的金融部门，健全多层次资本市场体系。

- 2017年12月18日至20日 2017年中央经济工作会议在北京举行。会议认为，中国特色社会主义进入了新时代，我国经济发展也进入了新时代，基本特征就是我国经济已由高速增长阶段转向高质量发展阶段。会议强调，稳中求进工作总基调是治国理政的重要原则，要长期坚持。会议确定，按照党的十九大的要求，今后3年要重点抓好决胜全面建成小康社会的防范化解重大风险、精准脱贫、污染防治三大攻坚战。会议指出，要围绕推动高质量发展，做好8项重点工作：一是深化供给侧结构性改革；二是激发各类市场主体活力；三是实施乡村振兴战略；四是实施区域协调发展战略；五是推动形成全面开放新格局；六是提高保障和改善民生水平；七是加快建立多主体供应、多渠道保障、租购并举的住房制度；八是加快推进生态文明建设。

- 2017年12月14日 中国人民银行开展的逆回购和MLF操作利率小幅上行5基点。其中，7天逆回购300亿元，中标利率2.5%；28天逆回购200亿元，中标利率2.8%。央行当日还开展了MLF操作，期限1年，金额2880亿元，操作利率为3.25%。

- 2017年12月22日 财政部印发《国际金融组织和外国政府贷款赠款项目采购管理工作指南》和《国际金融组织和外国政府贷款赠款项目采购代理机构选聘指南》，进一步加强国际金融组织和外国政府贷款赠款项目采购管理工作，提高贷款赠款资金使用效益。

- 2018年1月1日 《金融资产管理公司资本管理办法（试行）》正式实施，旨在加强对金融资产管理公司的资本监管，弥补制度短板，提升监管效能，引导资产公司进一步聚焦不良资产主业，服务实体经济和供给侧结构性改革，规范多元化经营。

- 2018年1月5日 银监会印发《商业银行股权管理暂行办法》。《办法》旨在规范商业银行股东特别是主要股东行为，加强股东资质的穿透审查，加大对违法违规行为的查处力度，保护商业银行存款人和其他客户合法权益，维护股东合法利益，从而保障商业银行安全稳健运行，促进商业银行持续健康发展。

- 2018年2月5日至6日 2018年央行工作会议在北京召开。会议要求，2018年央行紧扣我国经济社会主要矛盾变化，按照高质量发展的要求，坚持以供给侧结构性改革为主线，统筹推进稳增长、促改革、调结构、惠民生、防风险各项工作，健全货币政策和宏观审慎政策双支柱调控框架，保持货币政策稳健中性，打好防范化解重大金融风险攻坚战，大力推进金融改革开放发展。

- 2018年2月14日　中国人民银行公布《2017年第四季度中国货币政策执行报告》。报告指出，下一阶段，中国人民银行将保持政策的连续性和稳定性，实施好稳健中性的货币政策，加强政策协同，加快建设现代化经济体系，为供给侧结构性改革和高质量发展营造中性适度的货币金融环境。健全货币政策和宏观审慎政策双支柱调控框架，深化利率和汇率市场化改革。打好防范化解重大金融风险攻坚战，大力推进金融改革开放发展，促进金融更好为实体经济服务。

- 2018年2月28日　银监会印发《关于调整商业银行贷款损失准备监管要求的通知》，明确符合条件的银行拨备覆盖率监管要求由150%调整为120%至150%，贷款拨备率监管要求由2.5%调整为1.5%至2.5%。各级监管部门在上述调整区间范围内，按照同质同类、一行一策原则，明确银行贷款损失准备监管要求。

- 2018年3月13日　国务院机构改革方案出炉，将银监会和保监会撤销，组建中国银行保险监督管理委员会，拟订银行业、保险业重要法律法规草案和审慎监管基本制度的职责划入中国人民银行。

- 2018年3月24日至26日　中国发展高层论坛2018年会在北京举行，央行行长易纲指出，未来要实施好稳健中性的货币政策，增强金融服务实体经济的能力；积极推进金融业改革开放，提升中国金融业竞争力；防范化解重大风险，保持金融业稳定。

- 2018年3月27日　财政部印发《关于进一步做好创业担保贷款财政贴息工作的通知》，要求加大创业担保贷款支持力度，优化贷款申请办理程序，并加强监督管理工作。

- 2018年3月28日　财政部印发《关于规范金融企业对地方政府和国有企业投融资行为有关问题的通知》，要求国有金融企业除购买地方政府债券外，不得直接或通过地方国有企事业单位等间接渠道为地方政府及其部门提供任何形式的融资，不得违规新增地方政府融资平台公司贷款；不得要求地方政府违法违规提供担保或承担偿债责任；不得提供债务性资金作为地方建设项目、政府投资基金或政府和社会资本合作（PPP）项目资本金。

- 2018年4月8日　中国银行保险监督管理委员会在京揭牌，标志着新组建的中国银行保险监督管理委员会正式挂牌运行。下一步，中国银行保险监督管理委员会将以习近平新时代中国特色社会主义思想为指导，切实找准监管定位，明确监管目标，坚决打好防范化解金融风险攻坚战。着力深化改革扩大开放，引导银行保险业进一步提升服务实体经济质效，在新的起点上开启新的征程。

- 2018 年 4 月 8 日至 11 日　博鳌亚洲论坛 2018 年年会在海南省博鳌召开。习近平主席出席了开幕式并发表了题为《开放共创繁荣　创新引领未来》的主旨演讲，强调中国坚持对外开放的基本国策，坚持打开国门搞建设，全面强调了改革开放对中国经济的重要性。中国人民银行行长易纲在"货币政策的正常化"分论坛上表示，对于博鳌亚洲论坛主旨演讲中宣布的中国将大幅放宽包括金融业在内的市场准入等内容，人民银行和各金融监管部门正抓紧落实，按照党中央、国务院的部署，大幅度放开金融业对外开放，提升国际竞争力。易纲行长具体阐述了金融业对外开放的三大原则和具体时间表，总的来说，外资进入我国银行业、证券业、保险业等行业的持股比例、经营范围、业务范围都将有实质放开，沪港通、深港通和沪伦通等互联互通机制也将有所进展。易纲行长宣布，下一步金融业的开放将遵循以下三个原则：第一个原则是准入前国民待遇 + 负面清单管理。第二个原则就是金融业的对外开放和汇率形成机制的改革，和资本项目可兑换的改革进程要相互配合，共同推进。第三个原则就是在开放的同时要重视防范金融风险，使得金融监管的能力要与开放的程度相匹配。

- 2018 年 4 月 17 日　中国人民银行决定，从 2018 年 4 月 25 日起，下调大型商业银行、股份制商业银行、城市商业银行、非县域农村商业银行、外资银行人民币存款准备金率 1 个百分点；同日，上述银行将各自按照"先借先还"的顺序，使用降准释放的资金偿还其所借央行的中期借贷便利（MLF）。

- 2018 年 4 月 24 日　中国银行保险监督管理委员会发布《商业银行大额风险暴露管理办法》，规定了大额风险暴露监管标准和计算方法，并提高了单家银行对单个同业客户风险暴露的监管要求。该《办法》自 2018 年 7 月 1 日起施行。

- 2018 年 4 月 27 日　中国人民银行、中国银行保险监督管理委员会、中国证券监督管理委员会、国家外汇管理局联合印发《关于规范金融机构资产管理业务的指导意见》，根据党中央、国务院"服务实体经济、防控金融风险、深化金融改革"的总体要求，坚持严控风险的底线思维，坚持服务实体经济的根本目标，坚持宏观审慎管理与微观审慎监管相结合的监管理念，坚持有的放矢的问题导向，坚持积极稳妥审慎推进的基本思路，全面覆盖、统一规制各类金融机构的资产管理业务，实行公平的市场准入和监管，最大程度地消除监管套利空间，切实保护金融消费者合法权益。

- 2018 年 4 月 27 日　银保监会发布银保监办发〔2018〕16 号文，进一步扩大银行业对外开放，提升外资银行营商便利度。同日，银保监会发布银保监办发〔2018〕19 号文，进一步扩大保险业对外开放，促进我国保险经纪行业发展。

- 2018 年 5 月 9 日　银保监会发布《关于规范银行业金融机构跨省票据业务的通知》

（以下简称《通知》），对银行业金融机构跨省票据业务进行了界定，并针对业务存在的问题提出规范要求。

- 2018 年 5 月 21 日　银保监会发布《银行业金融机构数据治理指引》，引导银行业金融机构加强数据治理，提高数据质量，充分发挥数据价值，提升经营管理水平，由高速增长向高质量发展转变。

- 2018 年 5 月 23 日　银保监会发布《商业银行流动性风险管理办法》，对《商业银行流动性风险管理办法（试行）》（以下简称《流动性办法》）进行修订。本次修订的主要内容包括：一是新引入三个量化指标；二是进一步完善流动性风险监测体系；三是细化了流动性风险管理相关要求，如日间流动性风险管理、融资管理等。修订后的《流动性办法》进一步明确了商业银行流动性风险管理体系的定性要求，根据商业银行特点设定了差异化的定量监管标准，并提出了统一的多维度流动性风险监测分析工具，构建了较完备的流动性风险监管框架。

- 2018 年 5 月 30 日　为推动商业银行提升银行账簿利率风险管理水平，弥补监管制度短板，银保监会发布《商业银行银行账簿利率风险管理指引（修订）》。修订内容主要体现在规范银行账簿利率风险的治理架构和风险管理政策流程，明确风险计量、利率冲击情景和客户行为假设的具体要求，完善信息系统、模型和数据管理要求，引导银行加强计量结果应用，强化监管评估等方面。同时，明确商业银行在适用相关监管要求时应遵循匹配性原则，并根据银行系统重要性或业务复杂程度不同，进行差异化的风险计量。

■ 国际

- 2017 年 3 月 16 日　美联储宣布将联邦基金目标利率提高 25 个基点至 0.75% ~ 1.0%，这是美联储近 10 年内的第三次加息，也是特朗普正式上任后的首次加息。

- 2017 年 3 月 29 日　英国首相特雷莎梅正式启动退出欧盟的程序，宣称退欧没有回头路。

- 2017 年 4 月 27 日　欧洲央行一如市场预期维持存款机制利率、主要再融资利率和边际借贷利率不变。同时声明称，4 月起资产购买规模将由前值 800 亿欧元/月减少到 600 亿欧元/月，直至 12 月，QE 计划将持续至通胀维持在靠近目标的可持续路径上。

- 2017 年 6 月 15 日　美联储宣布将联邦基金目标利率提高 25 个基点至 1% – 1.25%。美联储同步发布了一个货币政策正常化的原则和计划，首次明确了资产负债表正常化（缩表）的路线图。声明表示，公开市场委员会（FMOC）预计，只要经济如预期增长，那么将在今年开启资产负债表正常化也即常说的"缩表"。缩表计划将通过减少美联储持有的证券的本金再投资来实现。缩表的起步上限为每个月 100 亿美元，其中美国国债为 60 亿美元、住房抵押贷款支持证券为 40 亿美元；缩表的每个月最终上限为 500 亿美元，其中美国国债 300 亿美元、住房抵押贷款支持证券（MBS）为 200 亿美元。从起步上限逐步按每三个月递增一次，每次递增 100 亿美元（60 亿美国国债 + 40 亿住房抵押贷款支持证券）的节奏到达最终上限，也即从起步上限到最终上限将耗时 12 个月。

- 2017 年 7 月 7 日至 8 日　G20 领导人第十二次峰会在德国汉堡举行，把"塑造联动世界"作为主题，主要议题涉及确保经济稳定性、改善可持续性、负责任地发展，国家主席习近平出席并发表题为《坚持开放包容　推动联动增长》的重要讲话。

- 2017 年 8 月 15 日　英国政府公布首份"脱欧"立场文件，提出在英国退出欧盟关税同盟后设立"临时关税同盟"。在设立"临时关税同盟"期间，英国有权与非欧盟国家商签贸易协议，文件未明确"临时"期限。

- 2017 年 9 月 21 日　美联储宣布了一项历史性的转变政策，从今年 10 月开始启动金融危机爆发后首次缩减资产负债表规模的行动，并保持进一步加息的步调。

- 2017 年 10 月 26 日　欧央行宣布继续维持边际贷款机制利率 0.25%、存款利率 -0.4%、再融资利率 0% 不变，同时延长购债计划至 2018 年 9 月，但从 2018 年 1 月起每月购债规模从 600 亿欧元缩减至 300 亿欧元。

- 2017 年 11 月 2 日　特朗普宣布提名现年 64 岁的美联储理事杰罗姆·鲍威尔于 2018 年 2 月接替耶伦出任下届美联储主席，成为 30 年来首位不具有经济学博士学位的美联储主席。

- 2017 年 11 月 2 日　英国央行将利率调升 25 个基点至 0.5%，为 2007 年 7 月以来首次加息，同时继续维持购入 4320 亿英镑的国债及 100 亿英镑的公司债规模。

- 2017 年 12 月 6 日　欧盟委员会宣布改革欧元区计划，提出的建议主要包括：将欧洲稳定机制（ESM）下由各国政府运营的 5000 亿欧元救援基金改造为由欧盟监测救援条件的欧洲货币基金（EMF），以便在处理危机时发挥更多作用；在欧委会高级成员中任命一名"经济和财政部长"，于 2019 年 11 月新一届欧委会正式就任，负责监管欧洲货币基金，确定和协调各国经济和财政政策；对实行经济和劳工市场结构性改革较佳的成员国提供奖励，并对有意加入欧元区的国家提供技术和金融支持；将各国间签订的"财政契约条约"并入欧盟法律，以强化财政规则及加强欧元区 19 国抗衡危机的能力。

- 2017 年 12 月 14 日　美联储宣布将基准利率联邦基金利率目标区间上调 25 个基点，至 1.25% ~ 1.5%。

- 2017 年 12 月 20 日　美国国会参众两院通过了自 1986 年以来美国最大规模的税改法案。该法案在送交总统特朗普签署生效后，将于 2018 年 1 月开始实施。根据这份法案，美国联邦企业所得税率将从现在的 35% 降到 21%；对美国企业留存海外的利润进行一次性征税，其中现金利润的税率为 15.5%；推行"属地制"征税原则，即未来美国企业的海外利润将只需在利润产生的国家交税，而无须向美国政府交税。在个人所得税方面，维持目前联邦个人所得税率分为 7 档不变，但大部分税率有所下降，其中最高税率从目前的 39.6% 减为 37%。此外，个人所得税标准抵扣额将翻倍，但对地方和州税等税收抵扣设定上限。这一法案中有关企业所得税的修改内容是永久的，但个人所得税变动的有效期仅到 2025 年底。

- 2018 年 3 月 22 日　美联储宣布将联邦基金目标利率区间上调 25 个基点至 1.50% ~ 1.75%。

- 2018 年 5 月 2 日　亚洲基础设施投资银行在北京宣布，其理事会已批准新一批 2 个意向成员加入，成员总数增至 86 个。这一轮包括域内成员巴布亚新几内亚和域外成员肯尼亚。

- 2018 年 5 月 4 日　为了挽救币值岌岌可危的比索以及打击通膨，阿根廷央行将指标利率提高 300 基点至 40%，震撼全球金融市场。这是阿根廷央行过去 8 天来第 3 度升息，利率从 27.25% 三连升到 40%。

- 2018 年 5 月 23 日　土耳其央行紧急宣布将银行短期贷款利率上调 300 个基点，从 13.5% 涨至 16.5%。与今年年初相比，里拉兑美元暴跌了大约 20%，土耳其或面临经济危机。

后　记

今年是中国银行业协会行业发展研究委员会第八次组织撰写中国银行业发展报告。今年的报告继续得到了监管部门、协会领导的关心和指导，得到了各会员单位的大力支持。在课题牵头机构及各参与机构的共同努力下，经过有关领导和专家的评议，报告对银行业改革发展的成绩和趋势进行了较为权威、专业、深入、全面的剖析，使外界更加清晰、准确地认识中国银行业，正确引导公众和舆论对银行业的看法。报告再次得到社会各界人士的关注与好评。

今年的报告对部分篇章进行了调整和整合，从而更加凝练。在报告撰写过程中，课题组先后多次召开课题协调会议，对报告的框架和内容进行讨论，不断加以完善。交通银行和中国民生银行共同承办了专家评审会。评审专家对报告进行了评审，编审组专家成员包括胡忠福、张芳、白瑞明、张亮、古瑞、周更强、郭三野、赵濛、金淑英、卜祥瑞、艾亚萍、高连宝、魏革军、张怀清、郑小鸥、戴国强、殷剑峰、翟立宏、曾刚、戴硕，报告的撰写得到了中国银保监会及中国银行业协会领导的大力关心和支持，中国银行业协会专职副会长潘光伟拨冗担任了本报告的主编。副主编是中国银行业协会秘书长黄润中和交通银行首席经济学家连平。银行业协会各会员机构提供了翔实的数据资料。中国金融出版社第三编辑部副主任李融对报告的出版给予了大力帮助。在此一并表示衷心感谢！

本年度的报告继续由中国银行业协会行业发展研究委员会主任单位交通银行牵头，国家开发银行、中国建设银行、中国农业银行、中国银行、浦发银行、华夏银行、兴业银行、光大银行、中国民生银行、恒丰银行、浙商银行、包商银行、江西银行、北京银行、南京银行、青岛银行、西安银行、北京农商银行、浙江省农村信用社联合社、中国邮政储蓄银行、中国华融资产、中国东方资产、东亚银行（中国）、汇丰银行（中国）、兴业研究、中国银行业协会研究部等机构共同撰写。

报告由交通银行首席经济学家连平教授和交通银行发展研究部周昆平副总经理担任课题研究牵头人。审稿人是交通银行周昆平、中国银行业协会李健、国家开发银行沈继奔、农业银行张晓男、张耀平、李军彦、方雅茜、中国银行张兴荣、建设银行吴建杭、中国邮储银行周琼、民生银行黄剑辉、光大银行巴威、浦发银行索彦峰、华夏银行李广新、兴业银行王升乾、恒丰银行董希淼、浙商银行杜权、北京银行刘彦雷、南京银行管征、包商银行彭怡、江西银行刘涛、青岛银行张巧雯、西安银行李富国、浙江省农村信用社联合社徐国兴、北京农商行康守松、汇丰银行屈宏斌、东亚银行江智良、中国华融资产周道许、中国东方资产董裕平、兴业研究黄煜琛。

各篇章的写作分工如下：第一章由民生银行王一峰、应习文、麻艳、任亮、汇丰银行马晓萍共同撰写；第二章由民生银行王一峰、麻艳撰写；第三章由北京农商行孙峰、徐向薇、许志明、魏冰，北京银行邓志国、庞博、张石、贾进、杜瑞岭，国家开发银行冯进路、中国邮储银行韩军伟、青岛银行纪盛、浙江省农村信用社联合社戚文举、中国华融资产陈斌、王运通、东亚银行李耀宗共同撰写完成；专栏3-1由北京银行刘彦雷、邓志国、庞博、张石、贾进、杜瑞岭撰写；专栏3-2由包商银行陈玉京、余柏杨、周宝军撰写；第四章、第五章由恒丰银行吴琦、王丽娟撰写；第六章由兴业银行黄继平撰写；专栏6-1由兴业银行苗玉振撰写；专栏6-2由中国银行业协会王芳撰写；第七章由中国邮政储蓄银行杨恩艳撰写；第八章由光大银行郑文力撰写；专栏8-1由包商银行陈玉京、李黎撰写；第九章、第十章由交通银行黄艳斐撰写；专栏10-1由南京银行沈昱池撰写；第十一章由农业银行姜增明、冀玥竹、纪啸天撰写；第十二章由兴业研究王旭撰写；专栏12-1由兴业银行郭梅亮撰写；专栏12-2由西安银行赵南岳撰写；第十三章由华夏银行杨驰、魏政撰写；专栏13-1由江西银行张畅撰写；第十四章由浙商银行杨跃、庄瑾亮、闵亮撰写；第十五章由中国邮政储蓄银行韩军伟撰写；第十六章由农业银行刘忠渤、马至夏撰写；第十七章浦发银行宋艳伟撰写；第十八章由建设银行刘兴赛撰写；专题1由浦发银行张羽撰写；专题2和专栏专2-1由中国银行原晓惠撰写；专题3由兴业研究汤维祺撰写；专题4由中国东方资产陈松威、王育森撰写；专题5由中国银行邵科、国家开发银行冯进路共同撰写；专题6由兴业研究郭益忻撰写；行业大事记由浙江省农村信用社联合社戚文举撰写。

交通银行的武雯、鄂永健、陈冀、许文兵、夏丹、李娟、黄艳斐、赵亚蕊、王迪昀负责报告的统稿工作。中国银行业协会研究部王芳等在报告撰写过程中做了大量的组织协调工作。

虽然已经是第八次编纂，但由于自身水平所限，缺点和错误在所难免，我们真诚地欢迎各位领导、专家和社会各界读者朋友不吝赐教、批评指正。

报告编纂者
2018 年 8 月